# 나를 깨우는 명상

| 김연수의 명상이야기 |

# 나를 깨우는 명상

김연수 지음

발행처 · 도서출판 청어
발행인 · 이영철
영　업 · 이동호
기　획 · 최윤영 | 김홍순
편　집 · 김영신 | 방세화
디자인 · 김바라 | 오주연
제작부장 · 공병한
인　쇄 · 두리터

등　록 · 1999년 5월 3일(제22-1541호)
개정판 1쇄 인쇄 · 2012년 8월 10일
개정판 1쇄 발행 · 2012년 8월 20일

주소 · 서울 서초구 서초3동 1595-10 봉양빌딩 2층
대표전화 · 586-0477
팩시밀리 · 586-0478

홈페이지 · www.chungeobook.com
E-mail · ppi20@hanmail.net
ISBN · 978-89-97706-14-3 (03810)

---

이 책의 저작권은 저자와 도서출판 청어에 있습니다.
무단 전재 및 복제를 금합니다.

*이 책은 2007년에 초판 발행된 『나를 깨우는 명상』의 개정판입니다.

# 나를 깨우는 명상

수행을 통해 좁은 자기 마음이 깨어지면
바로 나의 내면에 우주 전체가 들어옵니다.
이리되면 있는 그대로의 전체가 다 나와 하나 되는 마음의 변화가 일어납니다.
이 마음이 근본마음이며 모든 수행이 밝히고 찾고자 하는 진리입니다.

의식이 확장되면 내 의식 안에 천지 삼라만상이 다 들어옵니다.
일체의 존재가 무한하게 큰 하나의 자리 안에서 오직 하나로서 존재합니다.
그 자리에서 내가 사랑의 마음을 일으키면 우주와 지구도 품에 안게 됩니다.

사람이 살면서 동물을 닮아간다면 그에게서 끝없는 욕망이 흘러 넘칠 것이며
신을 닮아간다면 그에게서 맑고도 밝은 빛과 향기가 저절로 흘러 나올 것입니다.
자기를 버릴수록 그의 마음은 커져서 신을 닮아가고
자기를 지킬수록 작아져서 동물을 닮아갑니다.

환희

솔로몬의 영화도 들꽃 한 송이의 영광에 미치지 못하였다 하였으니
그것은 아무리 작고 연약한 들꽃송이라 할지라도
그 안에는 신과 우주의 섭리가 임재하고 계시기 때문입니다.
마음의 눈이 감긴 사람은 꽃만을 보지만 열린 사람은 신을 봅니다.

### 나는 당신을 깨우고 싶다
네 속에도 분명 그 생명은 지금 살아 움직이고 있어.
우리가 큰 안목을 가지게 되면 그에 따른 깊은 직관력이 생기고 그에 알맞은 더 큰 느낌과 생각이 새롭게 생겨난단다.

### 수행, 발상의 전환이 필요하다
깨닫는다는 것은 비로소 참으로 〈내가 누구인지를 안다〉는 것입니다.
내가 누구이며 어디서 왔으며 어디로 갈 것인지 그리고 어떤 상태로 존재하는 것인지 아는 것입니다.

### 나 자신을 똑바로 보자
참으로 살아 있는 진리를 찾으려면 우리가 어디로 유학 가거나 책 속으로 파고들어 가지 말고
바로 그 모든 것을 있게 하고 가치를 부여하는 바로 자기 자신을 한번 자세히 들여다 보아야 한다 이 말입니다.

### 인간에 대한 탐구
자기가 무한한 신의 의식과 합일할 존재는 최고 수준의 대자유와 평화를 누리는 광명세계에 합치하게 됩니다.
사람은 정신적인 존재라 그 정신의 순도와 크기가 바로 그의 정신세계에서의 위치를 결정짓게 되는 것입니다.

### 영원한 나를 찾는 공부법
자기가 공부 잘 되었나 못 되었나 하는 것은 자기가 무얼 얼마나 아느냐 하는 것을 머리로 판단하는 게 아닙니다.
옆 사람들이 그 존재에게 가슴으로 감동하게 되며 그의 내적인 변화를 인정해주어야 그 수행이 진짜입니다.

### 창조와 체험
명상은 그래서 모든 것은 내가 만들고 내가 체험한다는 절대 진리에 대한 〈깨어남〉이며,
내가 만든 과거 속 나로부터 나를 벗어나게 해주는 참다운 해탈의 방법입니다.

### 초감각적 인식의 세계
우리가 이 세상에 태어나 개체로서 살아오는 데 필요한 모든 정보나 생각, 느낌, 감정들은 다 기억되는 것들입니다.
그러나 사랑이라든지 감동이라든지 하는 것은 절대로 그것 그 자체로서 온전하게 기억될 수가 없습니다.

### 종교와 수행에 대한 통찰
막히면 돌아가고 길이 끊어지면 위험한 곳은 피해 가면 됩니다.
진짜로 중요한 것은 오르고자 하는 간절한 의지입니다. 길이 아닙니다.

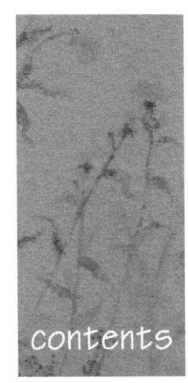

contents

## 1. 나는 당신을 깨우고 싶다

- 벚꽃나무 이야기 · 18
- 우리는 생각 속에 갇혀 있다 · 23
- 나는 본래 우주의 생명이다 · 29
- 삶이란 감옥을 천국으로 바꿔라 · 33
- 생각의 회로 · 38
- 지금의 나는 진짜 내가 아니다 · 43
- 삶에 깨어나는 명상 · 48
- 깨달아서 뭐할 겁니까 · 52

## 2. 수행, 발상의 전환이 필요하다

- 나는 왜 명상을 선택하였는가 · 58
- 자연종교와 인공종교 · 68
- 수행은 나에 대한 공부다 · 73
- 최초의 한 생각 · 77
- 깨어남과 거듭남 · 82
- 생각의 창조능력 · 87

## 3. 나 자신을 똑바로 보자

누구나 깨달을 수 있다 · 92 _ 깨달음이란 무엇인가(1) · 96
진리는 어떻게 존재하는가 · 102 _ 깨달음이란 무엇인가(2) · 107
무아(無我)의 내가 있다 · 111 _ 모든 체험을 넘어서 있는 〈나〉· 115
삶은 흐르고 다만 지켜볼 뿐이다 · 122

## 4. 인간에 대한 탐구

인간이란 존재의 이해 · 128 _ 의식이란 무엇인가 · 138
의식의 확장(1) · 143 _ 의식의 확장(2) · 147
명백한 진실에 눈을 뜨라 · 152 _ 사람 안에 있는 삼신(三神) · 157
내 안에 있는 본래의 성품 · 160 _ 깨달음의 기준 · 165

## 5. 영원한 나를 찾는 공부법

물컵이론 · 172 _ 효율적인 수행의 방법 · 177
계명(戒命)수행 · 187 _ 정진(精進)수행 · 191
자각(自覺)수행 · 206 _ 통각(通覺)수행 · 211
끊어진 자리 · 215 _ 거듭나기 수행의 요지 · 221
거듭나기 수행의 개요 · 228

## 6. 창조와 체험

삶의 본질은 창조와 체험이다 · 236
왜 우리는 권태로운가 · 246 _ 진정한 자유 · 252
불행할 때 오히려 감사해야 하는 이유 · 260


## 7. 초감각적 인식의 세계

초감각적 인식이 열리기 위하여 · 266
참 나는 기억되지 않는다 · 271 _ 자각(自覺)의 힘 · 275
영사기(映射機) 이론 · 281 _ 죽음에 대한 이해 · 284


## 8. 종교와 수행에 대한 통찰

등산 이야기 · 290 _ 한국의 깨달음과 종교문화 · 297
내가 곧 〈진리〉다 · 313 _ 나의 꿈과 〈거듭나기〉 · 322

## 영적 깨어남을 기원하며

저는 지적재산권을 다루는 전문직업인입니다. 어떤 분은 "변리사가 명상책을 쓰다니?" 하면서 의아해할지도 모릅니다. 하지만 그렇게 생각하신다면 그것은 그분이 그만큼 고정관념 속에 살고 있다는 얘기입니다.

요즘은 의사가 재즈를 연주하고, 회사 사장님이 악단을 만들고, 변호사가 그림을 그리며 사는 시대입니다. 또 경영학 교수님이 기공(氣功)에 대한 책을 쓰고, 수학과 교수님이 불경(佛經)에 대한 해설서를 내기도 합니다. 이는 우리 사회가 이미 고도로 전문화된 사회이지만 또한 동시에 그만큼 사람들이 획일화된 그 전문화의 틀에서 벗어나 다양한 자기 본성의 삶을 보다 더 자유롭고 충실하게 살아보려고 노력하는 건전한 사회라는 증거이기도 합니다.

그래서 저는 저의 명상론(瞑想論)에 대해서도 여러분들이 그런 관점에서 보아주셨으면 합니다. 저는 명상을 지극히 사랑하고 명상에서 삶의 즐거움을 느끼는 사람입니다. 사람이 자기가 행복하면 남과 그것을 나누고 싶고, 그를 통해 세상을 행복하게 만들려고 하는 것은 인지상정입니다. 이 책의 집필도 그런 마음에서 이루어졌습니다.

저는 어려서부터 사색하는 것을 좋아했고, 성장하면서 남달리 영혼문제에 관심이 많았습니다. 그것은 제가 어려서 일찍 아버님이 돌아가시는 일을 겪은 탓도 있겠지만 어려서부터 천국과 지옥의 꿈 여행이라든가, 다른 세계 존재들과의 만남이라든가, 영계에 이끌림을 받아 간다든가, 유체이탈이라든가 하는 경험들이 쌓여서 그런 성향을 가지게 된 것 같습니다. 그래서 저는 평생을 진리탐구라는 구도(求道)의 길을 걸으며 진리를 찾으며 살아왔습니다.

저는 어렸을 때는 기독교를, 청년이 되어서는 불교를 믿고 열심히 수행했습니다. 그러다가 대학 재학중 절실한 마음을 내어 학업까지 중단하고 조계종 종정을 지내신 스님 문하로 출가도 한 적이 있습니다. 그러나 기본적인 문제에 대한 깊은 성찰도 없이 화두참선에만 빠져 있는 현재의 불교 수행방식에 의문을 품고 세상으로 돌아온 후, 더 나이가 들어서는 인연이 닿는 대로 기공이나 마음수행, 명상 등 여러 가지 다양한 수행을 하게 되었습니다. 그래서 이 책은 그런 삼십여 년 수행인생에서 얻어진 제 나름대로의 체험과 결론을 한번 객관적인 입장에서 집약하고 정리해보는 의미가 있습니다.

저는 지금 그 어떤 단체나 사상이나 종교도 다 수용하지만 그렇다고 그 어느 하나에 올인(all-in)하고 있지는 않습니다. 왜냐하면 저는 그런 겉모습의 차이들 이전에 있는 본질적이고도 공통적인 실재를 보고 만났기 때문입니다. 저는 이제 그런 저의 실재 속에서 극히 만족하고 있습니다. 저는 과거의 방황하던 나로부터 벗어났고 변화하였으며 거듭났습니다. 그리고 인간이란 존재의 틀로부터 벗어나는 자유를 얻었습니다. 그러고 나서 되돌아보니, 저의 지난 인생역정이 마치 하나의 높은 산을 종주하는 험난한 등산코스를 마치고 내려온 듯합니다.

이제 저는 진리탐구에 대한 저의 경험과 독창적인 생각을 여러분들과 진솔하게 객관적인 입장에서 나누려고 합니다. 솔직하게 쓰다 보면 본의 아니게 어떤 수행법이나 단체에 대해 강한 비판을 할 수도 있을 것입니다. 하지만 그것은 제 생각을 전달하는 방편상 그런 것뿐이며, 기본적으로 저는 세상의 모든 종교인이나 수행인들을 다 존경하고 사랑합니다. 이 문제가 많은 세상에서 신(神)을 믿거나 자기 안의 진리를 탐구하기 위하여 노력하고 수행을 한다는 그 사실만으로도 그는 참으로 아름다운 영혼을 가진 존재가 아닐 수 없습니다.

이 책에 실린 글들은 대부분 저 자신의 얘기이며 제가 체험한 수행들에 토대를 두고 있으므로 아주 독창적이며, 기존의 종교철학이나 사고방식에 새로운 제3의 숙고할 만한 관점을 부여할 수도 있을 것입니다. 그리고 이것은 힘든 삶 속에서 열심히 진리를 찾으려 하지만 너무나 많은 깨달음에 대한 이론 속에 방황하며 사는 여러분에게도 조금이나마 도움이 될지도 모릅니다. 어쩌면 이것은 새로운 정신세계의 열림에 조금이라도 기여하는 계기가 될지도 모릅니다. 이것이 바로 제가 이 책을 쓴 이유입니다.

모든 종교나 수행법들은 사실 역사적으로 볼 때 이론이나 수행방법 측면에서 발전해 왔으며, 지금 역시 시대적으로 그런 중요한 때가 아닌가 합니다. 모쪼록 저의 색다른 명상이야기에 대하여 여러분께서 열린 가슴으로 들어주시고, 공감이 가시는 분들은 〈거듭나기 수행〉에 많은 관심을 가져주시기 바랍니다.

　저는 이 책의 첫머리를 〈벚꽃나무 이야기〉라는 우화(禹話)로 시작했습니다. 우화는 일반적인 글이 가지는 한계를 넘어서 많은 상징성을 가지는 장점이 있기 때문입니다. 우리는 이 우화 속의 벚꽃 한 송이와도 같습니다. 저는 당신이 이 책을 통해 당신 안에 지금 이 순간에도 살아 움직이고 계시는 영원한 우주의 대 생명력을 스스로 자각하실 수 있기를 진심으로 희망합니다.

우리 모두의 영적인 깨어남을 기원하며

김연수

네 속에도 분명 그 생명은 지금 살아 움직이고 있어.
우리가 큰 안목을 가지게 되면 그에 따른 깊은 직관력이 생기고
그에 알맞은 더 큰 느낌과 생각이 새롭게 생겨난단다.

# 1

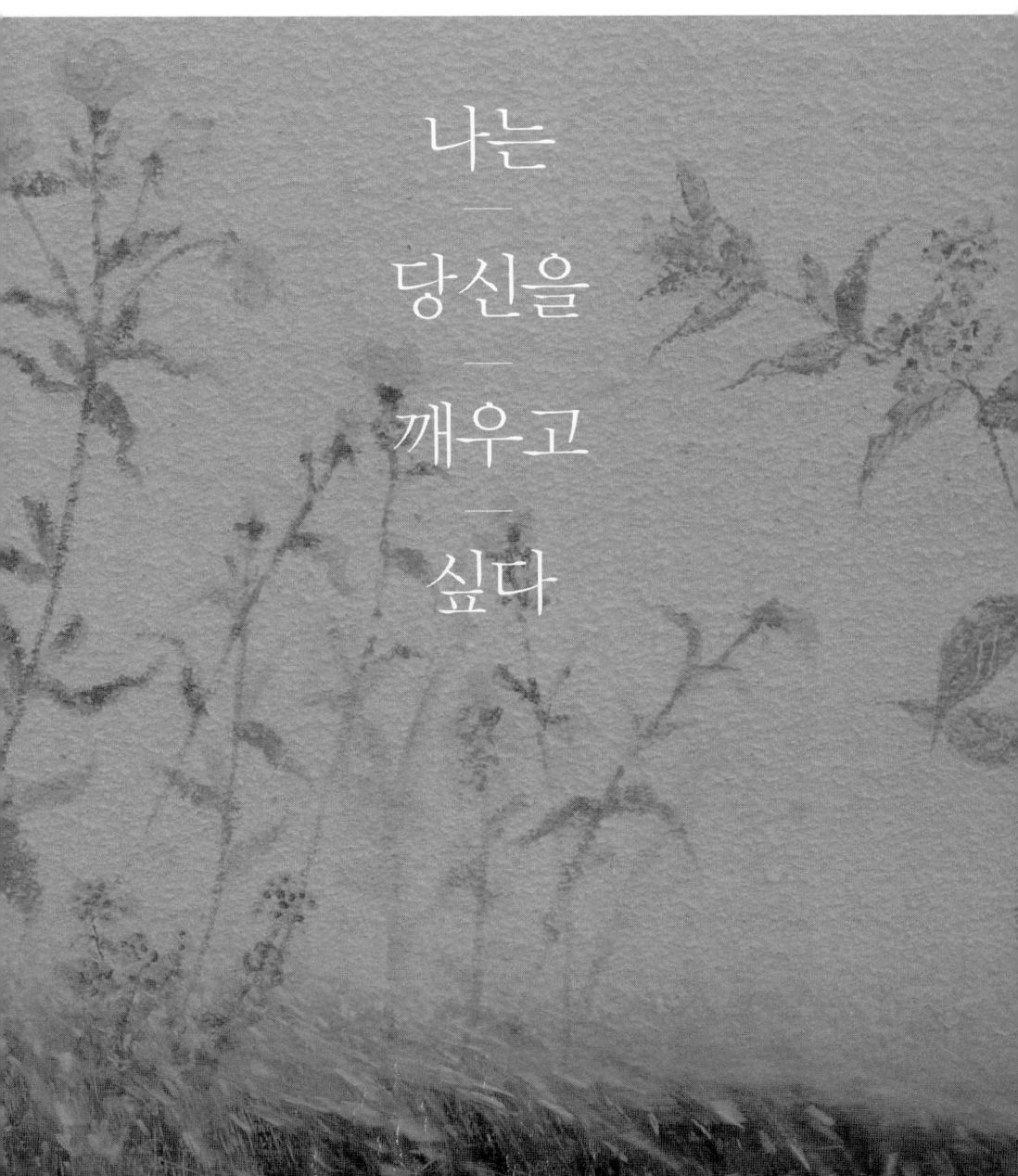

나는
당신을
깨우고
싶다

# 벚꽃나무 이야기

어느 길가에 아름다운 벚꽃나무들이 줄지어 꽃을 만발하게 피웠습니다. 세상이 온통 아름다운 벚꽃으로 뒤덮이고 천지가 화사해졌습니다. 지나다니는 모든 사람들이나 강아지나 천국에 와 있는 듯 모두 다 환한 미소를 머금고 다녔습니다. 밤이 되자 가로등 불빛과 밝은 달빛에 의해 세상은 마치 불꽃놀이를 하는 듯 더욱 벚꽃들로 인해 환하고 밝게 빛났습니다.

나무에 가득 핀 벚꽃송이들도 제각각 한껏 제 아름다운 자태들을 뽐내면서 서로가 서로의 미모에 반해 푹 빠져 있었습니다. 그런데 모든 존재와 의식들이 모두 그 분위기에 도취해 있는 그때 문득 누군가가 외쳤습니다.

"이건 불공평해!"

그 목소리는 너무나 처절한 절규였으므로 모두 놀라서 소리가 난 곳을 쳐다보았습니다. 그 목소리의 주인공은 오늘 아침 피어난 아직 젊은 벚꽃 한 송이였습니다.

"뭐가 불공평해?"

주변의 꽃들이 놀라서 그에게 물었습니다.
그러자 젊은 꽃송이가 대답했습니다.
"이렇게 아름다운 내가 며칠 못 가서 금방 시들어 버린다는 게……."
그는 길바닥에 떨어져 흙과 함께 뒹굴고 있는 어제의 아름다웠던 꽃송이들을 내려다보고 있었습니다.

그러자 여러 꽃송이들이 각각 한마디씩 했습니다.
"이렇게 아름다운 세상 속에서 즐기지는 못할망정 쟨 왜 저런 거만 보니? 별꼴이야, 정말!"
"너무 철학적이고 비관적이야!"
"잘났어!"

그때였습니다. 여러 목소리를 한번에 자제시키는 듯한, 부드러우면서도 굵고 낮은 음성이 들려왔습니다.
"나의 사랑하는 아이야!"
젊은 벚꽃이 소리 나는 쪽을 쳐다보니 거기엔 자기가 피어 있는 나무의 굵은 몸통이 있었습니다. 아주 오래된, 수많은 풍상을 겪은 듯한 아름드리 몸통은 그에게 다정한 눈짓을 보내며 말했습니다.
"내가 널 불렀단다."
철학적인 그 슬픈 젊은 벚꽃송이는 몸통을 내려다보았습니다.

"너의 고민을 내가 풀어주마. 내 얘기를 들어보겠니?"
늙은 나무 몸통과 젊은 벚꽃송이의 대화에, 주변에 있던 몇몇 벚꽃송이들도 아래쪽을 쳐다보며 궁금한 목소리로 외쳤습니다.

"예에, 그러믄요."

하지만 대다수의 벚꽃송이들은 각자 자신의 아름다움과 상대방의 아름다움에 반해 서로 정신을 못 차리며 한눈을 팔고 있었습니다. 그런 가운데 큰 나무 몸통의 나지막하고 부드러운 이야기는 시작되었습니다.

"나의 사랑하는 아이야. 너는 나의 또 다른 모습이란다. 너는 지금 너란 꽃 한 송이의 형상에만 빠져서 그것만이 너 자신이라고 착각하고 있어. 그러나 너도 나도 사실은 큰 생명적으로 볼 때는 '벚꽃나무'라고 하는 한 그루 나무의 부분이란다. 그렇지 않니?"

"그렇긴 하죠. 하지만 솔직히 그렇게 실감은 안 나는데요."

젊은 벚꽃송이는 뭔가 석연찮음이 가시지 않은, 조금은 불만에 찬 목소리로 대꾸했습니다.

"그래 당연하지. 하지만 내 말을 찬찬히 깊이 새기며 들어보렴. 나무는 하나이지만 그 나무엔 뿌리도 있고 줄기도 있고 몸통도 있고 가지도 있고 잎도 있으며 꽃도 있지. 그건 인정하겠니?"

"네."

"우리는 그 모양이 각각 다 다르니까 그것들을 다 별개로 이름을 짓고 서로가 서로를 자기와는 다른 것들로 취급을 해. 우리의 느낌과 생각 속에서. 왜냐면 우리는 각각 다 자기 개체 입장이란 생각과 느낌 속에서만 세상을 보고 판단하거든. 그렇지 않니?"

"네, 그건 그래요."

"하지만 그런 겉으로만 드러난 형상과 개념적인 것들로부터 잠깐 눈을 떼고 큰 안목으로 전체를 보자꾸나. 생각이 아닌 생명에 대한 직관력으로. 그러면 거기엔 단 하나의 큰 생명 즉, '벚꽃나무' 단 하나밖에 없단다. 넌 네가 꽃이니까 나랑은 다른 거라고 여기지. 그러나 난 아니야. 난 너를 나라고 여기고 있어. 왜냐면 난 이 나무 전체가 나라고 여기거든. 사실 우린 모두가 다 한 생명이야. 이 '벚꽃나무'라고 하는 큰 생명의 힘 속에서……. 그 한 생명의 힘이 너한테도 들어가 있어서 나의 힘조차 모아 너라는 그렇게도 아름다운 모습을 피운 거야. 난 개체로 분리된 입장에선 네가 부러워. 내 오랜 수명과라도 그 짧지만 아름다운 네 모습처럼 내 모습을 바꾸고 싶어. 그렇지만 다시 한 번 생각해 보면, 너의 아름다움조차도 전체적인 나의 또 다른 표현이라고 생각하면, 비록 내 개체가 너처럼 사람들의 시선을 끄는 화사하고 아름다운 모습이지는 않지만 따로 그 아름다움을 굳이 갖고 싶지는 않아. 너 역시 나라는 '전체'가 있었기에 존재할 수 있는 나의 일부분이거든. 내 말 이해가 되니?"

"어려워요, 하지만 우리가 하나의 생명이라는 말은 알겠어요."
"그래, 고맙다. 내가 하고 싶은 말은 이것이다. 우린 모두가 다 큰 하나의 생명 속에 같이 있단다. 우리 서로를 나무란 큰 하나의 생명 속에서 보자. 네 속에도 분명 그 생명은 지금 살아 움직이고 있어. 우리가 큰 안목을 가지게 되면 그에 따른 직관력이 생기고 또 그에 집중해서 보면 그에 알맞은 더 큰 느낌과 생각이 새롭게 생겨난단다. 그게 바로 너의 진정한 참모습이란다. 너란 작은 지금의 겉모습은 그다지 중요하지 않아. 진짜로 중요한 것은 눈에 쉽게 보이지 않는 법이란다. 하지만 그것을 찾아보아야지. 이것이 생명의 섭리를 아는 지혜란다."

"하지만 당신도 나보다는 오래오래 살았지만 또 앞으로도 그렇겠지만 그러나 언젠간 당신도 결국은 나처럼 죽을 거잖아요?"
"아니지. 더 크게 보고 느끼자고 하지 않았니? 모든 '벚꽃나무'의 생명은 그보다 더 깊고 큰 섭리인 식물의 생명에서 나오고, 그것은 또 더 크고 깊게 들어가면 이 우주의 영원한 하나의 생명의 힘에서 나오는 것이란다. 지금 내 안에도 그 힘이 들어있음을 나는 느낀단다."
"그러니까 지금의 제 이 겉모습인 꽃 한 송이가 꽃 한 송이의 의미만이 아닌 더 큰 '벚꽃나무'의 생명이며, 그 힘은 지금 내 안에 들어 있는데 그게 바로 영원한 우주의 생명이라는 것인가요?"
젊은 벚꽃송이는 눈을 반짝이며, 환희에 찬 목소리로 물었습니다.

"그렇지! 바로 그거란다, 나의 사랑하는 아이야!"
그 젊은 벚꽃 한 송이는 비로소 마음의 평화와 안정을 되찾았습니다.
그는 무언가 우주 생명의 깊은 섭리가 제 속에서 움직이고 빛나고 있음을 어렴풋이 알 것 같았습니다. 그는 비로소 아주 평화스럽고 행복하게 웃었습니다. 그리고 그는 이제 아름드리나무 등걸을 따라 자기 안에 존재하는 그 영원한 힘을 찾아보기로 했습니다.

밤은 더 깊어가고 아름다운 벚꽃송이들은 향긋한 꽃내음을 마음껏 내뿜으며 한밤의 꽃들의 잔치를 마음껏 벌이고 있었습니다. 자기들이 누군지 아는 꽃이나 모르는 꽃이나 상관없이.

# 우리는 생각 속에 갇혀 있다

오늘 아침 당신은 일어나 어떤 일부터 시작하였습니까.

아마도 당신은 어제 생각해 놓은 일 혹은 어제 남겨진 오늘의 일상적인 일을 아무 생각 없이 반복했을 것입니다. 수행을 한다 해도 마찬가지입니다. 오늘 아침 일어나 어제 하던 수행을 습관적으로 되풀이하고 있다면 그것은 당신이 이미 자신 혹은 누군가에 의해 미리 만들어진(ready-made) 생각에 의해 움직이고 있다는 것을 말합니다. 이렇게 우리는 매일을 이미 나 혹은 타인에 의해 만들어진 여러 생각들 속에 무심하게 따라 살고 있습니다.

아마도 우린 어렸을 때 누군가에 의해 주입된 하나의 생각[念]의 영향을 지금까지도 받고 있는지도 모릅니다. "넌 그게 문제야!" 하는 타인의 생각이 지금도 내 속에서 여전히 강력한 힘을 발휘하고 있을 수도 있습니다. 게다가 우린 그런 생각이 가져오는 이차적인 관념이나 느낌, 감정들의 지배를 또 받고 있습니다. 즉, 무의식중에 스스로 "그 말이 맞아, 난 문제가 많아!" 이렇게 마음먹게 되었는지도 모른단 말이지요. 마찬가지로 우린 언젠가 누군가가 "수행이란 이렇게 해야 돼."라고 정의한 명제에 대해 아무 생각 없이 그에 따라야만 한다는 일념 하에 그저 무작정 그 생각만을 따라가는 로봇이 되어 있는지도 모릅니다.

생각이 우리를 잠재의식적으로 지배하는 또 다른 예를 들어볼까요. 우리가 어렸을 때부터 숱하게 들었던 말이 있습니다.
"산다는 게 다 고해(苦海)고 사는 게 대충 적당히 그런 거지 뭐."
하지만 이런 생각들이 사실 우리도 모르는 사이에 삶은 힘든 것이고 그러다 보니 그 속에서 대충 적당히 현실과 타협하고 사는 우리의 일상을 만들고 있습니다. 이처럼 매일매일이 그런 생각들에 의해 지배당하고 점령되다 보니, 우리의 일상은 이제 낡은 옷처럼 지루해졌습니다. 누구도 일상이 너무나 빛나고 기적 같아서 매일매일을 소풍 나온 아이처럼 삶이 기쁘고 환희에 차서 즐겁다는 사람은 없습니다. 어린아이였을 때 우리는 모두 다 환희의 존재감 속에서 그렇게도 기쁘고 빛나는 삶을 살았었는데 말입니다.

이러한 문제는 비단 일상에만 그치지 않습니다.
"모두가 다 도둑놈이야!"라는 비관적인 관점은 이제 우리 사회의 공통적인 생각이 되고 말았습니다. 하지만 정말로 그럴까요. 저는 세상을 그렇게만 보지는 않습니다. 우리 사회에는 아직도 숨어서 조용히 제 할 일을 하고 잔잔한 사랑을 실천하는 너무나 아름다운 사람들이 많습니다. 적어도 제가 아는 사람 중에는 그런 사람들이 많습니다. 하지만 언론들은 그런 관점보다는 사람들을 자극하고 흥분시키는 소재를 더 찾습니다. 이제 우리는 점점 더 그런 자극주의와 말초감각주의의 희생자가 되어 가고 있습니다.

종교에 있어서도 '인류는 온통 모두가 다 죄인이다' 라는 원죄사상이나 '모든 중생은 다 무명업장을 가지고 있다' 라는 업장사상은 내면의 진리를 찾는 우리에게 우선적으로 부정적인 어두움과 한숨을 먼저 안겨줍니다. 제가 내면의 깨어남을 겪고 나서 이상하게 생각한 것은 세상의 종교들이 왜 처음에 "우리는 본래 다 하나님의 자녀입니다."라든가 "본래 다 부처입니다."라는 축복과 기쁨의 말부터 시작하지 않는가 하는 것이었습니다. 그것이 바로 우리의 본래 모습이고 결국은 거기에 모든 진리도 있는데 말입니다. 세상의 종교들은 항상 "우리에게 지금 이러저러한 큰 문제가 있다."라는 자기부정과 정죄(定罪)로부터 시작합니다.

하지만 어디에 문제가 있다고 보는 그 시선이 바로 더 문제가 아닐까요.

저는 이러한 우리 스스로 만든 우리에 대한 한정과 정죄들이 바로 스스로에 대한 멍에이자 구속으로 우리 내면에 태초부터 들어있는 신성(神性)한 능력을 깨우는 길에 가장 큰 장애가 아닐까 생각해 봅니다. 우리는 습관적으로 우리 존재의 신성함을 너무나 평가절하하며 살아오고 있습니다. 물론 우리에게 잘못이 전혀 없다는 얘기는 아닙니다. 하지만 그것을 고치는 길이 먼저 우리 자신을 정죄하고 비난하는 것이어야 할까요. 어린아이도 우선 잘못을 꾸짖기보다는 잘하는 점을 먼저 칭찬하고 나서 부족한 점을 고쳐주는 것이 교육상 더 나은 방법이 아닐까요.

이처럼 저는 내면적으로 깨어나면서 지금 우리 인류가 선조들이 만든 거대한 생각과 관념의 세계 속에 갇혀 있는 것을 보았습니다. 인류가 문명을 발전시켜 오면서 많은 생각들을 만들어 냈고 또 그것들을 활용해서 보다 더 편리한 물질문명을 구축했지만 그러나 그 반대로 그것 때문에 우리가 잃어버린 것들이 또한 많습니다.

그 대표적인 것들이 바로 본래 위대한 우주적 영혼인 우리가 이 물질 육신 안에만 갇힌 감각적 반응체로 전락했다는 사실과 그럼으로써 이 삼라만상 속에 가득 차 있는 수많은 신비와 비밀스러운 영적 차원이 우리로부터 떠나갔다는 사실입니다.

이 말은 우리가 물질적 편리를 얻기 위해 그것에만 집중한 나머지 정신적이고 영적인 것들을 잃어버렸다는 말도 됩니다. 그리고 지금도 우리는 그러한 생각의 더미 속에 마치 감옥처럼 갇혀 있습니다. 그것은 인류 대대로 업장처럼 쌓여 선대의 것이 후세대까지 영향을 미치는 정도가 되었습니다.

특히 정신적인 분야일수록 이런 것들이 더욱 심합니다. 그래서 종교는 교파가 갈라지고 깨달음이나 구원은 특정 종교집단의 관념과 이론 속에 갇히게 되었으며, 우리의 삶 속에서 겪는 눈부신 진리와의 신비로운 만남은 이미 남들에 의해 제시된 진리라는 형식과 틀 안에서 그것을 보완하는 작은 체험 정도로 전락되었습니다.

사람들은 이제 타인의 체험이나 자기 내면의 직관력을 중요시하지 않습니다.
"네 생각이 뭐야? 그 생각은 얼마나 많은 사람들이 동의하고 있어?"
그들은 바쁘기에 더 이상은 묻지 않습니다. 살아 있는 체험과 영적 직관을 죽은 생각과 개념 속에 담아오라고 주문합니다. 그것이 오늘날의 학문이며 세상의 흐름입니다. 저는 이러한 오늘날의 우리의 삶의 방향이 마치 영양분이 풍부한 살아 있는 과일을 기계에 넣어서 말려 영양분을 다 빼고 당분만 남긴 말린 과일을 만들어가는 과정을 지켜보고 있는 듯한 기분입니다.

저는 이제는 우리가 만든 그러한 어두운 생각에서 벗어나야 한다고 느낍니다.
우리는 우리 삶의 모든 측면에서 모든 고정관념과 세상을 지배하는 수많은 굳어진 생각들로부터 우리 자신을 자유롭게 해야 한다고 생각합니다. 바로 우리 삶의 모든 구석구석에서 우리는 스스로 다시 새로이 생각하고 자기만의 창조적인 시각으로 다시 세상과 우리 자신을 바라다보아야 할 것이라고 확신합니다. 그렇지 않으면 우리는 남들이 만들어준 개념 속에서 삶의 실상을 보지 못하고 남의 생각에 지배되는 삶만 살다가 죽어갈 것입니다. 마치 평생을 제 몸에 딱 맞는 옷 한 벌 맞춰 입어보지 못하고 기성복만을 사 입다가 마는 불쌍한 사람처럼 되고 말 것입니다. 평생을 단 한번도 자기만의 창조적인 생각도 해보지 못한 채 말입니다.

저는 우리가 이 고귀한 일생을 살면서 지금보다는 더 신성하고 고귀한 생각과 체험을 해보아야 한다고 생각합니다. 그러기 위해서는 우리가 물려받은 이러한 부정적인 생각들과 우리가 살아온 세상 속 고정관념의 지배력으로부터 과감히 깨어나고 놓여나야 합니다. 그것을 어떻게 실천하여 우리가 깨어나고 우리의 삶에 하나의 의미 있는 꽃을 피울 것인가. 그것이 바로 제가 이 책에서 앞으로 지향하며 논하고자 하는 핵심입니다.

한 번만 읽어본다 해도 영혼이 눈을 뜨게 만드는 책, 그것이 바로 이 책의 목표입니다.

# 나는 본래 우주의 생명이다

사람들은 급할 때 〈하나님〉이나 〈천지신명〉을 잘 찾습니다.
그것은 왜 그런가 하면 사람이 본래 거기로부터 왔기 때문입니다. 여러분, 우리가 대체 어디서 왔을까요. 그 답은 애들도 다 압니다.
바로 하나님(혹은 진리라든가 부처님이라 해도 좋습니다)이지요. 참으로 그렇습니다. 우리가 바로 하나님의 자녀이고 분신이며 천지신명의 화현입니다. 가만히 생각해 보면 지금처럼 우리가 이 세상에 나타나 산다는 것은 우주 최초에 우리란 생명을 나타나게 할 수 있는 큰 생명(혹은 생명의 근원적인 힘)이 원래부터 존재하고 있었단 얘기입니다.

그 크고 위대한 힘을 대자연령(大自然靈)이라 부르든 하나님 혹은 부처님이라 부르든 그것은 이름의 차이일 뿐입니다. 어쨌든 그것의 본질은 생명이며, 생명은 마치 하나의 촛불에서 수많은 촛불로 이어지듯 또는 하나의 샘에서 수많은 물병으로 물이 나누어 옮겨지듯 이 세상에 나타났습니다. 그런데 신기한 것은 이 생명은 생명 아닌 것으로는 도저히 만들 수가 없으며, 그것이 표현된 겉 형체는 설사 바뀐다 해도 생명 그 자체는 끝없이 이어진다는 것입니다. 이것은 마치 물이 수많은 계곡을 흘러 내려오면서 수많은 웅덩이(형체) 속에 잠겼다가 넘쳐서 다시 흐른다 해도 혹은 수많은 지류로 나뉘어져 무수한 갈래(개체)로 흐른다 해도 물 그 자체는 변함이 없는 것과도 같습니다.

그래서 생명은 본질적으로 무한하며 영생하는 것입니다.
혹자는 우주 태초엔 생명이 없지 않았느냐 할지 몰라도 그때는 생명이 그냥 물질과 만나기 전의 상태로 있었을 뿐인데 우린 그것을 물질적으로 표현되지 않았다 하여 있다 없다 하며 분별하고 있을 뿐이지요. 그래서 우리가 구원을 얻는다 혹은 깨닫는다 하는 것은 바로 다름 아니라 본질적으로 볼 때 원래 생명의 근원적인 힘과 하나가 된다는 것을 말합니다.

이것을 '진리'라고 하며 하나님, 부처님 혹은 참 나, 근본우주라고도 합니다. 뭐 말이야 태양을 보고 썬(sun)이라 하든 〈다이요〉라 하든 실제적인 것에 무슨 차이가 있겠습니까. 그런데 사람들은 자기가 본래 이것이며 거기서 나온 존재인데도 자기가 그것임을 잊어버렸습니다. 단지 그것이 물질적으로 보이거나 느껴지지 않는다는 이유만으로 말입니다. 이러한 물질적 관점에만 치우친 경박한 습성이 우리가 보이지 않지만 엄연히 실재하는 신(神)의 세계로부터 멀어진 이유입니다.

우리는 물질적으로 나타난 이 몸만을 자기라고 한정하고 착각하고 살고 있습니다. 그리고 자기가 살아오면서 만든 여러 가지 경험과 생각들을 자기라는 정보 속의 상념체(想念體)로 만들어 그 생각더미를 자기라고 믿으며 살고 있는 것입니다. 일례로 우리가 "너는 누구인가?"라는 질문을 받을 때 우린 누구나가 다 자기 이름이나 자기 가족 관계나 자기의 직업이나 혹은 제가 알고 있는 자기를 나타내는 정보들을 말합니다. 하지만 치매만 걸려도 우리가 나라고 철석같이 믿고 있는 그 정보들은 일거에 다 지워져 버립니다.

모든 종교와 수행은 바로 우리가 우리 자신을 잘못 알고 있는 이 착각에서 우리를 깨우치게 하고 우리의 틀린 시각을 바로잡으려고 시작한 것입니다. 하지만 이렇게 간단한 얘기를 그렇게 어렵고 복잡하게 하는 것이 문제입니다. 이젠 그렇게 복잡하고 장황하게 말할 필요가 없습니다. 이름 이전에, 누구의 아들딸이기 이전에, 무슨 직업을 가지고 먹고사는 직업인이기 이전에 진정한 나는 과연 누구이며 무엇일까요. 그 대답은 간단합니다. 나는 바로 영원한 우주의 〈생명〉인 것입니다.

그러므로 그동안 내가 나라고 잘못 여겨왔던 모든 기타의 생각이나 정보나 나의 다른 소유물들을 이젠 더 이상 나라고 여기지 맙시다. 그것들은 나의 관리물이고 나를 표현하는 나의 몇 가지 특성일 뿐입니다. 내 몸이나 마음 역시 그러합니다. 몸은 내가 죽으면 버려지고 마음은 내가 작정하면 하루아침에도 크게 바뀔 수 있는 것입니다.

나의 본체는 우주의 대생명, 바로 그것을 나누어 받은 영원한 생명입니다. 그리고 이 몸이 있든 없든 그 생명은 이미 우리가 이 우주에서 보는 바와 같이 영원하게 존재하고 있는 것입니다. 그리고 지금도 우리 안에서 그 〈생명〉이 살아 움직이고 있습니다. 사실은 온 세상에 그분만이 충만히 임재하고 계십니다. 하지만 겉모습만 보는 우리 마음이 그 일시적으로 나타난 형상들에 속아 다양한 이름들을 짓고 그래서 그 이름을 따라 더 많은 생각들을 일으키고 결과적으로 이렇게 복잡한 우리만의 꿈같은 환영의 세상을 만든 것이지요.

# 삶이란 감옥을 천국으로 바꿔라

　세상은 우리가 만든 마음의 모자이크 세계요, 거래장터입니다. 세상의 실상은 영원한 우주생명들의 다양한 의식차원의 드러냄이지만, 우리는 그 실상을 잊고 우리가 집단적으로 만든 다양한 이름과 형상이란 허상 속에서만 헤매고 있습니다. 우린 영원한 우주생명 그 자체인 자신의 본질을 망각하고 일시적이고도 물질적인 이 몸만을 나라고 여기기 시작하면서 그 몸을 잘 먹이고 입히고 보존하고 나아가 즐겁게 하는 일에만 집중적인 관심을 기울이기 시작했습니다. 모든 관심이 눈에 당장 보이는 것에만 치우치다 보니 이제는 이것이 지금 세상을 움직이는 근본적인 동인(動因)이 되었습니다.

　그런데 알다시피 세상의 물질은 유한하고 그래서 거기엔 경쟁이란 원칙(이것도 본질적으로는 우리만의 생각인데)이 도입되었습니다. 우리가 지금 하루에 대부분을 일하는 데 쓰고 있는 것은 바로 이 경쟁에서 뒤처지지 않기 위해서이죠. 그리고 우린 그 경쟁에서 이긴 사람들, 남보다 더 빨리 움직이고 그래서 더 많이 가지게 된 사람들을 성공한 사람들이라고 치켜세웁니다. 하지만 이 경쟁은 전체적인 구성원들의 관점에서 볼 땐 소수의 성취자와 다수의 그렇지 못한 자를 양산하는 게임입니다. 그래서 그런 게임의 장에서는 늘 다수의 성공하지 못한 사람들이 나오게 되어 있습니다.

이것이 바로 세상 사람들 중에 행복한 사람들이 적고 다수의 불행한 사람들이 나오는 이유이며 사람들이 인생을 고해(苦海)라고 부르는 가장 큰 이유입니다. 하지만 이것도 가만히 생각해 보면 하나의 물질적인 성취도에 근거한 관점(point of view)일 따름입니다. 세상의 본질은 제가 보기엔 아침에 바닷가에 하루 종일 놀러 나온 휴가 온 아이들의 놀이와도 같습니다. 거기에선 누가 더 좋고 더 큰 고무튜브를 가졌나 혹은 누가 더 빨리 멋진 모래성을 쌓아 올렸나가 더 즐겁게 놀 수 있는(성공한) 기준이 됩니다.

하지만 저녁때가 되면 어쨌든 아이들은 그것들을 다 놓고 숙소로 돌아가야 합니다. 그때 너무 열심히 놀다 보니 돌아갈 숙소가 어딘지 잊었다든가 가지고 있는 튜브나 모래성이 너무 아까워서 못 돌아가고 울고 있다면 그 아이는 그날의 놀이를 그다지 잘 놀았다고 볼 수는 없습니다.

이렇게 전체적인 것을 통찰해 본다면 아이들의 놀이는 바닷가 어디서든 재미있게 놀고 그 재미있었던 마음과 새로 사귄 친구에 대한 우정을 가지고 기쁘게 숙소로 돌아가는 그것만으로, 그날은 잘 놀았고 성공한 것이었다고 말할 수 있을 것입니다.

이렇게 놀이에 우리의 인생살이를 비유해 볼 때, 우린 삶이라는 힘든 경쟁의 싸움터를 좀 달리 바라볼 수 있는 새로운 관점을 갖게 됩니다. 그것은 인생이란 누가 뭐라 해도 제가 행복하게 잘 놀았다 생각하면 그것으로 성공이라는 것, 그리고 너무 많이 가지면 오히려 돌아갈 때 짐이 된다는 것, 그리고 우리가 인생에서 진짜 얻어야 할 것은 바로 물질이나 그로부터 오는 쾌락이 아니라 그 시간에 얼마나 깊은 우정과 사랑을 배웠으며, 그 놀이를 통해 얼마나 존재와 삶에 대해 밝은 지혜를 터득했느냐 하는 것입니다.

사실 세상은 우리가 만든 수많은 마음들이 만든 환상의 거래장터입니다.
우리가 가치 있다고 그것을 위해 목숨 걸고 덤벼드는 것들에 대해 이 우주 안의 다른 생명들은 전혀 다른 태도를 보입니다. 고양이는 먹는 것을 돈이라는 종이증서로 만들어 가득 쌓아두는 것에 관심이 없으며, 강아지는 남이 자기를 어떻게 평가하느냐에 아무런 관심도 없이 그저 즐겁게 잘 뛰어다닙니다. 남자들은 여자들이 왜 그렇게 남들의 미적 시선에 매여 사는지 이해하기 힘들어하며, 여자들은 남자들이 왜 그렇게 지위에 관심이 많은지를 잘 이해하지 못합니다.

이렇게 우리가 이 사회에서 추구하고 좇는 모든 것은 우리가 제각각 의미를 둔 것들입니다. 자기가 목표를 설정하고 자기가 그것을 성취하지 못해 애를 태우고 있습니다. 자기가 만든 짐이 자기를 짓누르며 괴롭히고 있는 꼴입니다. 그래서 저는 이런 우리들 삶의 기본적인 원리를 밝혀보고 자기의 삶을 보다 더 큰 관점에서 바라보고 진정으로 의미를 두고 추구해야 할 것이 무엇인가를 다시 생각해보아야 한다고 생각합니다.

진정한 의미를 향해 자기의 삶의 방향을 조정할 때 우리네 삶은 이 단순한 물질적 경쟁사회라는 고통의 감옥에서 벗어나 하루하루 빛을 향해 나아가는 기쁨 속의 천국으로 바뀔 것이라고 생각합니다.

깨달음이나 구원 혹은 성공 등 정신적인 가치들도 마찬가지입니다. 모든 사람이 그것에 대해 가치를 다 똑같이 부여하고 있는 게 아닙니다. 당신만이 지금 그렇게 하고 있습니다. 당신이 스스로 만든 '생각의 회로'에 당신이 걸려 있습니다.
그래서 당신이 결국 지금 하고 있는 게 무엇인가요.
그것은 당신이 정신적으로나 육체적으로 그 문제를 해결하기 위하여 수고하고 있는 것입니다. 이처럼 당신이 스스로 만든 논리의 덫에 당신이 희생되고 있습니다. 그래서 이 순간 빛나고 즐거워야 할 삶이 우리의 마음 안에서 회색으로 변하고 그 찬란한 빛을 잃고 있는 것입니다.

이것이 우리를 가둔 감옥입니다. 우리가 스스로 만들어 자기에게 씌운 멍에이지요.
저는 우리가 우리에게 설정한 목표들이 다 부질없다거나 다 없애란 얘기가 아닙니다. 문제는 우리가 너무 그것에만 빠져 있다는 것입니다. 우리는 이미 영원한 생명이며 그렇다면 우리가 할 일들은 다만 체험하는 것밖에는 없습니다.
공부 잘하는 학생과 못하는 학생의 차이가 뭔지 아십니까.
잘하는 학생은 즐겁게 노는 것처럼 공부하지만 못하는 학생은 마지못해 한다는 것입니다. 이처럼 우리가 이 삶에서 어차피 누려야 할 체험들을 우리는 즐겁게 놀이처럼 할 수도 있고 귀찮거나 무섭게 여기며 숙제하는 무거운 기분으로 할 수도 있다는 것입니다.

나의 삶을 이젠 집단의 생각과 잠재의식으로부터 벗어나 나만의 것으로 바꿀 때입니다. 내 삶에 나만의 시각을 부여하고 나만의 내면적인 정원을 가꾸며 나의 정신적인 꽃을 피울 때입니다. 이것이 내 안에 내 삶이 생생하게 되살아나고 꽃피어나는 비밀입니다.

이제 내 삶이란 것을 군중 속의 정신적이고 공통적인 생각인 〈멍에〉라는 관념에서 나만의 천국으로 바꿀 때가 되었습니다. 그리고 저는 이제 이 책 속에서 당신과 그 길을 함께 사색하며 걸어가고 싶습니다. 우리의 내면적인 삶을 완전하게 바꾸는 작업을 시작해보자는 것입니다.

# 생각의 회로

이제 당신에게 우리가 만든 〈생각의 회로〉에 대한 말씀을 드려볼까 합니다.

우린 고등학교 때 전기회로에 대해 배웠습니다. 모든 회로는 스위치를 넣으면 전기가 돌아 불이 들어오고 스위치를 열면 회로는 정지됩니다. 이 회로에는 저항이란 게 있지요. 저항이란 한마디로 말해 재질의 차이로 인해서 전기가 일반적으로 회선에 흐를 때와는 달리 잘 흐르지 않을 때 생겨나는 발열 혹은 흐름거부 현상을 말합니다.

그런데 이 전기회로를 사람에게 비유해보면 생각의 회로와 꼭 같습니다.

사람은 매일같이 의식 속에서 이 생각이란 회로를 돌리며 삽니다. 그런데 이 의식이 어떤 생각에는 별로 오래 머무르지 않고 자연스럽게 잘 빠져나가지만, 다른 생각에 가서는 오래 머물러 있고 또 열도 많이 냅니다. 그 열이란 게 바로 우리가 말하는 감정, 화, 고민, 스트레스 등으로 나타납니다.

우리는 이 생각의 회로를 무척이나 많이 가지고 살아갑니다.

그래서 이것을 많이 가진 사람일수록 머리를 많이 쓰며 사는 사람이라고 말할 수 있습니다.

그런데 생각의 회로가 많다고 해서 꼭 스트레스가 많은 사람 혹은 머리 복잡하게 사는 사람이라고는 말할 수는 없습니다. 왜냐하면 회로가 많아도 그것을 열을 내지 않고 자연스럽게 잘 돌릴 줄 안다면 그는 매우 성공적인 인생을 사는 사람이기 때문입니다. 반면에 적은 회로를 가졌어도 그것을 돌릴 때마다 많은 열이 나고 부작용이 있다면 그는 아직 생각이란 회로에 그다지 친숙한 사람이라고는 말할 수가 없겠지요.

그렇다면 이 생각의 회로를 잘 돌리며 산다는 게 과연 어떤 것일까요.

그것은 사람이 자기 생각의 〈주인〉이 되어 사는 것입니다. 그래서 자기 생각에 자기기 휘둘리지 않고, 생각을 하더라도 그 생각하는 자기를 늘 자각하며 그 생각의 후폭풍이나 여파 속으로 빠져 들어가지 않는 것입니다. 즉, 다시 말해서 가능한 한 저항 있는 생각을 적게 하고 저항 있는 생각을 하더라도 열이 날 때에는 적당한 선에서 스위치를 끄고 켤 줄 안다면 그는 아주 현명하게 생각을 다스릴 줄 아는 사람이지요.

하지만 대다수 사람들은 이렇게 살지를 못합니다. 그것은 왜 그럴까요.

그것은 사람들이 자기 생각과 자기를 너무나 자주 동일시하기 때문입니다.

사람들은 "그것은 화나는 생각이야!"라고 말을 하지만 사실은 거기엔 화내는 사람이 있을 뿐이지 화나는 생각은 없습니다.

"난 이 현실이 너무 짜증나!"라고 하지만 사실은 거기엔 이 현실을 그렇게 보는 마음(생각)이 있을 뿐이지 그런 현실이 따로 있는 것은 아닙니다. 똑같은 일에 대해 누구는 화를 내지만 누구는 그렇지 않습니다.

그런데 문제는 화내는 그만큼 우리가 지금 이 순간에 깨어 있지 못한 채 살고 있다는 것입니다.

"그렇게 따지고 냉정해져서 나중엔 어떻게 되는데?"

혹자는 이렇게 반문할지도 모릅니다. 하지만 그것도 생각입니다. 실제로는 그렇게 되면 거기에 일차적으로는 깨어남이 있고 그것이 지극한 내적인 평화와 일정한 사건을 바라보는 보다 폭넓은 다른 관점을 우리에게 가져다주어서 우리를 현실로부터 더 여유롭고 자유롭게 해주기 시작합니다.

더 나아가 이차적으로 그렇게 자기의 일정한 생각에서 자유롭게 벗어나 있음으로 해서 우리는 우리가 모여서 만든 마음들의 결합체인 이 〈사회〉라는 환상의 세계에서 벗어나게 되며, 마침내는 우리를 보다 더 근원적인 자리에서 움직이는 삶의 실상을 발견하게 됩니다.

이것은 마치 마술 같은 일입니다. 시작은 다만 자기의 생각을 자각하는 것이지만, 그 결과는 놀라운 것입니다.

자기의 생각을 자각하라는 말은 자기의 생각회로의 움직임을 객관적으로 보라는 말입니다.

'아! 내가 지금 이런 생각을 하고 그 생각이 가져오는 후감정이나 느낌 속으로 들어가고 있구나!'

이것을 될 수 있는 대로 더 자주 자각하면 됩니다. 그래서 마침내는 삶의 매 순간순간에 깨어 있게 되는 것입니다. 이것은 자기에 대한 깊은 반성과 성찰을 가져오게 합니다.

그러면 점점 더 자신이 편안해지고 마음 안이 밝아지기 시작합니다.

그러면서 자기는 스쳐지나가는 그런 생각들이 아니라 그 생각들을 만드는 주체 즉, 공장(工場)이라는 것을 스스로 느끼게 됩니다. 모든 생각과 감정, 느낌 등은 일상적으로 그렇게 흘러 지나가지만 자기는 원래 그 자리에 항상 그렇게 변함없이 존재해왔음을 막연히 느끼기 시작합니다.

마치 온갖 것을 다 비추던 거울이 이제는 자신은 누구인지를 스스로 돌이켜보기 시작하는 것입니다. 그리되면 이제 비로소 참된 자기(모든 것을 있게 하는 초월적인 존재)가 누구인지를 똑바로 보기 시작하는 것입니다. 참된 자기는 거울에 비치는 온갖 영상이 아니라 그 모든 것들을 비치게 하는 존재인 바탕 자체입니다.

이것이 바로 우리가 자기 삶에 대해 깨어나고 거듭나는 진정한 명상입니다.

우리는 생각이란 회로의 작동을 통해 더 깊게 생각세계 속으로 빠져 들어갈 수도 있고, 그것을 조절하는 법을 자기 안에서 발견함으로써 자신을 이렇게 거세게 흐르는 세상의 파도와 폭풍 속에서 휩쓸려 내려가게 하지 않고 스스로에게 밝은 빛을 비추는 등대처럼 흔들림 없이 자신을 우뚝 세울 수도 있는 것입니다.

　이것은 우리를 세상에 흘러넘치는 수많은 생각의 회로라는 감옥에서 구하는 탈출의 열쇠이자 동시에 이미 우리 내면에 원래부터 존재하는 평화스러운 천국으로 안내하는 열쇠이기도 합니다.

## 지금의 나는 진짜 내가 아니다

자, 이제 얘기가 좀 더 깊이 들어갑니다.

저는 당신이 앞에서 말한 대로 그렇게 자기를 자각하고 자기 생각을 지켜보다 보면 자기 안에서 무언가 다른 것을 발견할 거라고 했습니다. 그것은 자기 안에서 또 다른, 보다 근원적인 불변의 모든 것을 지켜보는 〈나〉를 발견하는 것입니다. 우리가 일상 속에서 생각을 하며 살면서도 그 생각을 어떻게 대하느냐에 따라 우리는 삶 속에서 대단한 보물을 건져 올릴 수도 있습니다. 바로 이것이 진짜 수행이고 진짜 깨어남이며 진짜 기도입니다. 이제 여기에 대해 좀 더 깊이 살펴봅시다.

사실로 말하자면 지금의 당신은 여태까지 당신이 살아오면서 환경과 생각들이 합작해서 만든 컴퓨터의 소프트웨어 같은 환상적 존재입니다. 그것을 증명해볼까요. 만약 당신이 어렸을 때 길을 잃어 미아가 되었다거나 혹은 고아로 태어나 미국으로 입양 보내졌다고 합시다. 그러면 지금 오늘날의 당신이라는 생각체계와 마음씨를 가지고 그런 환경에서 성장해오고 살아온 환경적 산물인 당신이 이 세상에 존재할까요.

아닙니다. 얼굴은 같아도 전혀 딴사람이 당신 속에 들어앉아 이 세상에 살고 있겠지요. 즉, 이 말은 당신이 주어진 환경 속에서 살아오면서 취해 가진 정보와 체험이 지금의 당신을 만들었다는 얘기가 되는 것입니다.

이처럼 당신의 자기라는 것은 〈생각과 체험 속의 환상적 존재〉입니다.
일반인들이 지금 생각하는 〈나〉란 다 그렇습니다. 나는 어디서 태어났고 어느 학교를 다녔으며 어떤 환경에서 자라나다 보니 무엇을 좋아하게 되었고 또 어떤 것은 싫어하게 되었습니다. 그런데 가만히 보면 이런 것들은 사실은 다 내가 아니고 내가 가진 생각들이며, 다른 말로 하면 기억들이고 정보들입니다.
하지만 내가 생각을 하지 않을 때 지금의 나는 그 순간에는 존재하지 않습니다.
이것은 무엇을 말합니까.
그것은 내가 바로 생각 속에만 살고 있는 생각 속의 환상적 존재라는 것을 말합니다.

내가 생각을 다 잊어버리는 기억상실증 환자가 된다거나 치매 환자가 된다면 더 이상 내 속에 지금의 나는 없습니다. 거기엔 다만 생명이라는 존재만이 있을 뿐입니다. 혹 당신은 지금의 얼굴을 자기라고 여기실지 몰라도 지금의 얼굴은 세월과 마음상태에 따라 자꾸 바뀌어갑니다. 또 큰 사고가 나서 혹은 성형수술을 해서 얼굴이 바뀔 수도 있습니다. 그렇다면 대체 영원한 변하지 않는 본래의 당신은 누구입니까.

이 점을 한번 깊이 생각해 보십시오.
사람들은 자기 체면이라든지 인격이라든지 명예라든지 말하며 그것을 위해 살지만 대체 그것들이 그 얼마나 환상적인 것입니까. 당신이 치매에 걸리거나 기억상실증에 걸렸을 때 다 사라져버리고 마는 그런 허망한 것들을 위해 당신은 지금 수고하며 부와 명예를 쌓아올리려고 애쓰고 있습니다.

그런 것들은 실재하는 것들이 아닙니다. 다만 우리가 제 마음속에서 그것들에게 가치를 서로 부여하고 있을 뿐입니다. 그래서 저는 그것을 실재하지 않지만 우리가 만든 관계 속(마음세계)에서 마치 소프트웨어처럼 존재하는 환상의 사회와 그에 속한 아바타(개체의 특징적 개성)들의 장식물들이라고 봅니다. 하지만 우린 지금 그런 것들을 자기라고 착각하며 착각과 꿈속에서 깨어나지 못한 채 비몽사몽 살고 있는 것입니다.

그러면 어떤 것이 진짜 나입니까.
그것은 지금 이 순간 모든 것을 있게 하고 그 모든 것을 거울처럼 비추는 당신이란 존재 그 자체입니다.
당신이 어렸을 때부터 지금까지 당신이란 그 존재를 이루는 그 어떤 바탕의 환한 존재의식(Being Consciousness)은 늘 그대로 변하지 않고 제자리에 불변하며 존재해 왔습니다. 그것은 살아 있는 입체거울로서 모든 세상을 3D 입체화면으로 당신의 의식 안에 비추어 왔습니다. 거울을 보면 거울은 모든 것을 비춥니다. 이것이 바로 실존적인 〈나〉입니다. 그리고 이것이 없는 사람은 없습니다.

하지만 그 자신은 나타나지 않으며 그 거울 안에는 자기가 없습니다. 다만 거울이 비추는 현상 바로 그것이 있음을 보면서 우리는 거기에 거울이 있음을 알 뿐입니다. 마찬가지입니다. 이 세상에 모든 것은 다 당신이란 실재적인 존재가 있음으로 해서 나타나고 비추어집니다. 그것이 진정한 당신의 실재입니다. 이 실재의 나는 내가 어렸을 때부터 지금에 이르기까지 늙지도 변하지도 않고 그대로 여여하게 존재해 왔습니다.

이것은 혀(몸) 속에 미각(참 나)이 들어있는 게 아니라 다른 곳(뇌) 속에 미각이 기능하고 있는 것과도 같습니다. 우리는 혀를 나로 알지만 사실은 그 혀를 통해 맛을 아는 존재가 참된 나입니다. 그리고 그것은 혀(몸)를 벗어나 있습니다. 이처럼 그것은 우리 자신이라서 우리의 식의 지각대상이 될 수가 없습니다. 지각대상이 되는 것은 객체에 불과하므로 진정한 주체인 내가 될 수가 없는 것입니다.

내 몸도 내 마음이나 생각조차도 그 실재 위에서 그것에 의지해 존재하는 일시적인 존재들일 뿐입니다. 물질적으로 보이지 않는다고 무조건 〈없다〉고 쉽게 단정하지 마십시오. 사랑이 보이지 않지만 실재하고 생명이 보이지 않으나 지금 나를 움직이고 살게 하지 않습니까. 나는 몸과 마음 이전에 그렇게 절대적으로 실재합니다. 나는 지금 여기 이 모든 시공간조차도 있게 하는 절대적인 존재입니다. 그래서 내 안에 절대자인 하나님, 부처님이 계신다는 것입니다.

내가 깊은 잠이 들면 시공간도 사라집니다. 내가 만약 이 세상에 태어나지도 않았다면 그래서 절대의 무(無) 속에 있다면 과연 하나님이나 진리나 부처님이나 제아무리 대단한 것인들 다 내게 무슨 의미가 있겠습니까. 그래서 바로 이러한 참 나가 진리라는 것입니다.

내가 이렇게 위대한 〈나〉를 바로 아는 일.
그래서 착각 속에서 일시적이고 변해가는 몸이나 마음을 나로 알고 이런저런 기도나 수행을 향해 내달릴 것이 아니라 참된 나를 바로 알고 그 나로서 실존한 연후에 과연 그 나가 하나님이나 부처님, 혹은 영원한 진리와 어떤 관계가 있는지를 아는 것이 더 합리적이고 올바른 태도가 아니겠습니까.

저는 이렇게 대단하고 놀라운 얘기를 가슴에서 우러나오는 기쁨을 가지고 두려움 없이 당신에게 말하고 싶습니다. 저는 수행을 통해 이것을 깨달았으며 이것을 진리라고 확신하기에 이 진리를 더 많이 나누고 싶습니다. 사람이란 좋은 일이 생기면 이웃을 돌아보고 좋은 것을 더불어 나누며 더 큰 기쁨을 느끼기 마련이니까요.

# 삶에 깨어나는 명상

이제 명상이란 대체 무엇인지에 대해 생각해 봅시다.

우리가 우리의 진짜 실존적인 삶에 대해 눈을 제대로 뜨려면, 그리고 참된 자기를 제대로 직시하려면 명상을 해야 합니다.

"명상? 그거 가만히 가부좌하고 앉아서 눈 감고 있는 엄청 지루한 거 아냐?"

아마 많은 분들이 이렇게 생각하실 겁니다. 그러나 그것은 명상의 일반적인 겉모습이지 진짜 명상의 핵심은 그런 게 아닙니다. 수박 겉모습만을 본다고 진짜 수박 맛을 알 리가 없지요. 명상을 드러누워서 하면 어떻고 잠자면서 하면 어떻습니까. 겉모습만 따라한다고 명상을 한다고 말할 수는 없습니다.

명상(瞑想, meditation)이란 그 어원에서도 보듯이 'medi-'로 시작합니다. 이 단어는 '치료한다, 원상태로 되돌린다'는 라틴어의 어원입니다. 명상은 우리를 정신적으로 근본적으로 치료하는 것이고 그래서 본래의 하나님과 같이 있었던 존재 태초의 상태로 되돌리는 것입니다. 또 한자로는 명상(瞑想)이라고 쓰는데 그것은 '상념(想念)을 어둡게 한다(어두울 瞑)'는 뜻이니 다시 말하자면 우리가 살아오면서 마음속에 많이 만들어 가졌던 번뇌덩어리들인 온갖 상념(이미지와 추상적인 개념들)과 욕심들을 다 흐려지게 하여 깨끗이 씻어내고 본래 태초의 순진무구한 내적인 상태로 돌아가는 방법이란 뜻이기도 합니다.

그래서 우리가 자기 마음 안에 지금 복잡하게 차지하고 있는 여러 가지 욕심이나 희망이나 생각이나 번뇌들을 다 씻어내고 그 이전의 본래적인 자기를 객관적으로 바라보는 것이라면 그것은 다 명상을 제대로 하는 것입니다. 반면에 무엇을 또 욕구하고(설사 그것이 진리에 대한 것이라 할지라도) 그것을 가지려 들며 그것에 집착하여 또 하나의 번뇌 망상을 부리는 것이라면 그것은 다 명상을 하는 것이 아닙니다. 오히려 그것은 진리라는 이름을 붙여놨지만 진리라는 포장 하에서 번뇌 망상을 하는 것이라고 해야 알맞습니다.

제가 〈삶에 깨어나는 명상〉라고 이 글의 소제목을 붙인 이유가 여기에 있습니다.

그렇다면 명상을 잘 모르는 우리가 대체 어떻게 해야 명상을 제대로 한번 해볼 수 있을까요. 그것은 실제 해보면 아주 쉽습니다. 다만 한 가지 정성스러운 인내와 끈기가 필요합니다. 하지만 따지고 보면 사실 지금도 우리가 가진 모든 재능은 다 인내와 노력의 산물이 아니겠습니까.

명상을 한다는 것은 다시 말하자면 자기를 될 수 있는 한 깨어서 객관적으로 지켜본다는 것입니다. 저는 이것을 '자각(awakening)한다' 혹은 '자기 자신을 통찰(insight)한다' 고 말하고 싶습니다. 이것은 우리의 정신을 씻어내는 목욕행위이며 세척작업입니다.

명상의 제1차적인 단계는 자기 생각의 지배력으로부터 벗어나는 것입니다. 한번 자기 생각에 지배당하게 되면 그 다음의 감정과 느낌의 후폭풍들의 영향권 하에서 좀처럼 벗어날 수가 없습니다. 자각이란 자꾸 자기 생각을 바라다보며 그것을 바로 자기와 동일시할 게 아니라, "내가 지금 이런 생각을 막 했군!" 하고 객관적인 자세에서 지켜보려고 노력하는 것입니다.

이렇게 자꾸 연습하다 보면 나중에는 생각을 따라가면서 하는 게 아니라 생각을 함과 동시에 그것이 자각이 됩니다. 그러다 보면 나중에는 생각이 일어나려는 찰나에 그것이 보이게 되며 더 이후에는 그런 경향을 가진 생각 자체가 더 이상 일어나지 않고 끊어지게 됩니다. 그래서 사람의 기질과 습성이 뿌리 뽑히고 그래서 그 사람의 기질이 변하고 바뀌게 되는 것이지요. 자꾸자꾸 자기를 씻어내므로 점점 더 밝아지고 인격이 더 좋아지고 사람이 따스하게 바뀝니다. 그뿐만이 아니라 나중에는 그 모든 것이 담겨져 있는 나란 존재의 본래 자리마저 알고 그것을 발견하게 됩니다.
저는 이것을 제 안에 이미 깃들어 계신 하나님, 부처님을 발견하는 일이라고 생각합니다.

여러분, 진리가 어디에 있습니까.
성경이나 불경 안에요? 그 성경이나 불경에 진리가 있다고 누가 그럽니까. 바로 자기 자신의 생각이나 마음 아닙니까. 자기가 거기에 그런 가치를 부여하니까 그 대상들이 자기 안에서 그런 위력을 발휘하게 되는 것입니다. 그렇다면 〈이것이 진리다〉라고 결정하는 것 역시 결국은 자기 자신 아니겠습니까. 그런데 사람들은 그런 위대한 힘을 발휘하는 자기는 객관적으로 못 보고 그렇게 자기가 만든 결과물인 제 생각에 휘말려 그것을 따라 끌려갑니다. 진리를 진리라고 정하는 존재야말로 진리보다 더 위대하니 참 진리가 아니겠습니까.

돌멩이를 던지면 사자는 그 던진 사람을 쫓아와 물고, 개는 던져진 그 돌멩이를 따라가 문다는 말이 있습니다. 당신은 사자입니까 아니면 개입니까. 한순간의 정신적 착각 속의 나태함과 방일(放逸)함이 진리를 찾고 못 찾고를 결정합니다. 참으로 순간의 선택이 십 년이 아니라 평생의 운명을 좌우하는 것입니다. 이와 같이 명상이란 가만히 눈 감고 앉아 참고 있는 지루한 것이 아닙니다. 명상은 살아 움직이는 이 삶 속에서 자기 자신을 지켜보고 끝없이 스스로를 돌이켜보며 자기가 세상에 먹히고 잡혀 들어가느냐 아니면 세상을 자기가 삼키느냐 하는 가장 치열한 수행법입니다.

"항상 깨어 있으라!"
성경에도 나오는 말씀입니다. 왜 그냥 믿으면 되는데 성경은 굳이 〈깨어 있으라〉고 되풀이하여 반복하며 경계합니까.
그것은 우리에게 항상 너 자신을 돌이켜보며 자기가 만든 피조물인 자기 생각의 노예로 전락하지 말고 그 생각의 주인이 되어 자기 생각을 다스리며 능동적이면서 동시에 창조적으로 살라는 말씀입니다. 이것은 결국 우리로 하여금 우리 마음과 생각의 산물인 세상을 이기고 그것을 넘어서란 말씀이기도 합니다.

# 깨달아서 뭐할 겁니까

얼마 전에 제가 친하게 지내는 아주 독실한 교회 장로님이 한 분 오셔서 저하고 깨달음과 구원에 대한 얘기 중에 나온 질문입니다.

"근데요, 자꾸 깨달음이란 얘길 하시는데 도대체 깨달아서 뭐할 겁니까?"

우리는 그 말에 다 같이 한바탕 웃었습니다. 그분이 불교적 지식이 없어서 그땐 더 깊은 얘기를 못했지만 이제 그 대답을 여기에서 해볼까 합니다.

우리는 자기가 사람이라고 여기고 이 세상을 살아갑니다.

하지만 우리를 앞서 말한 대로 이 우주의 영원한 생명이라고 한번 가정해 봅시다. 그렇다면 우리가 과연 언제부터 사람입니까. 이 지구에 인간이 생겨난 지는 불과 이백만 년 남짓합니다. 그 이전에는 다른 물질적 생명체의 형태로 존재했습니다. 이것을 굳이 생명에너지의 사이클이라든지 혹은 윤회라고 부른다면 그렇게 말할 수도 있겠지요. 우린 그렇게 태초부터 하나님, 부처님과 더불어 마치 계곡을 다양한 모습으로 흐르는 물처럼 이 우주 안을 다양한 개체로 나타나 살며 그분과 본래부터 따로 분리할 수 없이 더불어 영생해왔던 놀라운 존재인 것입니다.

　우리가 지금은 이 몸과 마음을 가진 인간인 자기 존재를 〈나〉라고 부르지만 수백 수천만 년 전엔 같은 생명의 존재 안에서 다른 형체를 자기라고 여기고 있었을 것입니다. 아마 공룡이었는지도 모릅니다. 그래서 그 습성이 남아 오늘날까지도 인류는 이렇게 서로 잡아 죽이고 살육하는 전쟁을 즐기는 것입니다. 이렇게 내 안에 수많은 〈나〉가 들어 있습니다. 어제의 내가 지금의 나 안에 들어있듯이 말입니다. 이것을 확대하여 생각해본다면 나는 지구의 역사와 내 몸의 역사를 같이 하는 존재인 것입니다. 실로 모든 우주의 존재형태가 나를 통해 표현되었고, 나는 그들을 통해 나를 체험하며 자의식을 형성하며 살아왔습니다.

　그래서 내 의식 안에는 지금도 광물, 식물, 동물, 인간의 의식이 다 같이 들어있습니다. 우리가 잠자면 모든 것이 다 끊어지는데 이것이 광물의 의식이요, 흐릿하게 의식하며 꿈을 꿀 때는 식물의 의식이며, 먹고 싸고 행동에만 충실할 때에는 동물의 의식이고, 생각하고 사색할 땐 사람의 높은 의식으로 사는 것입니다. 그래서 사람은 있는 그대로 지구의식의 발전 역사가 하나의 존재형태에 다 반영되어 있는 살아 있는 지구의 화석인 셈입니다.

　깨닫자는 것은 이런 위대한 자신을 자각하고 제대로 알아차리는 것입니다.
　그것은 마치 왕자가 성을 벗어나 시장에 놀러 나와서 얼굴이 비슷하게 생긴 거지와 옷을 바꿔 입고 거지가 되었다가 우여곡절 끝에 다시 왕자의 지위로 되돌아간다는 영국의 동화와 너무나도 흡사합니다. 우리가 이미 영원한 생명이라는 이 기막힌 진실! 이것은 너무나도 큰 복음(福音)입니다. 우리가 앞으로 착하게 살아야 하나님의 자녀가 되고 영생을 얻는 게 아니라 우리는 이미 영원한 하나님의 자녀이고 부처님의 분신이라는 것을 선포하는 놀라운 선언입니다. 우리는 본래가 영원한 우주의 생명 그 자체입니다. 다만 우리가 그동안 너무나 이 개체 몸과 의식에만 사로잡혀 우리 존재의 불멸성을 바로 보지 못했던 것입니다.

그래서 깨닫는다는 것은 자기가 하나님의 자녀라는 그 놀라운 참모습을 바로 보고 그렇게 즉시 천국이라는 〈내면상태〉로 거듭난다는 것입니다. 이 말은 그의 내면에서 세상을 천국으로 바꾸어보는 전혀 새로운 관점이 생겨나는 것입니다. 그래서 그것은 진리를 머리로 알고 이해하는 그런 수준에 머무르는 게 아니라 바로 자기가 살아 있는 진리와 하나가 되는 것입니다.

반대로 악하게 사는 사람은 자기가 자기 안에 악함과 고통의 세상을 창조해서 그 안에 빠져 살아보고 체험하는 것입니다. 이처럼 지옥은 자기가 자기 마음 안에 만드는 것입니다.

이런 말이 보통 사람에게는 이해가 되기 힘들겠지만, 선이다 악이다 하는 것은 사실 우리가 우리 마음 안에서 짓고 부수는 우리의 편견에 의한 마음놀이이지 그것이 지역이나 상황이 변해도 변하지 않는 절대적인 것은 아니기 때문입니다.

그래서 깨달으면 자기가 본래 영생하는 영원한 존재임을 알기에 영생을 얻습니다. 깨달으면 지금 이 순간 우주에 충만히 살아계시는 진정한 하나님, 부처님을 보고 그분과 하나가 됩니다. 깨달으면 자기 안에 새로운 세상이 창조되고 그 세상이 바로 이 세상과 합일이 됩니다.

깨달으면 자기가 어디서 왔다가 어디로 가는지를 알게 되며 이 물질우주를 초월하여 살아 있는 채로 지극한 평화와 행복을 누리는 최고의 천당 극락에 들어가게 됩니다.

그것이 육신의 몸을 벗은 후에도 그대로 지속되는 것은 두말할 나위도 없는 일입니다. 이처럼 깨달음은 우리가 우리 안에서 발견할 수 있는 가장 최고의 보물인 것입니다.

깨닫는다는 것은 비로소 참으로 〈내가 누구인지를 안다〉는 것입니다.
내가 누구이며 어디서 왔으며 어디로 갈 것인지
그리고 어떤 상태로 존재하는 것인지 아는 것입니다.

# 2

## 수행,
## 발상의
## 전환이
## 필요하다

# 나는 왜 명상을 선택하였는가

저는 어느 한 종교만이 옳다거나 어느 한 수행법만이 무조건 모든 사람에게 다 최고라고는 말하지 않습니다. 하지만 저는 그중에서도 저를 닦아나가는 방법으로 기독교도 아니고 불교도 아닌 명상수행법을 선택하였습니다. 왜 그런지에 대해 앞으로 이 책에서 솔직히 말하고 싶습니다. 뭐 그렇다고 제가 교회나 절에 가지 않는다는 뜻은 아닙니다. 저는 거의 매주 교회나 사찰에 기쁘게 나가고 있습니다. 그리고 저는 제가 가는 곳이 어디든 항상 지금 여기에서 하나님, 부처님의 은총과 자비를 깊게 체험하고 있습니다.

사람들은 흔히 예수, 석가가 기독교나 불교란 거대종교를 만들고 성경이나 불경을 쓴 것으로 착각하지만 사실은 그렇지 않습니다. 그분들은 행동하시고 실천하시기도 바빠서 가만히 앉아 책을 쓸 시간을 낼 여유도 없었습니다. 그분들보다 훨씬 후세대에 그분들에 비해 훨씬 못한 영적수준의 사람들이 제 생각과 기억에 의해 만든 것이 바로 성경이고 불경인 것입니다.

그래서 조금만 찬찬히 보면 성경과 불경에는 웃지 못할 난센스도 많습니다. 조그만 지구 하나만을 위해 비효율적으로 이 무한한 우주를 창조했다는 우주관이 그렇고, 인간이 지옥에 가는 것도 제 자유라는 〈자유의지론〉이 그렇습니다. 생각해보면 아이들에게도 자유란 게 있고 어른들에게도 자유라는 게 있지만 그 자유의 질적인 수준이 다릅니다. 아이들은 무조건 제게 해로운 것도 움켜잡는 무지한 자유지만, 어른들은 현명한 지혜로 더 나은 것을 선택하는 자유를 누리므로 다 같이 자유의지를 가졌다 해도 똑같은 차원의 자유의지가 아닙니다.

그렇다면 하나님은 지옥에 갈 인간들을 최소한으로 줄이기 위해서 더 선(善) 지향적이고 지혜로운 자유의지를 가진 즉, 더 높은 자질과 지혜를 가진 고등인간을 창조했어야 했을 것입니다. 이것이 자유의지론의 허점인 것이지요. 즉 자유에도 그것을 누릴 주체의 수준에 따라 누리는 자유의 내용이 달라지므로, 높은 차원의 자유의지를 가진 인류를 창조하지 않았다는 질적인 문제가 간과되어 있다는 말씀입니다.

또 성경대로라면 지금까지 딱 한 번 사용하고 계속해서 개점휴업하고 있는 비효율적인 에덴동산론이 그렇고, 전지전능하다는 하나님이 아담에게 여자가 필요한 것을 미리 예측 못해 나중에야 그의 갈빗대를 뜯어내 그의 창조세계를 수정보완하시는 어처구니없는 일도 설명하기 어렵습니다. 또 삼라만상과 짐승들이 인간을 위해 만들어졌다는데, 그렇다면 왜 짐승들은 도살당할 때 기뻐하지 않고 울부짖으며 슬퍼하는지도 의문입니다. 자기가 만들어진 목적이 달성되는 최고의 기쁜 시점인데도 말입니다. 전능하신 하나님이 깜빡하셔서 이

점까지는 미처 신경을 못 쓰신 것일까요.

　게다가 천당에 갈 사람과 지옥에 갈 사람, 그렇게 딱 이분법적으로 모든 사람을 나눌 수 있을까에 대해서도 저는 매우 회의적입니다.
　우리가 그렇게 점수로 나뉠 수 있는 존재들인가요. 또 설사 그렇다 쳐도 그렇다면 커트라인은 몇 점인가요. 60점이라면 59점짜리 인간은 너무 억울할 것이고, 61점짜리 인간은 또 그 이후엔 완전히 선하게 될까요. 그들의 모자란 점들은 천국에 가면 되풀이되지 않고 바로 완벽하게 시정될까요. 그렇다면 지금 바로 그렇게 할 일이지 왜 심판 그때 이후나 그렇게 해서 보다 적은 사람들만 구원받게 할까요. 도대체가 논리적으로 말이 안 되는 일이 한두 가지가 아닙니다.

　하지만 지금 여기서는 기존 종교의 그런 논리적 모순점들을 일일이 논박하자는 것이 아니므로 더 이상의 구체적인 얘기는 하지 않으려고 합니다.

　제가 말하고 싶은 것은 이 모든 것은 인간의 의식수준이 낮은 몇 천 년 전에 인간들 사이에 흘러 다니던 설화나 신화 혹은 상식들을 가져다 그 시대의 사람인 성경이나 불경의 저작자들이 무심결에 인용하다 보니 지금과 같은 모순들을 가져오고 만 것이라는 사실입니다. 그래서 위와 같은 부실한 신학적인 논리들은 이제 현대인들에게 믿음의 강요를 넘어 믿음을 구걸(?)하는 신세로 되었습니다. 왜냐하면 현대인들의 상식이나 이성적인 수준이 이미 그런 시대에 널리 퍼졌던 가르침의 수준들을 넘어서 있기 때문입니다. 보통 수준의 현대인들이 이미 천 년 전 최고 과학자나 지성인보다 더 뛰어난 이성과 지성을 가지고 사는 것이 우리의 현실입니다.

불교도 정도 문제일 뿐 이런 점은 마찬가지입니다.
금강경에서는 모든 것이 다 공하다고 하면서 아공(我空)뿐만 아니라 법도 공(空)하다 합니다. 하지만 스스로 이런 금강경의 법은 법 중의 최고라고 합니다. 이것은 자기모순 아니겠습니까. 모든 것이 공하다면 그 법마저도 공해야지요. 거기에 예외를 두는 것은 자가당착입니다.

또 최초엔 우리가 부처였는데 홀연히 무명이 생겨서 번뇌중생이 되었다고 합니다. 그렇다면 왜 홀연히 무명번뇌가 생길까요. 이 점을 모르는 채 그냥 그렇다니까 무조건 닦아서 없애자고 닦기만 하면 다 해결될까요. 그렇다면 우리가 닦아서 부처가 되어도 다시 또 언제 무명번뇌가 홀연히 생겨날지 모르는 일 아닙니까. 그때 가선 대체 어쩔 건가요.

물론 이런 교리나 이론들 자체가 종교가 가진 진리를 판단하고 추구하는 데 있어서 절대적으로 중요한 것은 아니지만, 그러나 그런 것들이 스스로 부족하고 하자가 있다는 사실이 바로 기존의 종교는 실제로는 진리 그 자체인 하나님, 부처님이 직접 만들고 지어낸 것이 아니라 우리 인간들이 만든 하나의 거대한 생각들에 불과하다는 것을 말해주고 있는 것입니다.

이젠 우리 인류의 사고체계가 발전한 만큼 솔직히 이런 종교의 부족한 문제점을 인정하여야 합니다. 이제는 기존 종교들이 사람들을 인도하기 전에 먼저 자신들의 교리와 이론들을 되돌아보고 시대에 맞게 진리의 이론적 체계와 교육시스템을 개혁하고 바꿔야 하는 시대가 되었습니다.

그렇게 한다고 기존 종교가 지향하는 진리라는 고매한 목표가 손상되는 것은 아닙니다. 저는 오히려 성경에 손을 대서 수정하고 교리를 바꾸었던 과거 니케아종교회의를 열던 시대가 지금보다 더 양심적이고 솔직한 이성의 시대가 아닌가 하는 생각마저 들 때가 있습니다.

사실 모든 종교는 훌륭한 성자들의 언행을 보고 우리 인간들이 만든 것입니다. 그래서 모든 종교는 인공(人工)종교입니다. 그러므로 옛날 지적으로 부족한 사람들이 만든 것을 지금 지혜가 발달한 사람들이 볼 때는 논리적으로 합리성이 부족한 것은 어쩔 수가 없는 사실입니다. 그러나 우리가 생각으로 만든 인공종교가 있다면 반대로 그것 이전에 자연(自然)종교 즉, 진리라는 것을 말과 글로 나타내기 이전에 자연적으로 보여주고 암시하는 차원도 있습니다. 이제 그것에 우리가 관심을 가져야 할 때가 아닌가 하는 것입니다.

이런 말을 한다고 제가 기존 종교나 수행인들의 훌륭한 점들을 무시한다는 것은 절대 아닙니다. 그분들은 이런 부족한 종교의 형식적인 컨텐츠를 통해서도 자신들을 잘 발전시키고 업데이트하신 분들입니다. 하지만 기존의 편파적이고 비상식적인 소프트웨어를 더 개량

하면 더 나은 업데이트가 가능하다는 말씀입니다. 이 말은 다시 말하면 더 많은 사람들을 기성종교에 대해 열리게 하고 더 열린 자세로 기존 종교의 가르침에 대해서도 귀를 기울이게 된다는 말입니다. 이 우주를 감싸고 있는 보편적 진리에 대해 더 구체적으로 이해하게 할 수 있다는 말입니다. 그럴수록 그들의 영성은 더 효과적으로 빨리 자라나고 더 크게 넓어지겠지요.

이러한 점을 자각하면서 어렸을 때는 20년을 기독교에 묻혀 살았고, 청년시절 이후엔 불교를 믿어 출가까지 했던 제가 이제는 자연종교라는 제3의 길을 선택한 것입니다. 물론 그렇다고 해서 제가 기존 종교들을 믿지 말자거나 그들의 좋은 점을 다 부인하는 것은 아닙니다. 하지만 분명히 그것들의 겉모습은 이미 낡았거나 무너지고 있습니다. 그러나 아직도 그들 중에 상당수 성직자들은 자기만이 옳다는 독단에 깊이 빠져 있습니다. 마치 자기의 생각을 지키기 위해서라면 살인도 불사하는, 소설 『장미의 이름』에 나오는 눈먼 도서관 사서 같이.

기존의 종교들은 마치 어린이 교과서에 나오는 이야기들처럼 바위가 말하고 바람과 대화하며 태양이 생각하는 그런 신화(神話)의 구조를 가졌다고 저는 생각합니다. 성경과 불경이 최초로 만들어지던 그 시대는 그런 신화의 시대였습니다. 그것이 그 시대의 사람들을 이해시키기 위한 최고의 방편이던 시대였습니다. 하지만 이제는 그때와는 비교할 수 없을 정도로 인지(人智)가 발달한 시대입니다. 그런데도 지금의 성직자들이 몇 천 년 전 그 신화들을 아직도 문자 그대로 고집하고 있는 데서 바로 이 모든 난센스 퀴즈 같은 문제들이 벌어졌다고 생각합니다.

저는 그래서 기존의 종교 속에 있는 신화적 요소를 문자 그대로 해석하는 것은 오해와 편견을 막기 위하여 이제는 상당 부분 수정되어야 하며, 아직도 그런 방식에 빠져 있는 신앙인들이나 수행인들은 어린아이들에게 가르치는 방식 같은 의인법적 신화의 내용이 과연 무엇을 뜻하는 것인지 보다 더 열린 방식으로 고찰해 보아야 한다는 것을 말하고 싶습니다. 그럼으로써 그들은 더 나은 지혜로 판단된 가르침에 의해 더 나은 영적 서비스를 받아 문자 이전에 지금 바로 여기에 실재하는 진리에 대해 내적으로 깨어나야 한다는 것입니다.

그들은 그럴 가치가 있는 영혼들입니다. 시대는 눈부시게 발전하는데 이제 우리는 시대에 뒤처진 우리보다 인지가 떨어지는 사람들이 만든 질 낮은 교과서를 그만 볼 권리가 있습니다.
이제 시대는 제3의 종교혁명을 요구합니다.
기존의 종교들은 수천 년의 시간 동안 실험을 했지만 세상을 바꾸는 데 실패하였습니다. 기독교에는 신(新) 신약성서가 나와야 하며, 불교에는 더 많이 깨달은 사람들을 양산하는 새 경전과 새 수행법이 나와야 합니다.

그러나 이는 보다 더 정확히 말하자면 진리의 길을 먼저 걸어가신 예수나 석가의 문제가 아니며, 그분들을 자기 종교에 자기들 생각대로 끌어다 쓴 사람들의 문제입니다. 이제 종교분야에서도 과거에만 얽매인 보수·수구세력들은 혁신·신진세력들에게 그 특권과 독점의 자리를 일부분이라도 양보해야 합니다.

오늘날 성경과 불경 속의 논리적 모순은 명백히 진리의 길을 가르치신 분들의 부족함이 아니라 그것을 자기 방식으로 재해석하며 그것만이 옳다고 타인에게 주장하는 사람들의 부족함에서 기인한 것입니다. 진짜 하나님이라면 기독교나 성경 안에만 갇혀 있을 분이 아니며, 부처님 또한 불교 안에만 갇혀 있는 그런 분이 아님은 자명합니다. 진리는 그것을 가르치고 표현하는 매체(종교)가 있든 없든 스스로 본래부터 그대로 잘 존재해 왔습니다. 진리가 성경이나 불경이 없다고 사라지겠습니까.

저는 이제 그래서 그 부족한 문제를 해결하는 보완책으로 〈명상〉을 제창합니다.

그리고 이것이 제가 명상의 길을 선택한 이유이기도 합니다. 명상의 길에서는 경전에 〈오직 이것〉만이 전부라는 그 어떤 제한도 두지 않으며 또 반대로 그 어떤 종교도 진리가 아니라고 배척하지 않습니다. 명상에 있어서는 실로 세상이 그대로 살아 있는 경전이며 삼라만상과 우주가 그대로 살아계신 하나님, 부처님의 몸통입니다.

요즘 적지 않은 목사님, 신부님들이 깨달음에 관심을 가지거나 명상에 관심을 가지기 시작했으며, 종교에 대한 기존의 보수적이고 수구적인 자세를 버리고 열린 가슴으로 자기의 양심을 좇기 시작했습니다. 또 적지 않은 스님들이 기존의 방법만으로는 안 된다고 제3의 수행법에 관심을 갖기 시작했습니다. 저는 개인적으로는 백봉(白峰) 김기추 거사님의 "거사풍(居士風) 수행과 원융한 깨달음(출가하지 않고 세상에서 직업을 가지고 살면서 공부 방법에 구애받지 않고 자유로이 수행하여 깨치는 것)"이란 말씀을 참 좋아합니다.

저의 앞으로의 인생도 이런 목표를 향하여 바쳐질 것입니다.

기독교인들은 이슬람교나 불교라면 무조건 싫어하고 타 종교인들도 또한 그러합니다.

하지만 제가 보기에는 이게 바로 "내가 누군데, 무얼 믿는 사람인데……" 하는 아상을 가져서 그렇다고 봅니다.

알고 보면 서로 한생명이고 서로 하나의 진리인 하나님, 부처님을 따르고 모시는 놀라운 우주생명인 형제들인데 서로 가진 생각의 차이 하나만으로 상대를 부정하고 전쟁까지 한다는 것이 바로 비극 아닙니까. 그런데 이 비극을 누가 조장하고 있습니까. 자기 생각에 얽매인 사람들입니다. 이처럼 세상의 비극은 바로 우리가 잘못 가진 생각들로 인해서 지금도 계속해서 만들어지고 있습니다. 생각이 잘 창조되면 결과는 아름답지만 잘못 창조되면 이렇게 무서운 결과도 초래합니다. 이것을 보다 더 포용적인 사상을 가진 사람들이 깨우쳐주고 서로 부드럽게 조화될 수 있도록 만들어 주어야 합니다. 진실로 더 큰 것만이 더 작은 것을 품에 안을 수가 있습니다.

앞으로 이렇게 열린 시대에는 목사님이든 스님이든 속인이든 간에 훌륭한 말씀은 우리가 받들어 배워야 하며 그가 어떤 종교 종파인이냐와는 상관없이 그의 영성과 진실 하나만으로 우리는 그를 평가하고 그런 선각자의 가르침을 배워나가야 할 것입니다. 이는 마치 한국을 사랑하는 한국인이라면 그의 국적이 남한이든 북한이든 심지어는 재일교포, 재미교포이든 간에 그의 나라 사랑하는 마음을 우리가 기리고 인정해주어야 하는 것과 마찬가지라고 생각합니다.

 단언컨대, 진리는 어느 종교나 경전 안에만 갇혀 있지 않습니다. 이미 온 누리에 진리가 넘쳐나고 우리가 오히려 지금 살아 있는 그 진리 안에 들어있건만 우리 마음이 분별하지 못하고 오로지 한쪽에 치우친 관념의 세계만을 바라다보는 것이 아닌가 합니다.

# 자연종교와 인공종교

앞 절에서 자연종교와 인공종교에 대해 말씀드린 바가 있습니다만 이 절에서는 보다 더 구체적으로 그 개념들에 대해 살펴보겠습니다. 왜냐하면 그 개념을 잘 아셔야 앞으로 제가 하려는 이야기들이 보다 잘 이해될 것이기 때문입니다.

저는 종교문제로 방황하는 사람들에게 좀 생소하지만 〈자연종교〉라는 참신한 개념을 제시해 드리고 싶습니다. 그것은 바로 인간들이 생각 속에서 만든 인공종교와 그렇게 하기 이전부터 있었던 진리 그 자체를 〈있는 그대로〉 담고 있는 원래의 자연종교를 구별하자는 것입니다. 지금 이 세상에 있는 기독교나 불교, 이슬람 그리고 그 외 크고 작은 종교들은 다 누군가 창시자가 있고 그는 신격화되며 나머지 중생은 그를 믿거나 혹은 그에게 의지하여 진리를 추구해야 하는 구조로 되어 있습니다.

그런데 기성종교들은 앞장에서 말씀드린 바처럼 여러 가지로 합리성이 부족한 문제가 있음을 누구도 부인할 수가 없습니다. 그런 문제가 별것 아니라고 말할 분도 계시겠지만 지금도 많은 사람들이 그러한 문제들에 걸려서 그 종교를 통째로 백안시하거나 등지고 있습니다. 그것을 가볍게 여기고 간과해서는 안 됩니다. 저도 한때는 그런 문제에 걸려서 해당 특정 종교를 통째로 부정한 적도 있었습니다.

그렇지만 저는 내적인 눈을 뜨는 과정에서 처음부터 그런 흠결이 없이 완전무구하며 인간의 영혼에 직접 교신을 해왔던 또 다른 내적인 변화의 길이 있음을 알았습니다.

그것은 말하자면 이 우주를 비롯하여 삼라만상 속에 깃든 신성한 힘을 경외하는 직관과 종교적 감성에 근거한 믿음과 열림입니다. 또는 지금 여기 나와 내 사랑하는 사람들과의 관계 속에 실재하는 살아 있는 생명과 사랑의 힘을 느끼는 실존에 대한 깨어남입니다. 여기엔 아무런 학문적인 성서(聖書)나 말과 글이 없습니다. 그렇지만 그런 세계에 눈을 뜬 이에겐 이 세상이 그대로 살아 있는 눈부신 경전이요, 바이블입니다. 예를 든다면 먼 옛날 북미대륙에 살았던 아메리카 인디언들이 그런 신앙을 가졌지요. 그런 것을 저는 바로 〈자연종교〉라고 부릅니다. 그것은 책과 생각 속에서 진리를 찾아내는 방식이 아니라 지금 여기 내 삶 속에서 찾아내고 그것을 내 삶 속에서 재확인하는 살아 있는 종교입니다.

저는 자기 자신에게 깨어 있는 명상이야말로 우리 안에 본래 깃들어있던 자연종교를 다시 깨워내는 길이라고 봅니다. 또 그래야 제대로 된 명상이라고 봅니다. 자연종교는 사실 인공종교의 모태요, 인공종교가 태동하기도 전 먼먼 옛날에 이미 인간과 함께 인간의 영혼 속에 서식하고 있었던 것입니다. 그래서 그만큼 더 원류에 가깝습니다.

더 직관적이며 더 깊고 심원합니다. 그것은 말과 글의 차원을 넘어서 있으며 더 근원적인 모습을 갖고 있습니다. 하나님과 인류는 그 시대엔 말과 글이 아닌 직관과 영감을 통하여 서로 직접적인 교류를 하며 살았습니다.

오늘날 현대를 사는 인간들은 바쁘다는 이유로 뭐든지 더 요약되어 읽기 쉽게 정리된, 소위 갖기 쉽고 믿기 쉬운 비타민 알약 같은 종교를 원합니다. 그러나 그러한 간편주의와 요약주의, 바로 거기서 깨어나야 합니다. 그것은 실로 매일 조금씩 각성이라는 효과는 주지만 그 대가로 결국 전체적으로는 신체와 정신의 건강을 빼앗아가는 인스턴트커피 중독과도 같습니다. 바쁘다고 진리조차도 다이제스트(Digest)로 소화하거나 지식으로 책 속에 담아 생각으로만 가지려 들어서는 안 됩니다.

물론 기존 종교를 믿으면 무조건 다 그렇다는 얘기는 결코 아닙니다. 기존 종교를 통해서도 얼마든지 자연종교의 차원으로 승화되는 사람도 있습니다. 그러나 적어도 자기의 영혼문제만큼은 남의 해석이나 이론에 맡기지 말고 자기가 직접 재배하고 가꾸어서 섭취하자 이 말입니다. 인스턴트식품처럼 가공된 오늘날의 신앙이나 교리들은 그것들을 믿고 따라가는 사람들을 자연종교에서처럼 진정한 영성으로 깨어나게 하기보다는 집단의 고정관념 속에 갇히게 만들어 집단 동물농장처럼 사육하고 있을 뿐입니다.

현실에 살아 있는 자연종교에서는 우리 안에 그리고 온 누리에 이미 하나님, 부처님이 충만하게 계십니다.

대도무문(大道無門)이라 했습니다. 우리가 숨 쉬고 우리가 생각하고 우리가 움직이는 지금 바로 이 순간이 다 이미 진리의 힘이 움직이는 도리입니다. 세상이 이미 신(神)의 몸통이며 우리는 이미 그의 품 안에 사는 분신이자 그의 일부분들입니다. 우리가 내면으로 눈을 떠서 살아 있는 현실인 이 세상 안에서 영적으로 성장하면 할수록 우린 더 깊어지고 지혜로워져 그분과 온전한 하나를 이룰 것입니다.

그 길은 우리가 선택하고 가는 대로 끝없이 창조적으로 생겨납니다.

이미 만들어진 길에게 올바른 길을 물으면 그 길은 이 길이 정답이니 이 길로만 가라고 판에 박힌 정답을 말할 뿐입니다.

그래서 참된 진리의 길은 우리가 찾아내고 스스로 만들어가야 합니다.

남이 만든 길은 비록 큰 문과 큰 길로 안내한다 할지라도 뻔한 결과를 낳고 맙니다. 그들이 이미 무한한 영성(靈性)의 우리를 그렇게 사상적으로 한계를 짓고 그 안에 가두었기 때문입니다. 저는 무조건 남의 말을 따르기보다는 스스로 진리를 바라다보며 추구할 줄 아는 영혼을 더 사랑하고 존경합니다. 인간의 역사는 바로 기존의 고정관념과 한계를 무너뜨리고 도전하는 그런 위대한 영혼들에 의해 창조되어왔기 때문입니다.

중세의 수도승들은 진리로 가는 길을 오늘날 간단한 인스턴트신앙이 보여주듯 단순한 믿음만의 문제로 보지 않았습니다.

그들은 왜 간단히 믿으면 한 번에 될 일을 평생을 다 바쳐가면서 자기를 신(神)에게 헌신했을까요? 그것은 그들이 기성종교의 말과 글 이전에 있는 자연종교의 진리를 스스로 느껴보고 체험하기 위해서였습니다. 그러한 신중하고도 진실한 정신 자세가 아무 생각 없이 무조건 기존의 신앙을 따라가는 것이 주류를 이루고 있는 오늘날 우리에게도 깊이 요구되고 있습니다. 모든 전세대의 수행과 신앙은 반드시 후세대에 비판과 교정을 받아왔음을 우리는 잊지 말아야 할 것입니다.

# 수행은 나에 대한 공부다

우리가 수행하는 데 있어서 참으로 깊게 생각해보아야 할 점이 하나 있습니다.

그것은 진짜 제대로 된 공부나 수행이란 결국은 자기가 바뀌고 자기가 변하는 공부가 되어야 한다는 것입니다. 우리는 세상에 태어나서 어렸을 때부터 수많은 공부 속에 자랍니다. 하지만 대다수의 사람은 공부를 자기가 해서 자기가 가지는 것이라는 소유 개념으로 생각합니다. 사실 세상 교육의 대다수는 먹고사는 데 필요한 정보의 습득을 목적으로 하므로 그에 필요한 지식의 전달과 축적에 그칩니다. 하지만 이런 공부는 본질적인 공부가 아니요, 그래서 죽은 공부입니다.

세상의 교육기관들은 거의가 다 이미 사람을 사람답게 기르고 진정 거듭나게 바꾸는 참교육에는 그 기능을 잃어버린 지 오래입니다. 하지만 인생의 의미와 궁극적인 진리를 찾는 우리 입장에서는 그런 세상의 공부 습관이 우리를 지배하게 해서는 안 됩니다. 가만히 살펴보면 많은 사람들이 교회를 다니고 사찰을 다니며 기도하고 수행하지만 수십 년 그런 삶 속에 산 사람들의 어제와 오늘이 전혀 바뀌지 않고 있습니다.

이것은 무엇을 말하는 것이겠습니까.

그것은 〈아는 것(to know)〉과 〈되는 것(to become)〉의 차이입니다. 많은 사람들이 진리에 대해 머리로 알려고만 할 뿐 그리고 잠시 그 맛만 보려고 할 뿐 그 지식과 그 감동에 의해서 자기가 진정으로 변하고 더 아름답고 더 지혜롭게 거듭나는 수준까지는 나아가지 못합니다. 그 이유는 〈아는 것〉과 〈되는 것〉 사이에 있는 중간계단인 자각(自覺) 즉, 〈깨어 있음(awakening)〉이 안 되기 때문입니다. 다시 말해서 스스로 깨어 있지 못하며 자기 영혼에 대해서 혼미한 상태에서 영적으로 잠자고 있기에 그러한 것입니다.

우리는 우리 인생 중에서 아주 중요한 사건들은 그 날짜와 시간의 구체적 상황들을 다 기억합니다. 하지만 일반적인 다른 날들은 하얗게 다 잊어버리지요. 이것은 무엇을 말하는 것입니까. 그것은 우리가 유독 내 인생에 중요했던 그 사건에 대해서만 깨어 있었다는 말이 됩니다. 우리가 진정 깨어 있었다면 우리는 하나님, 부처님을 잊어버리지 않습니다. 우리가 본래 거기서 나왔으니까요. 하지만 우리는 그냥 우리의 의식을 내면이 아닌 바깥으로만 돌린 채 흐리멍덩하게 살아왔고 아무런 변화도 없이 지금도 그런 가운데 깨어나지 못한 채 살고 있습니다.

수십 년을 한 방법으로 열심히 수행했다는 사람 중에도 이런 사람들이 적지 않습니다.

수행을 했으면 사람이 변해야 합니다. 보다 더 온유하고 보다 더 큰 사랑을 가진 사람, 보다 더 현명하며 보다 더 가까이하고 싶은 사람으로 변해야 마땅합니다. 왜냐하면 그것이 그가 자신에 대해 깨어 있었다는 증거이기 때문입니다. 하지만 세상의 일반 수행자들은 자기가 변하기보다는 자기가 가질 수 있는, 그래서 남에게 과시하거나 내놓을 수 있는 어떤 상태나 경지를 추구합니다. 그들은 자기가 변한다는 것이 무슨 뜻인지를 아직 눈치 채지 못하고 있습니다. 그들은 여전히 깨달음을 가지려고 하며 신의 은총을 마치 은행에 저금한 예금인 양 자기가 소유하고 남에게 과시하려고 합니다.

그래서 그들은 진리에 대해 어떤 한계 이상은 양보할 수 없다는 생각이나 그에 대한 정서적 완고함을 가지고 있으며, 자기가 아닌 어떤 체험체계나 수행이론을 가지고 이런 경지 저런 경지의 채점을 매기며 분별을 합니다. "나는 진리란 이런 것이라고 생각하는데 당신은 그렇지 않으니 난 당신과 가까이 할 수가 없어!"라고 선언합니다. 심지어는 수행에 대해 서로 생각이 다르다고 상대를 비난하거나 저주하거나 공격까지 합니다. 이게 무엇을 뜻합니까. 그것은 생각이나 가치관 등의 소유한 것으로 상대를 판단하겠다는 태도이며, 상대가 누구인지는 관심이 없고 그가 가진 것이 무엇인지에 관심이 있다는 말입니다.

저는 운이 좋게도 적지 않은 훌륭한 선각자분들을 그분들이 살아 계셨을 때 직접 만났습니다. 그러면서 제가 느낀 것은 큰 영혼을 가진 존재들은 상대가 무엇을 가졌느냐 혹은 무슨 생각이나 그에 따른 수행을 하는 사람이냐에 관심이 있는 게 아니라 바로 상대 그 자체에 대해 깊은 사랑과 열린 마음을 가졌다는 것입니다. 그릇이 작은 수행자가 아상과 법상이 높기 마련입니다. 진정한 수행은 〈내 것〉이 아닌 바로 〈나〉 자신에 대한 공부입니다.

많은 분들이 깨달으면 뭐 대단한 신통을 얻거나 이 세상에 모르는 게 없이 뭐든지 다 알게 되는 것으로 착각을 합니다. 그런 게 아닙니다. 깨닫는다는 것은 비로소 참으로 〈내가 누구인지를 안다〉는 것입니다. 내가 누구이며 어디서 왔으며 어디로 갈 것인지 그리고 어떤 상태로 존재하는 것인지 아는 것입니다. 나는 지금 여기 이 순간에도 실존하는 이 모든 삼라만상이 나온 근원의 생명자리 바로 그것입니다.

지금도 여러 수행단체나 종교단체들이 〈이렇게 하면 깨달음을 얻는다〉 혹은 〈이것이 천국 가는 길이다〉라고 주장을 합니다. 하지만 저는 이렇게 생각합니다. 어떤 기발한 공부 방법을 따르기 이전에 내가 뿌리째 진정으로 비워지고 바뀌어야 참으로 깨달을 수 있으며 거듭나는 것이라고 말입니다. 사람이 아직도 자기 업습 속 그대로 역한 냄새가 나면서, 과거의 자기가 그대로 살아 있으면서 단지 아는 것만 바뀌었다고 깨닫거나 거듭난 것은 아니라고 말이지요.

왜 이런 말 있지 않습니까.
〈도를 하기 전에 먼저 기본적인 인격을 갖춘 사람이 되어라〉

# 최초의 한 생각

 제가 이 책의 첫머리에서 우리는 생각 속에 파묻혀 살고 있다고 말씀드린 바 있습니다. 우리는 정말로 이것을 깊이 성찰해 보아야 합니다. 그렇지 않으면 우린 진정 깨어나기가 힘듭니다. 이것은 수행자들 사이에서도 마찬가지입니다. 최초의 한 생각에 사로잡혀 그것을 못 벗어나면 평생을 그 생각에 끌려 온갖 수고를 다합니다. 제가 어떤 수행방법을 굳이 비판하고 싶은 생각은 없지만 한번 생각에 갇힌다는 것의 문제점에 대해 언급한다는 의미에서 화두참선 수행을 그 한 예로 들어볼까 합니다.

 여러분들도 다 아시다시피 우리나라 불교는 화두참선법 아니면 공부가 아니라고 말할 정도로 화두참선 수행에 대단히 집착하고 올인하고 있습니다. 저도 처음 절에 머리 깎고 들어갔더니 〈책 보지 말라!〉하며 모든 책을 덮고 바로 참선 수행할 것을 지시받은 적이 있습니다.
 그런데 이 화두참선법이 어떤 논리 하에 나온 공부 방법인가에 대해 한번 깊게 생각해 봅시다. 모든 수행방법은 사실 그 나름대로 〈왜 이렇게 공부해야 하는가〉에 대한 이유와 논리를 갖고 있으니까요.

화두참선법은 우리가 원래 맑고 청정한 본심을 가진 부처인데 홀연히 번뇌망상이 생겨 무명심이 일어나고 십이연기에 의해 탐착이 일어나서 몸을 받아 지금 이렇게 중생이 되고 세상 삼라만상이 생겨 나왔으니 우리가 고해에 들게 되었다는 기본전제 하에, 우리가 이 마음을 깨끗이 닦고 또 닦아 미세 번뇌망상까지 다 닦아서 티끌 하나 없는 무념무상(無念無想)의 청정한 마음 본심으로 돌아가면 깨달음을 얻는다는 논리에 근거하고 있습니다.

즉, 원래 깨끗했는데 더렵혀졌으니 다시 깨끗이 지우고 닦으면 본래로 돌아가 다 해결된다는 것입니다. 그런데 화두참선 수행을 하다 보면 깨치기 직전에 모든 것을 다 모르는 상태의 〈미지(未知)〉라는 경지가 나옵니다. 다 끊어지고 다 모르는 이 상태는 어디로 가려고 나섰다가 어디로 가는지 왜 가야 하는지도 몰라서 그냥 다시 돌아오는 〈일체 모름〉의 자리인데 일체가 다 끊어지고 생멸이 다 단절된 자리라는 것입니다. 하지만 〈오직 모를 뿐〉이라는 자리 여기에서도 한 발자국 더 나아가야 비로소 깨달음에 든다는 것입니다.

하지만 한번 이 논리를 가만히 살펴봅시다.
이렇게 〈일체 모름〉의 경지에 들었다면 그 수행자가 거기서 어떻게 어디로 더 나아가야 한다는 생각을 가지고 수행을 더 할 수가 있을까요. 이거 좀 이상하지요. 또 일체 모르는 그 자리에 간 수행자가 어떻게 이런 수행에 대한 것을 폭포수 쏟아지듯 전문용어로 유창하게 설법할 수가 있을까요. 이것은 자기모순이 아닐 수 없습니다.

이런 자기모순이 생기는 이유는 사실은 〈최초의 한 생각〉 즉, 〈공부란 이런 것이다〉라는 자기의 기본생각을 아직 못 떠났기 때문입니다. 그 생각이 자기를 끌고 가기 때문에 다 몰라도 이 공부에 대한 생각만은 안 놓고 계속 붙잡고 있기에 또 공부하고 있는 것입니다.

참말로 다 모르게 되면 자기가 사람인지 아닌지 지금 무얼 하고 있는지도 다 몰라야 앞뒤 말이 맞게 됩니다. 아무것도 모르는 그런 사람이 무엇이 또 되기 위해 수행을 더 한다는 게 말이 됩니까.

또한 이렇게 단순히 깨끗이 닦으면 부처가 된다는 논리는 홀연히 생긴 무명번뇌가 부처가 된 후에 다시 또 일어나면 어떻게 하느냐란 질문에 대한 결정적인 답을 주지도 못하고 있습니다.

대체 왜 이런 자가당착적인 문제가 생겨날까요. 그것은 왜냐하면 이런 수행논리는 바로 '색즉시공(色卽是空)'이란 최초의 한 생각에만 그 근거를 둔 논리이기 때문입니다. 화두참선이라는 거대한 수행법의 모든 것이 이런 논리 하에 구축된 것이니 그 거대한 전체 세계가 다 최초의 한 생각에서 시작된 것입니다.

하지만 『반야심경』은 우리에게 '공즉시색(空卽是色)'도 마찬가지로 동등한 진리라고 설하고 있습니다.

자, 이게 무슨 뜻이겠습니까.

이 말은 다시 말하자면 〈일체 만물과 생각이 다 본래 공한 것이다〉라는 전구(前句)이자 동시에 〈그 공에서 일체의 만물과 생각이 다시 또 생겨나온다〉는 후구(後句)이기도 합니다. 이 후구에 관심을 기울여 보면 〈홀연히 생겨나는 무명번뇌〉가 왜 생겨나는지에 대한 해답을 스스로 알 수 있게 됩니다. 거기엔 다만 말이 〈무명번뇌〉이지 사실은 고정된 본래의 무명번뇌가 없었던 것입니다. 우리가 다만 제 생각에 매이고 걸려서 똑바로 서지 못한 것이었을 뿐이며 그래서 그 일어나는 상태의 생각을 다만 〈무명번뇌〉라고 이름 지었을 뿐이었던 것입니다.

이렇게 보면 우리가 생각을 일으키고 그 생각을 쓰는 것은 당연한 우리의 능력임을 알 수가 있는 것입니다. 본래 〈색즉시공〉이자 동시에 〈공즉시색〉이었던 것입니다.
따라서 사람이 생각이 다 끊어졌다면 그것은 치매환자이거나 아니면 정박아이거나 아니면 일시적이지만 고도로 정신이 한쪽에 집중된 삼매상태일 뿐입니다. 홀연히 생겨난 〈무명번뇌〉란 우리가 그렇게 이름 지은 상태였을 뿐 사실은 그것이 본래 중생과 부처의 동등한 능력이었던 것입니다. 그래서 번뇌가 곧 보리인 것입니다.

자, 이것을 깨닫는다면 진리란 참으로 〈있는 그대로〉의 상태이니 여기서 다시 무엇을 닦고 깨끗이 할 여지가 더 있겠습니까.

다 최초의 한 생각에 놀아나서 여태까지 이런저런 수행과 체험을 하며 거기에 온갖 화려한 이름을 다 붙이고 책까지 쓰고 했지만 사실은 다 아무것도 아니요, 헛일만 한 것일 따름입니다. 이처럼 우리의 수행이란 행위의 본질은 사실은 그 본질이란 것이 우리가 만든 최초한 생각 속의 창조행위요, 그에 의한 체험일 뿐이더란 말입니다.

사실 모든 것은 다 이러합니다. 위빠사나든 몽중일여든 오매일여든 그 어떤 경지나 상태이든 간에 우리의 모든 수행이나 기도나 종교 활동은 다 그 본질상 우리의 창조행위이자 체험행위일 뿐입니다. 우리가 그것을 더 집중해서 바라다보고 자각함으로써 우리에게 다가오는 하나의 체험일 따름입니다. 다만 깊고 얕은 차이만 있을 뿐.

이 깊은 이치를 깨달아야 합니다. 일체를 우리가 짓고 부수고 있는 것입니다.

# 깨어남과 거듭남

〈진리가 너희를 자유롭게 하리라〉라는 성경말씀도 있지요.
우리가 자기의 첫 생각으로부터 자유로워지면 그 다음 생각으로부터도 쉽게 자유를 얻게 됩니다.
그 첫 생각이란 무엇인가.
그것은 우리가 〈이것은 진리다〉라고 스스로 받아들이고 그래서 거기에 자기가 맹신적으로 무조건적인 신뢰를 보내는 그런 명제나 기본생각을 말합니다. 대개 독실한 종교인이나 어떤 수행단체에 아주 맹신적인 수행인들 중에 그런 분들이 많습니다.

그런 사람들에겐 그런 생각이 자기보다 더 귀한 가치이고 더 앞선 존재로 있습니다.
바로 이런 것을 〈진리병 환자〉라고 합니다.
그들은 끊임없이 자기를 〈진리〉라는 자기 바깥의 개념과 논리 속에 끌려 다니게 하기 때문입니다. 깨어남이란 달리 말하면 〈과거와 지금의 나로부터 벗어남〉입니다. 왜냐하면 과거의 내가 바로 지금의 깨닫지 못한 불만스러운 나를 만들었기 때문이요, 〈지금〉의 나는 또 자신이 깨달았다든지 거듭났다든지 하는 상(相)을 만들고 있는 〈생각

병 환자〉이기 때문입니다.

참으로 깨어난 사람에겐 그래서 나라고 할 게 아예 없습니다.

굳이 있다면 텅 비어 있지만 계속해서 끝없이 자각하는 가운데 있는 각성의 〈나〉일 따름입니다. 참으로 있다고도 할 수 없고 없다고도 할 수 없으니 그것은 무어라고 말할 수가 없습니다. 그 자리는 언어도단(言語到斷)이요, 개구즉착(開口卽錯)입니다. 하지만 이런 〈지금〉의 나 역시 또한 버려야 할 개념에 불과할 뿐입니다. 그래서 늘 살아 있는 그 자리에 들어있습니다. 이것을 모든 것이 다 본래로 되돌아가는 〈색즉시공〉을 이룬 자리라고 말합니다.

하지만 또한 동시에 그 자리는 지금의 〈나〉도 만들고 나타내는 자리입니다. 과거의 나도 그 자리가 만들었고 지금의 나도 그 자리가 만들고 있습니다. 지금 내 몸이 살고 있는 이 세상도 살아 있는 그 자리가 마음이란 기능을 가지고 다 비추고 있기에 이렇게 보입니다. 깨어난 사람에게는 그래서 일체가 다 그 허공성의 무한한 자리 안에 다 들어와 있습니다. 실로 모든 만물이 다 이 밝고도 신령한 텅 빈 한자리에서 나오니 일체가 그야말로 〈색즉시공〉입니다.

〈색즉시공〉의 그 자리에서는 나라고 할 게 없으니 마음만 먹으면 삼라만상이나 모든 존재들이 내가 될 수도 있습니다. 하지만 또 아니라고 마음먹으면 아닐 수도 있습니다. 진리자리는 마음을 이렇게 크게도 작게도 쓸 수 있는 자리입니다. 그래서 이 자리는 모든 것이 다 다시 창조되고 되돌아 나오는 〈공즉시색〉의 자리이기도 합니다. 그런데 이 두 자리는 본래 서로 다른 자리가 아닙니다. 그것은 지금 바로 우리에게 동시에 있는 우리의 본질적 능력입니다.

이처럼 〈참 나〉의 자리는 모든 것을 다 만들 수도 있지만 또 다 없앨 수도 있는 초월적인 자리입니다. 그래서 나의 삶은 다 내가 만들고 없애가며 스스로 느끼는 창조와 체험의 장(場)입니다. 그래서 내가 있는 그대로 진리인 것입니다. 이것을 어렵게 생각할 필요가 없습니다.

그동안 다른 사람들이 깨닫는 것이 지극히 어렵다고 자기 생각들을 말한 것을 우리가 그대로 자기 것으로 받아들였기에 그렇게 같이 착각하는 것일 따름입니다. 알든 모르든 내가 이미 그 자리입니다. 지금의 내가 이미 〈색즉시공, 공즉시색〉이 절묘하게 조화되며 나오고 돌아가는 살아 있는 진리의 그 자리입니다.

하지만 크게 깨친다는 것은 바로 이 자리도 놓아버리고 잊는 것입니다. 이미 완전한데 왜 그것을 이리저리 쪼개고 나누며 다시 분석하려 합니까. 이게 바로 머리로만 알려하는 습에서 나온 병(病)입니다. 그 자리는 내가 생각이나 느낌 안에서 가지는 자리가 아니요, 내가 찾으면 마치 거울이 거울 스스로를 찾듯이 그 상(相)이 스스로 그 안에서 사라지는 자리이며, 그래서 이미 나 그 자체인 자리이며, 여태까지의 나의 본면목이었고 앞으로도 또한 그러할 자리이기 때문입니다.

그러니 만사가 다시 원래 수행하기 전의 그 자리로 돌아온 것입니다. 여기서 뭘 지키고 앉아 있으면 그것은 자기가 만든 것 안에 갇힌 신세가 되고 마는 것입니다.

그러므로 깨어남이란 지금 있는 그대로의 나로 되돌아오는 것이니 뭐를 새로이 더 얻었다 할 것도 없고 알았다 할 것도 없지만 그래도 새로이 얻고 안 것입니다.

그러면 지금부터 할 일이란 무엇이겠습니까.

옛 선사들은 할 일 없이 쉬면 된다고 말하시지만 저는 그렇게 생각하지 않습니다. 이제 본전이고 원점인데 무엇을 쉬다 만다 합니까. 그 자리에서 살아온 것이 알고 보면 일체가 다 창조고 체험이었습니다. 그런데 창조에 끝이 있고 만점이 있습니까.

아름다움에 끝이 있고, 사랑이나 자비에 〈그만하면 됐다〉가 있습니까.

아닙니다.

그래서 내가 됐다면 다 된 것이요, 내가 아니라면 아닌 것이니 일체는 내가 짓고 부수는 것임을 알아야 비로소 〈깨달은〉 것이요, 거기서 멈추지 않고 그래서 최선을 기울여 자기의 삶을 창조해야 참으로 〈거듭난〉 것입니다. 거듭났다는 말은 그래서 깨달았다는 말과는 조금 의미가 다릅니다. 거듭났다는 말은 존재가 변했다는 말입니다.

깨달았다는 말은 존재가 사라지고 나타나는 자리로 합일했다는 말이지만, 거듭났다는 말은 깨달음 속에서 다시 나타나서 일체를 창조하고 체험하는 존재로 바뀌었다는 말입니다.

이것이 깨달음과 거듭남의 차이입니다.

미국의 유명한 토크쇼의 사회자 오프라 윈프리(Oprah Winfrey)는 많은 사람들 앞에서 그의 십 대 미혼모였던 부끄러운 과거, 못 배워서 삶의 바닥에 내몰렸던 미천했던 과거를 밝히고 그 못나고 보잘것없었던 자기가 피땀 어린 노력을 통해 오늘날 이렇게 위대한 사회자, 만인의 심금을 울리는 큰사람으로 거듭났음을 보여줌으로써 수많은 사람들을 감동시켰습니다. 이것은 깨달음에 그치는 문제가 아니고 창조적으로 거듭나는 문제입니다.

여러분, 사람이라고 다 같은 사람이 아니듯이 부처라고 다 같은 부처가 아닙니다.
저는 깨달았다고, 그래서 이 우주로부터 탈출하고 사라졌다고 〈색즉시공〉이란 한 생각에만 매여 그것만이 전부라고 주장하기 이전에 그 자리에서 다시 나와 창조하고 더불어 체험하는 〈공즉시색〉의 차원까지도 누려보라고 말하고 싶은 것입니다. 앞의 것을 공에 빠진 반쪽짜리 무정도(無情道)라고 한다면, 뒤의 것은 완전한 유정도(有情道)라고 말할 수 있을 것입니다.

이것이 진정한 큰 깨달음이며, 깨달아서 고통에서 벗어나기 위해 자기 하나만 사라질 뿐 깨달은 자가 이 사회를 위해 대체 무엇을 기여하느냐 하는 〈색즉시공〉 지향적 기존 불교 수행풍토에 대한 비판에도 적절한 답변이 될 것입니다.

# 생각의 창조능력

저는 앞장에서 화두참선의 예를 들면서 한 생각에 입각한 다음 행동들이 자칫 그 한 생각에 매이면 수십 년을 자기도 모르는 새 그 길로 빠져들게 한다는 말씀을 드린 바가 있습니다. 사실 인간사의 모든 일들이 다 그렇지요. 그런데 깨달아보니까 진리란 게 별게 아니고 〈본래 그대로〉 있는 그대로더란 말입니다. 이거 참, 알고 나서는 억울하지 않나요. 세상에 깨달았다는 분들 만약 깨달아서 옛날에 비해 이런저런 체험 외에 무엇을 더 새로이 얻은 게 있다면 말씀해보세요. 제가 보장하는데 그런 건 결단코 없습니다.

이것은 무엇을 의미하는 것이겠습니까.
그것은 〈나(참 나)〉는 모든 체험을 넘어서 있는 〈체험하지 않는 초체험의 존재〉란 사실입니다.
이것은 비유하자면 우리가 〈입맛〉이란 게 무엇인지를 깨닫고자 혀를 혹사시키는 수행과도 같습니다. 〈과연 입맛이란 무엇일까〉 바로 이 생각에 빠진 사람들은 온갖 고행을 다 해봅니다. 어떤 이들은 아주 맵고 짜고 쓴 맛까지 다 경험해보면 안다고 하고, 또 어떤 이들은 담백한 물맛을 보면 안다고 하고, 또 어떤 이들은 일체의 아무것도 안 먹어보면 안다고 주장합니다.

　하지만 〈입맛〉은 모든 맛을 다 끊는다고 알아지는 것도 아니고 자극적인 것들을 많이 먹어본다고 알아지는 것도 아닙니다. 그것은 그냥 혀와 더불어 있는 그대로 제자리에 존재했던 것입니다. 그것은 그냥 보통 음식이나 음료를 마시면서도 우리가 깨어만 있다면 저절로 간단히 알 수 있는 것입니다. 하지만 여기에만 머무른다면 〈입맛〉은 알지언정 〈진정한 입맛의 능력과 그 세계〉는 제대로 알지는 못합니다. 이게 대체 무슨 소리일까요.

　입맛이 무엇인지 아는 것이 깨달음이라면 입맛을 제대로 알고 잘 즐기는 것이 거듭남입니다. 아무리 입맛이 무엇인지 알았다 해도 평생을 같은 음식만 먹는 사람에겐 색다른 맛의 세계를 체험할 기회가 없습니다. 이 말은 다 같이 인간으로 태어났다고 해도 어떤 이는 아프리카 밀림 속의 오지에만 평생 갇혀 살고 또 다른 사람은 문명사회에 태어나 인간으로서의 다양한 체험과 사랑 등을 맛보는 차이 같은 것입니다. 누구의 삶이 더 풍요롭고 다양한 것이겠습니까.

　성공하기 이전의 오프라 윈프리나 성공한 이후의 오프라 윈프리는 다 똑같이 인간의 한 사람에 불과하지만 그 전과 후의 그녀는 전혀 다른 존재가 되었습니다. 이것이 바로 거듭남의 문제입니다. 이제는 깨달음을 넘어 거듭남의 문제가 있습니다. 깨달음의 세계에도 성문, 연각, 보살, 부처가 있듯이 깨달았다고 다 똑같은 것이 아닙니다. 그 이후에 존재의 능력을 발휘하고 실현하는 문제 즉, 거듭남의 문제가 있기 때문입니다.

저는 이것을 다른 말로 해서 〈생각의 창조능력〉이라고도 말하고 싶습니다.

생각은 그것에 우리가 걸리고 매이면 우리를 한없이 끌고 다닙니다. 우리가 그 생각의 본체를 발견하고 깨어날 때까지 그것은 우리를 한없이 헤매게 합니다. 이때의 생각은 우리 자신에게는 매우 파괴적이고 부정적인 능력이랄 수가 있습니다. 수십 년 수행 끝에 돌아온 자리가 바로 원래 그 자리더라 하면 그것은 설사 깨달았다 하더라도 결국은 수행이라는 그 한 생각에 그만큼 스스로 끌려 다닌 것입니다. 저는 솔직히 오늘날 한국의 불교나 수행문화가 너무나 이쪽에 치우치지 않았는가 생각합니다. 그렇기에 그들은 깨달은 이후의 경지에는 말이 없는 것입니다.

하지만 우리가 생각의 그런 능력을 깨닫고 알아차리면 그때부터 우리는 생각의 주인이 됩니다. 평생을 제 생각에 끌려 다니면서도 아직 그 진실을 눈치채지 못한 사람이 있는가 하면 이 한마디에 눈치채고 자기의 본래 자리를 단숨에 찾는 사람이 있습니다. 대학입학 검정고시를 이십 년 걸려 합격하거나 몇 개월 공부해서 합격하거나 그 가치는 결국은 똑같은 것이 아니겠습니까. 검정고시를 수십 년 장좌불와해서 합격했다면 감동적이긴 하지만 그의 그동안의 과정이 현명했다고는 볼 수가 없습니다.

참으로 살아 있는 진리를 찾으려면 우리가 어디로 유학 가거나
책 속으로 파고들어 가지 말고 바로 그 모든 것을 있게 하고
가치를 부여하는 바로 자기 자신을 한번 자세히 들여다 보아야 한다 이 말입니다.

# 3

나
자신을
똑바로
보자

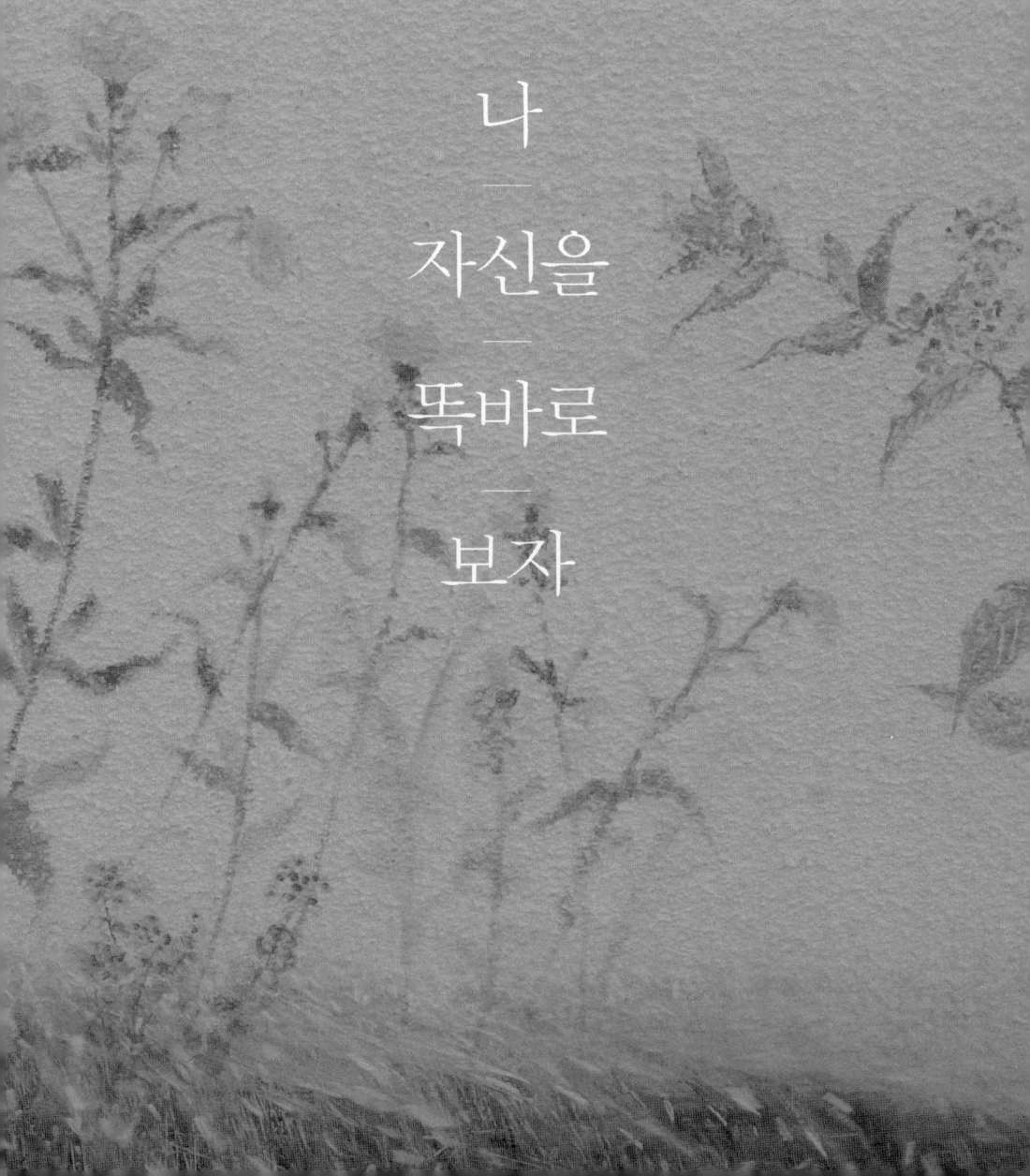

# 누구나 깨달을 수 있다

월트디즈니사(社)가 만든 요리에 관련한 만화영화로 〈라따뚜이〉라는 영화가 있습니다.

저도 이 영화를 보았는데 제일 감명에 남는 장면은 다음과 같습니다. 여주인공이 남주인공으로부터 자기가 아니라 쥐가 요리한다는 고백을 듣고는 이 남자가 미친 게 아닌가 생각하며 그를 밀치고 식당을 그만두고 뛰쳐나갑니다. 하지만 그녀는 오토바이를 타고 달리다가 교차로에서 신호를 기다리며 정지하던 중 우연히 자기 식당의 죽은 창업주가 썼던 책 광고물을 다시 한 번 올려다보게 됩니다. 거기엔 〈누구나 요리할 수 있다〉라고 쓰여 있었습니다.

그녀는 그 말의 뜻을 다시 한 번 깨닫고는 용기를 내어 식당으로 주인공 청년을 향해 되돌아가게 됩니다. 자기가 〈어떻게 쥐가 요리할 수 있어〉라는 고정관념에 빠져 있었음을 자각하고 반성하면서. 이것은 그녀에게는 하나의 깨달음입니다. 그녀에게 이런 자각의 기회가 오지 않았다면 그녀는 주인공 청년과 결혼하여 자기가 꿈꾸던 그 식당의 주인이 되는 해피엔딩에 도달하지 못했겠지요. 저는 가벼운 소재인 이 영화에서도 역시 우리 삶 속에 깨달음과 거듭남이 없다면 우리에게 감동과 진실 그리고 참된 행복과의 만남은 없다는 진실을 다시 한 번 느꼈습니다.

그러나 당신도 역시 지금 속으로는 "어떻게 감히 보잘것없는 우리가 진리 그 자체이고 그런 진실을 쉽게 깨달을 수가 있어?" 하고 의문을 품고 계실지도 모릅니다. 하지만 진심으로 말씀드리건대 바로 그 생각이 우리가 영원한 진리와 행복으로 가는 길에 있어서 가장 큰 적이고 장애물인 것입니다. 내가 나를 스스로 한계 짓고 가두는 마음, 내가 나를 스스로 죄인으로 만들고 진리를 밖으로부터 구걸하는 마음, 이런 마음들이 우리를 영원히 진짜 별 볼일 없는 존재로 만드는 것은 아닐까 생각해 봅니다.

제가 앞에서 여러 번, 깨달음 그것은 본전 찾기에 불과하고 그 이후엔 거듭남이 또 있다고 말씀드리니까 여러분들은 혹시 이 사람이 〈깨달을 필요가 아예 없다〉라는 무책임한 주장을 하는 것인가 하고 오해하실지도 모르겠습니다. 그것이 아닙니다. 깨닫는 것은 기본이란 얘기입니다. 그러면 남들은 수십 년 그렇게 시간이 걸리고 어렵다는 것을 어떻게 쉽게 단박에 할 수 있단 말인가 하고 의아해하실 것입니다. 그것은 깨달음 공부를 하는 기본방법과 정신자세에 있습니다.

깨달음을 위한 공부 방법을 살펴보면 여태까지 우리는 〈이리저리 해야 한다〉라든가 〈이렇게 하는 공부법만이 유일하다〉라는 고정관념에 빠져 있었습니다. 사실 지금의 공부법들은 번뇌망상이 적고 보고 듣는 게 별로 없는 옛날 사람들에게는 어울리는 방법이었습니다. 하지만 지금처럼 매일같이 보고 듣는 정보가 넘쳐나는 시대에 사는 사람들에겐 그런 방법들은 더 이상 어울리는 방법이 아닙니다. 왜냐하면 지금의 방법들은(나중에 이 책의 〈물컵이론〉에서 따로 설명해 드리겠지만) 마음이라는 흙탕물을 가라앉히는 데 시간이 오래 걸릴 수밖에 없는 낡은 방법을 쓰고 있기 때문입니다.

또 정신자세에서도 문제였습니다.
흔히들 돈에 대해 말하는 얘기 가운데 〈돈을 쫓아가면 돈이 안 벌리고 도망가는데 오히려 자기가 자기 일 열심히 하며 한 우물을 파면 돈이 절로 찾아온다〉라는 말을 합니다. 이 말이 깨달음공부에도 꼭 들어맞는 말입니다. 즉 〈깨달음을 쫓아가면 갈수록 깨달음은 저 멀리 도망가고 내가 지금 이 자리에서 스스로 변하고 거듭나면 깨달음은 저절로 찾아온다〉는 것입니다. 내가 욕심을 가지고 무엇을 찾아다니는 게 아니라 그 욕심을 비우고 내가 변화해야 비로소 깨달음이 내 안에 깃들고 나타나게 됩니다.

이처럼 수행방법과 수행하는 정신자세만 바로잡는다면 웬만하면 다 터집니다. 누구나 다 깨달을 수가 있습니다. 원래 자기가 그것인데 안 될 까닭이 무엇입니까. 사람들이 그것을 학문과 종교 안에 가두고 엄청나게 비효율적인 수행문화를 만들어 놓은 현실이 바로 문제일 따름입니다. 우리 삶에서 그것을 분리하여 아주 복잡하고 어려운 말로 바꾸어놓고 소수의 사람들만이 그것을 독점하는 문화를 만들었기에 그렇습니다.

이 책에서는 앞으로 진정한 깨달음과 거듭남의 실제적인 과정을 우리의 일상 속에서 일어나는 작은 감정들이나 느낌들로부터 시작하여 마침내 큰 깨달음에 이르는 방식을 빌려 구체적이고 독창적으로 설명해나갈 것입니다.

# 깨달음이란 무엇인가 (1)

저는 여기서 아주 중요한 얘기를 한번 하고 넘어가야 할 것 같습니다. 그것은 〈과연 무엇이 깨달음인가〉 하는 문제의 것입니다.

당신이 만약 수행자라면 당신은 지금 깨달음이 과연 무엇이라고 생각하고 그것을 얻기 위해 노력하고 계십니까.
당신은 〈색즉시공〉이 진리라 하니까 무조건 내가 다 없어지거나 사라지고 오직 순수한 의식만 청정하게 있는 상태 정도로 생각하고 계십니까. 아니면 오매일여(寤寐一如)로 항상 자나 깨나 하나의 그 어떤 의식을 지키고 있어야 깨달음이라고 보십니까.

혹은 신통력을 발휘하여 타심통도 하고 전생을 알아맞히며 남의 집에 숟가락이 몇 개이고 지금 마주앉은 사람 지갑 속에 돈이 얼마나 들어있는지 정도는 알아야 깨달음이라고 보십니까. 혹은 우주가 다 자기가 되어야 그래서 범아일여(凡我一如)나 우아일여(宇我一如) 정도는 되어야 한다고 보십니까.
제가 앞에서도 첫 생각에 매이고 걸리면 그 다음이 다 그 생각만 따라갈 뿐이라고 말씀드린 바 있지요.

화두참선하는 사람들은 대부분 색즉시공(色卽是空)이란 말에 매여 무조건 다 끊어지고 없어지는 자리로 가야 한다고 말합니다. 그게 깨달음이라고 하는 거지요. 그러나 깨달음이란 게 과연 인간보다 더 낮은 동물이나 식물 더 나아가서는 광물의 의식수준에 이르기까지 가야 하는 것만일까요. 그러자면 우리가 진리라고 인정하는 이 세상은 그런 생각과 논리 속에서는 다 헛된 진화와 발전을 거듭하는 것일 뿐이라는 결론에 다다르게 됩니다. 세상의 모든 아름다움과 행복과 선함은 물론 우리의 다양한 지식활동이나 그로 인한 현대문명의 발전은 모두 다 부질없는 한때의 번뇌망상이요, 생겨나지 말았어야 할 우주적 쓰레기가 되고 맙니다.

하지만 만약 그런 논리가 진리라면, 그래서 이 세상에 인간이 안 나오고 생각이 발전하지 않는 것이 더 바람직했던 것이라면 어떻게 깨달음이라든가 수행이란 문화가 생겨날 수가 있겠습니까. 진리도 우리가 인식하며 가르치고 전하기 위해서는 고도로 진화된 의식이 필요합니다. 그러므로 이런 논리는 자기모순이 아닐 수 없습니다. 모두 다 치매환자나 정박아 수준으로 돌아가자는 퇴화론과 별반 다를 바가 없습니다.

또 잠잘 때에도 항상 같은 숙면일여나 오매일여의 의식을 유지하여야 깨달음이라고 주장하는 견해도 있습니다만 그것은 잠 못 자는 불면증환자만을 양산하는 잘못된 생각입니다. 진짜 오매일여는 그런 뜻이 아닙니다. 참다운 오매일여란 것은 내가 무한한 전체성, 가능성의 위대한 존재임을 알아 일상 중에도 그 자리에서 결코 흔들림이 없다는 뜻이며 그런 고차적인 의식이 되면 내면적으로 아주 밝게 되는데, 그 밝음이 항상 세상을 뒤덮고 삼켜버리는 체험이 일어나기 때문에 그렇게 표현하는 것뿐이지 잠잘 때에도 무엇을 잃어버릴까 봐 혹은 놓칠까 봐 전전긍긍하며 붙들고 있는 게 오매일여의 참뜻은 아닙니다.

그러므로 잠잘 땐 잘 자고 일어나도 본성의 오매일여에는 흔들림이 없습니다. 나는 〈항상 전체이고 무한한 창조의 가능성 그 자체〉라는 자각이 의식의 바탕에 늘 자신감으로 충만하게 존재하는 상태가 바로 깨달음으로 빛나는 내면이 드러날 때 생기는 참 오매일여의 상태인 것입니다.

그렇다면 범아일여나 혹은 우아일여가 되어야 깨달음일까요.
혹은 어떤 종교나 수행단체처럼 하나님이나 교주가 만들어 놓은 천국이나 천상세계를 가야 깨달음일까요.
범아일여나 우아일여는 다 마음이 작용한 큰 쓰임[用]의 결과적 상태이지 본래자리는 늘 끊어지고 적조한 상태라 범아일여나 우아일여만 되었다고 바로 깨달음인 것은 아니며, 천국이나 어떤 천상세계는 그곳의 창조주 입장에서 보면 예쁜 완상용 금붕어들 넣어두고 보는 어항 같은 것이라 스스로 자유로운 창조적 존재에겐 제아무리 좋은 곳이라도 그곳 안에 갇히는 것은 감옥이나 다를 바가 없습니다. 당신을 누가 아주 좋은 목장이나 최고급호텔에 넣어주고 영원히 그 안에서 그 넣어준 존재만을 경배하며 모시고 살아야 한다고 한다면 당신은 과연 영원히 즐거워만 하겠습니까.

그러면 과연 무엇이 깨달음의 상태일까요.

그것을 제대로 알고 이해해야 비로소 제대로 그곳으로 갈 것이 아니겠습니까.

제가 진실을 말할 테니 놀라지 마십시오.

완전한 깨달음의 상태란 바로 더 이상 더하거나 덜할 것도 없는 지금 그대의 상태입니다.

이거 진짜이며 참으로 정말입니다.

모든 것을 다 느껴보고 이런저런 체험을 다 할 수 있으며 너무나 아름답고 행복하며 깊은 사랑과 고귀함까지도 마음껏 창조해볼 수 있는 당신, 또 반면에 너무나 추하고 악하기도 하며 보잘것없고 화도 잘 내며 게으르며 성격 나쁘고 남의 말에 빠져 이리저리 갈팡질팡하기도 하며 〈이건가 저건가〉 하는 못난 당신, 혹은 열심히 진리를 찾겠다고 출가하여 수행하는 당신, 혹은 지금 이런 제 말에 의심하며 반신반의하는 당신의 상태가 바로 그것입니다.

왜 그럴까요.

그것은 깨달음의 그 자리는 전지전능하므로 그 어떤 것이든 다 만들어내고 다 누려볼 수 있는 자리이기 때문입니다. 바로 이것이 기독교에서 말하는 〈자유의지(自由意志)〉의 진정한 참뜻입니다.

아아! 여기서 더 무엇을 말할 수 있을까요.

우리는 지금 우리가 할 수 있는 자유를 다 누리며 제 마음대로 이 세상을 창조하여 누리고 있는 것이며, 우리가 바로 모든 잘남과 못

남, 선함과 악함까지도 창조하고 체험해보는 무한한 창조성의 존재라는 바로 이 진실! 부자유함까지도 창조하는 자유, 모름과 의심과 무지몽매함까지도 창조하는 이 절대의 능력 앞에 더 무엇을 말할 수 있을까요.

그러므로 여러분, 깨달음이란 바로 이런 무한하고 전지전능한 〈나〉 자신을 자각하는 것이랍니다.

여러분, 우리가 긍정적인 생각을 가지고 노력하면 안 되는 게 없다는 성공학의 진리 명제들이 공연히 있는 줄 아십니까.

우리는 우리가 되기를 원하는 대로 다 되는 놀라운 존재들인 것입니다.

그러므로 이런 무한한 가능성의 나, 본성의 나를 자각하고 통찰하여 발견하는 것이 바로 참 깨달음인 것입니다. 이것이 진정한 나를 찾는 길이며 과거의 나로부터 참으로 깨어나는 길입니다.

지금 여기 내 속에 숨어 있는 무한한 가능성의 나, 앞으로 너무나 고귀하며 아름답고 행복한 자신을 체험할 운명이 지금도 꽃피어나는 바로 나, 그 자체가 바로 이미 완성된 존재이며 빛나는 신성(神性)을 지닌 나이며 나아가 이 세상의 모든 존재들이 바로 그러한 너무나도 고귀한 살아 있는 진리의 꽃송이 그 자체들이랍니다. 이것이 바로 우리 안에 전지전능한 하나님, 부처님이 지금 깃들어 살고 계신다는 성경과 불경 말씀의 숨은 참뜻이랍니다.

그리고 이것을 깨우쳐서 우리가 자기 자신이 누구이며 이 세상이 어떤 존재인가를 알고 더 나아가 그렇게 깨달은 바를 바로 지금 여기에서 우리의 안과 밖에 진정한 천국극락을 실현하도록 하는 것이 바로 진리가 우리 자체로서 이 세상에 물질화하여 나타난 궁극적인 목표인 것입니다.

하지만 머리로 이렇게만 이해해서는 아직 부족한 것이니 그것은 스스로 체험을 통한 증득이 없기 때문입니다. 사실 모든 깨달음을 위한 수행은 체험을 통한 증득과 변화를 통한 자기 확신 그리고 그를 통해 진리와 하나 되어가는 합일의 과정인 것입니다.

# 진리는 어떻게 존재하는가

앞장에서는 〈깨달음이란 무엇인가〉 하는 문제의 개요에 대해서 알아보았다면 이제 여기에서는 〈진리가 어떻게 어떤 방식으로 존재하는가〉에 대해서 살펴보겠습니다.

근데 여러분, 진리가 뭡니까.
하나님, 부처님인가요,
아니면 그분들의 말씀인가요,
혹은 이 세상이나 우주 자체인가요.

성경에 보면 "네가 이 세상을 다 얻고서도 너의 목숨을 잃는다면 그것이 네게 무슨 소용이 있느냐." 하는 말씀이 나옵니다.

새겨볼수록 이 말씀은 참으로 명언입니다.
이 말씀에서 뜻하는 것처럼 진리란 바로 〈나〉이고 내 속에 존재하는 것입니다. 왜냐하면 〈내〉가 없으면 그 어떤 것도 아무것도 존재하거나 성립할 수가 없기 때문입니다.

이 성경 말씀에서 말하는 〈세상〉이란 나 아닌 모든 다른 것을 총체적으로 말합니다. 그래서 비단 재물뿐만이 아니라 우리가 인정하는 나 아닌 모든 것, 즉 성경이나 불경 심지어는 우리가 진리라고 인정하는 하나님이나 부처님까지도 다 소용이 없다 이 말입니다. 사실 내가 없는데 하나님, 부처님이 있으면 뭐합니까. 진리가 있으면 뭐합니까.

이 말씀 가만히 새겨보면 새겨볼수록 대단한 선언이 아닙니까.

그래서 참으로 살아 있는 진리를 찾으려면 우리가 어디로 유학가거나 책 속으로 파고들어가지 말고, 바로 그 모든 것을 있게 하고 가치를 부여하는 바로 자기 자신을 한번 자세히 들여다 보아야 한다 이 말입니다. 왜냐하면 성경말씀처럼 모든 것에 최우선하는 존재가 바로 〈나〉이기 때문입니다.

그런데 문제는 사람들이 바깥으로 다른 것만 찾아다닐 뿐만이 아니라 설사 〈나를 살펴보라〉고 말한다 해도 제 몸뚱어리나 제가 살아오면서 만든 생각 속이나 들여다보고 있다 이 말입니다. 제 속에 살아 있는 진리는 안 보고 제가 만들어 가진 생각 속만 뒤져보면서 그 안에 사는 허깨비 같은 개념의 잡동사니들만 뒤져본다 이 말입니다.

하지만 하나님은 아니 계신 곳이 없으므로 바로 지금 우리 안에도 깃들어 계십니다.

한번 살펴볼까요.

지금 우리 몸을 이렇게 심장을 뛰게 하여 피를 돌려주시고 아까 먹은 밥을 소화시켜주시며 눈에 뭐가 들어갈세라 깜빡거리게 하시고 세균이 내 몸에 들어오면 백혈구로 하여금 잡아먹게 하시는 힘이 과연 누구십니까. 그것을 설마 나 자신이 전부 열심히 다 하고 있다고 생각하진 않으시겠지요. 우리의 몸과 마음 안에 이미 이처럼 하나님, 부처님이 살아 그 크신 사랑의 힘으로 이같이 살아 움직이시고 행하시는 것입니다.

또 내가 아무리 많은 책을 다 읽고 외워도 그것들은 저 많은 책들과 똑같은 정보량으로 있어도 내 안에서는 전혀 무겁지 않으며, 어디다 쌓아두어야 할지 걱정조차 되지도 않으며, 제아무리 많은 체험이나 기억을 다 한다 해도 그것들은 다 허공 같은 내 안에서 아무 때나 부르면 척척 나타납니다.

내가 아름다운 추억과 애틋한 사랑을 가진 사람들, 그 사람들을 다시 만날 때마다 내게 다시 온 세상을 다 채우고 넘치는 큰 기쁨과 사랑이 일어나는 것 역시도 내가 일부러 만들거나 안 잊으려고 꼭꼭 싸매고 지키고 있는 것들이 아닙니다.

그것들은 다 이 신비로운 〈나〉란 존재 안에서 저절로 일어나는 것들입니다.

제가 수행을 통해 온 세상이 또 다른 나, 더 큰 차원의 나(The Great I)임을 자각하고 깨쳐 알았을 때, 이 세상과 온 우주가 다 내가 꿈속에서 보는 세상처럼 이미 〈나〉라는 이 물질 몸이나 마음 안에 같이 들어 있는 세상이란 것을 깨우쳤을 때, 제가 이 신비로운 〈나〉에 대하여 깊이 자각하고 눈을 떴을 때, 저는 밥을 먹을 때나 물을 마실 때조차도 감사한 마음에 목이 메어 눈물을 흘렸습니다. 너무나 감사한 마음에 찬송가를 꺼내 부를 때에도 목이 메어 노래가 나오질 않았습니다. 이처럼 놀라운 존재인 〈나〉는 나에게 있어 참으로 감사하고 놀라운 존재요, 큰 선물이었기에.

그러면서 저는 깨우쳐 알았습니다.
진리의 존재방식을.
진리이신 하나님, 부처님의 본래[體]는 바로 죽은 개념이 아닌 이 놀라운 살아 있는 〈나〉 안에 계시며 모든 것을 다 나타내시며 보여주시며 느끼게 하시며 나와 더불어 한 몸으로서 늘 같이 하신다는 것을.
비록 그분은 물질로는 나타나계시지 아니하며 모든 모습과 형상을 넘어서계시는 모습 없는 상(相)이시나 그분이 지금도 눈부시게 살아계시어 이렇게 이 세상 전체를 나타내셨으며[相] 이 세상과 이 우주는 온통 바로 통째로 그분의 창조된 생각이자 그분의 물질화된 화신들임을[用].

그러면서 저는 또 하나님, 부처님은 나와 따로 떨어져 멀리 계신 분이 아니라 부족하고 죄 많고 무지한 존재라고 내가 정죄(定罪)했던 바로 〈나〉 자신임을 깨우쳐 알았습니다. 그분은 항상 그렇게 저와 같이 제 안에 분리할 수 없는 하나로 계셨던 것입니다. 그분은 제 안에서 당신의 형상 없이 저로서 계시며 저를 보호하고 먹이고 입히고 잠재우고 소화시키며 저의 삶을 이끄셨던 것입니다. 알고 보니 이 한 몸뿐만이 아니라 온 세상이 다 그러했으며 모든 생명의 활동이 사실은 다 그분의 위대한 삶이었던 것입니다.

  이것이 바로 진리의 존재방식이며 하나님, 부처님이 계시는 방식입니다.
  진리는 이렇게 나와 분리할 수 없이 계시니 서로 둘이 아니요, 그렇다고 내가 무슨 짓을 다 하건 무조건적으로 하나인 것만도 아니니 이제 내 안에 깊이 계신 그분을 나란 입구(Gate)를 통해 나로부터 밖으로 향하여 온전히 드러나게 하는 것이 바로 참된 〈구원〉이자 〈깨달음〉인 것입니다.

# 깨달음이란 무엇인가 (2)

이제 우리는 진리가 어디에 어떻게 존재하는가 하는 것을 알았습니다.

그것은 작게는 바로 늘 항상 〈나〉와 함께 내 안에서 초월적인 모습으로, 그리고 크게는 내 밖에서 온 누리에 넘치는 세상 그 자체라는 형상적인 모습으로 동시에 계시면서 이 모든 우주를 친히 움직이는 분이셨던 것입니다.

진리가 그러하기에 예수는 〈너의 이웃을 네 몸과 같이 사랑하라〉 하였고, 석가는 일체중생이 본래 〈부처 아님이 없다〉 하셨던 것입니다. 기독교에서는 우리가 하나님으로부터 구원을 얻어야 한다고 가르치지만 사실은 그 말이 곧 깨달음이란 말과 다를 바가 없는 말입니다.

왜냐하면 이 두 말은 단지 방향성을 가진 차이만이 있는 말로서 구원이란 우리가 신(神)으로부터 부름을 받는 측면으로 볼 때 그 관계를 수동적으로 표현하는 말이고, 반대로 깨달음은 우리가 신(혹은 부처님)에게 나아가는 측면으로 볼 때 우리와 신의 관계를 우리 입장에서 능동적으로 표현한 단어에 지나지 않기 때문입니다.

그렇다면 깨달음이 바로 이 〈진리를 깨우쳐 아는 것〉일진대 우리가 온전하게 〈깨닫는다〉 하는 것은 과연 무엇을 깨닫는 것이어야 하겠습니까. 그것은 바로 진리의 존재방식[體]과 그의 형상초월적인 모습[相]을 직관하며 그의 활동 및 그 결과의 창조물들을 다 깨닫고 그것들을 다 그렇게 살아 있는 신으로 대하며 더 나아가 진리 그대로가 나타난 현상인 나의 생명활동을 온전한 신(부처)의 그것으로 만드는 행위[用]까지를 포함하는 것이어야 하지 않겠습니까.

이치가 바로 이러하기에 예수는 "길가에 버려진 병자와 어려운 이들을 돌보는 것이 바로 〈나(The Great I)〉자신을 돌보는 것이다"란 말씀을 하신 것이고, 우주 전체를 하나의 생명으로 하는 위대한 영혼으로 거듭난 석가도 "약견제상비상 즉견여래(若見諸相非相 卽見如來, 만약 모든 형상을 그 형상만이 아닌 그 형상을 넘어선 더 크고 위대한 하나의 존재로 본다면 즉시 부처를 보리라)"라고 말하신 것입니다.

하지만 여태까지 〈이것만이 최고의 방법이다〉하며 깨달음으로 가는 수행에 대해 말하고 가르쳐온 화두참선법이나 위빠사나 관법, 염불법 수행 등이 과연 이렇게 온전한 체계로 말하고 우리를 깨우쳐 주었습니까.
또한 요즘 국내외적으로 널리 유행하는 다양한 명상의 스승들이 그렇게 가르쳐주었습니까. 제가 보기에는 전혀 그런 것 같지 않습니다.
화두참선 수행법은 〈색즉시공〉과 동시에 〈공즉시색〉의 진리로서 이 세상을 움직이는 진리의 본체를 똑바로 못보고 〈색즉시공〉만에 입각하여 진리의 체(體)를 마치 모든 것이 다 끊어지고 사라진 적멸의 자리만으로 제한하고 집착해온 부족함이 있고, 위빠사나 관법은 진리의 활동 즉, 용(用)이 어떻게 일어나고 사라지느냐만 가지고 진리를 탐구하며 전체를 통찰하지 못한 부족함이 있습니다.

그래서 이런 가르침들은 온전한 진리 전체를 깨닫는 방편이 아니라 진리의 체상용(體相用) 중 어느 하나만을 하나의 관념(첫 생각)속에서 진리라고 붙들고 그것에만 집착한 내재적 한계를 가진 것이 아니었을까 싶습니다.

이제 우리는 완전한 깨달음이란 무엇인가를 알았습니다.
즉, 그것은 바로 나를 중심으로 하여 내 안에서 나를 있게 하시며 나를 사시는 그 초월적 자리(진리의 체)의 본래 면목을 아는 것, 그리고 두 번째로는 온 누리에 다양하게 나타나신 그분의 참모습이 어떠한가를 보는 것(진리의 상), 마지막으로 내가 그분 안에 있고 그분이 내 안에 있으니 그 진리가 내 안팎에서 되찾은 진리답게 활동하고 나타나시도록 나의 언행(진리의 용)을 통해 적극 실천하는 것이 아닐 수가 없습니다.

이것이 바로 완전한 진리의 깨달음이며 구원이며 동시에 내 안에서 과거의 내가 죽고 더 크고 위대한 〈나〉로서 실제로 거듭나는 것이었습니다.
그런데 이것은 또한 이 세상적인 관점으로 볼 때에도 지금 개체적인 이 나의 완전한 삶이며 나의 자아실현이자 나의 인격적인 발전을 도모하는 길인 것입니다.

　이 진리를 기독교적으로 표현한다면 하나님을 깨달아 아는 것(진리의 체), 그리고 하나님의 창조적 피조물이자 그분의 세상적인 나타나심을 보는 것(진리의 상), 더 나아가 그러한 존재로서의 나와 모든 존재들의 삶을 하나님의 뜻에 맞게 살도록 하는 것(진리의 용)에 해당하니 이는 바로 성부(聖父), 성령(聖靈), 성자(聖子)에 대한 깨우침이요 그에 대한 실천적인 공부라 하겠습니다.

# 무아(無我)의 내가 있다

지금 한번 눈을 감아보십시오.
이제 제가 묻겠습니다.
"거기에 뭐가 있습니까?"
그러면 백이면 거의 아흔아홉 명의 사람은 다 똑같이 "아무것도 없는데요."라고 대답을 합니다.

그럴까요. 여러분, 우리는 개념의 착각에 속아 살고 있습니다.
한번 가만히 생각해 봅시다.
무(無)라는 게 개념이나 생각으로 말고 실제로 이 세상에 실존적으로 있습니까.
없습니다. 그것은 있을 수가 없는 것입니다.
무(無)라는 것은 없다는 것인데 어떻게 없는 것이 다른 것과 비교해서가 아니라 홀로 실존적으로 존재하고 있을 수 있겠습니까.
우리가 생각 속에서는 무(無)라는 개념이나 말을 잘 쓰지만 그것은 어떤 상대적인 비교 상태를 말하는 단어일 뿐(예컨대 내 의식이 없다든지, 돈이 없다는 등) 그것이 홀로 실존하는 것은 아닌 것입니다. 그것은 늘 항상 그 어떤 주체가 다른 때에 비해 상대적으로 있느냐 없느냐의 분별 속에서만 존재하는 것입니다. 무(無)는 이처럼 스스로 존재하지 않습니다.

　이 얘기를 왜 하는가 하면 우리가 불교에서 말하는 무아(無我)라는 말을 오해하는 분들이 너무 많아서 그렇습니다. 무아란 말은 절대적으로 존재하는 나란 개성의 자기정체성(Identity)이랄 게 없다는 얘기입니다. 그것은 우리가 스스로 체험하다시피 수십 년 이상 살아온 과거가 우리 속에서조차 제대로 기억되거나 보존되지 않은 채 지워지고 잊어버려지는 데서도 알 수가 있습니다. 치매에 걸리면 우리는 완전하게 자기를 잊어버립니다. 무아(無我) 바로 이런 뜻에서의 무아(영원히 나라고 홀로 보존되는 게 없음)입니다.
　하지만 거기엔 갓난아이와 똑같은 상태로 되돌아간 우주생명이 남아있지 않습니까.
　그런데 살아오면서 그렇게 다양한 윤회를 통해 나타나고 사라지는 수많은 과거의 나들은 다 무엇을 근거로 해서 그렇게 윤회를 거듭하는 것일까요. 무엇이 그렇게 끈질기게 삶을 되풀이하는 것일까요. 그것은 바로 내가 나라고 여기고 집착했던 상념(想念)에너지입니다. 그 에너지가 나를 그렇게 끌고 다녔던 것입니다. 하지만 그것을 소멸시키면 나는 적멸에 들고 더 이상 아무것도 없을까요. 그래서 무아(無我)가 드디어 실현되었으니 좋아지는 것일까요.(사실은 그 논리라면 좋아질 나도 따로 없습니다)

　불교 수행단체 중에는 그렇게 가르치는 곳이 적지 않습니다.
　하지만 곰곰이 생각해 보면 그것은 자기모순임을 알 수가 있습니다.

왜냐하면 원래의 상태가 절대무(絶對無)라면, 그래서 아무것도 없는 적멸이었다면 어떻게 우주에 수많은 생명이 이렇게 쏟아져 나올 수 있었으며 최초의 무명번뇌가 생겨날 수가 있었겠습니까. 아무것도 없는데 홀연히 생겨났단 말은 달리 말하면 A는 아니었지만 A가 생겨날 가능성이 있다가 문득 생겨났단 말이 되어야 맞지 않겠습니까.

사실 우리가 죽어서 다 아무것도 없는 것이라면 영계도 없고 천당 지옥도 없고 윤회도 없는 것이라야 맞는 말이고, 설사 양보하여 윤회의 상념에너지만 있고 깨달아서 그것을 완전히 소멸시키면 부처가 된다는 논리라면 그렇게 완전히 자기가 소멸되어 아무것도 안 남고 없어지는 부처는 싫다고 할 사람이 대단히 많을 것입니다. 또 그렇다면 〈굳이 수행할 필요도 없는 것이고 살 때 자기가 하고 싶은 짓 다 하고 살면 그만이다〉란 사람들만 세상에 넘쳐나게 될 것입니다.

그렇다고 그들을 무지해서 그렇다고 싸잡아 비판하기엔 그것은 인생을 고해로 보느냐 아니면 역경에도 불구하고 살아볼 만한 의미가 있는 곳이라고 보느냐 하는 가치관의 문제이지 무엇이 더 옳고 틀리고의 정답 여부의 문제라고 볼 수는 없지 않겠습니까.

게다가 대승경전에 의하면 석가는 원래 오랜 옛날에 이미 부처를 이루었으나 열반에 들어계시다가 마음을 일으키시어 다시 사바세계에 중생제도를 위해 나타나셨다는 얘기와도 모순될 수밖에 없습니다. 완전히 없어졌는데 어떻게 다시 마음을 일으켜 나타난단 얘기입니까. 무슨 근거라도 남아야 다시 마음이 일어나든가 할 게 아닙니까. 그러므로 무아(無我)의 가르침은 본래 개체의 나란 것이 없다는 얘기이지 전체의 영원한 우주생명의 나, 전체성의 나는 있다고 보아야 논리가 맞고 진리에도 부합됩니다.

그래서 진리를 공부한다는 것은 개체의 내가 의식이 있을 때 그 개체의 잠재의식을 자기 안에서 지워버리고(그렇다고 치매환자 상태가 목표란 얘기는 아닙니다. 왜냐하면 치매환자는 자기라는 개체의 초점의식을 스스로 자각하지 못하며 무기(無記) 안에 빠져 자기 안에 여전히 내재한 잠재의식에 끌려가기 때문입니다) 전체성의 나의 자리를 내 안에서 찾아서 그것과 하나가 됨으로써 개체의 나를 초월하고 전체성의 영원한 생명 자리로 나아가는 것을 말합니다.

자, 이제 그렇다면 우리가 눈을 감았을 때 거기에 과연 무엇이 있다고 말해야 옳겠습니까.

거기엔 내가 있습니다. 그것도 무한한 가능성의 내가 있습니다.

그래서 그 어떤 하나에 얽매이지 않으며 이런저런 존재도 다 될 수 있는 영원한 우주의 생명이 충만하게 자리하고 있습니다. 이제는 물질적 감각만으로 보고 거기에 아무것도 없다고 말하지 마십시오.

거기엔 개체의 나로서는 무아이지만, 전체생명으로서의 더 큰 내(The Great I)가 살아서 들어있습니다.

그것을 없다고만 여기며 나의 개념과 생각 속에 가둘 것이냐 아니면 무한한 가능성이 들어있음을 실제로 직접 느껴보고 그 실재를 아름답게 꽃피울 것이냐는 바로 지금 여기에서 우리가 당면한 가장 중요한 선택의 문제입니다. 실제에 깨어난 자는 그것을 〈있다〉고 답할 것이나 생각과 관념에 갇힌 자는 그것을 〈없다〉고 답하고 다시 또 자기 생각 속에서 허무해할 것입니다.

# 모든 체험을 넘어서 있는 〈나〉

우리가 태어날 때부터 〈내가 죄 많은 번뇌중생이구나, 그러니 진리를 닦아야겠다〉 하고 스스로 알고 나온 사람은 없습니다. 우린 다 어느 날 우리가 죄인이거나 중생에 불과하니 진리를 찾아야 하고 깨달아야 한다는 말이나 글들을 보고 그것(생각)을 옳다고 받아들인 나머지 그 말들에 따라 스스로 이 수행이란 것을 시작한 사람들입니다.

그런데 이런 〈생각에 접수된〉 사람들을 위하여 이 세상에는 아주 많은 종류의 종교나 여러 수행법들이 이미 백화점식으로 잘 전시되어 있습니다. 또 그들은 서로 자기 방법이 최고라 하고 주장하기도 합니다. 이것은 기독교나 불교 같은 큰 종교에 몸담은 사람들도 별반 차이가 없습니다. 그렇지만 제가 오늘 하고 싶은 말은 바로 이런 모든 이 세상의 종교나 수행법들은 다 〈생각〉들이고 그 생각에 따라 열심히 공부하면 우리가 얻는 것은 다 결국은 이런저런 〈체험〉에 불과하단 것입니다.

물론 그 체험들은 소중하지요.
마음이 깨끗해지거나 고매해지거나 행복해지거나 평화를 얻거나 스트레스로부터 자유를 얻거나 심지어는 꿈속에서 예수 석가를 만나 거나 제가 제 마음속에서 부처가 되어보거나 우주를 자기 안에 품어 보는 등등 그것들은 다 매우 훌륭한 내용을 가지고 있습니다. 그렇지 만 그것들은 어디까지나 우리란 그릇 안에 무엇이 담기느냐 하는 체 험의 문제이지 우리 존재 자신의 문제는 아니다 이 말입니다.

반면에 우리가 어렸을 때부터 지금까지 변하지 않는 것이 있습니다.
그것은 보는 성품(기능이라 해도 좋습니다), 듣는 성품, 느끼는 성품, 생각하는 성품 등입니다. 우리가 살아오면서 무엇을 보거나 듣거나 느끼든지 간에 그 대상들은 끊임없이 변해왔지만, 그 보고 듣는 성품 (기능)들은 전혀 변함없이 그대로 똑같이 그 역할을 잘하고 있습니다. 바로 이것이 우리의 진짜 〈나〉입니다. 이것이 영혼의 그릇이며 불교 식 용어로는 체(體)라고 할 수 있습니다.

그에 반하여 우리가 이런저런 수행법을 대하고 이게 옳은가 아닌 가 판단하는 것들은 다 본질상 하나의 〈생각〉들이며 그 생각에 의해 수행해 오면서 느끼고 체험한 것들은 그 생각이 가져온 결과물들로 서 일종의 〈체험〉들에 불과합니다. 그래서 이것들은 전부 마음의 쓰임새에 불과하니 용(用)에 불과한 것입니다. 그러므로 제아무리 대단 한 마음의 경지나 평화를 얻었다 하여도 그것은 다 우리의 본질은 하나도 안 변했고 다만 그 본질이 가진 내용물만 변했다는 얘기가 됩 니다.

그래서 우리가 깨닫는다는 것은 또 진정 구원을 얻는다는 것은 바로 이런 이치를 알고 자기의 참모습을 제대로 자각하는 데부터 시작되어야 합니다. 자기가 자기를 자각하지 못한 이는 술 취한 이와 같습니다. 술 취한 사람이 똑바로 못 서고 못 걷는 것과 같이 자기의 참모습을 모르면 제아무리 대단한 수행을 하고 경지를 가졌어도 그 경지는 다 오고 가는 것들뿐이라 늘 그것을 유지해야 한다는 착각이나 스트레스를 갖게 됩니다.

불교에 사자와 개의 차이에 대한 얘기가 있습니다.

돌을 던지면 개는 그 돌을 쫓아가 삼키지만 사자는 그 돌을 던진 사람을 쫓아와 문다는 것입니다. 여러분, 진리나 도에 대하여 그 누가 무어라 대단하고 기막힌 얘기를 해도 그것은 다 그들의 〈생각〉일 뿐입니다. 그들의 그 생각을 따라서 열심히 수행해보면 얻는 것은 그들이 말하는 소위 기막히게 좋고 대단한 〈체험〉이고요. 사람들은 여기에 속아 개처럼 그들이 던지는 돌(생각)만 따라다닙니다.

그래서 그들은 평생 진리란 생각으로부터 자유롭지 못한 것입니다.
그러나 사자는 그 돌(생각)을 던진 자(그 생각을 자기 안에서 에너지를 부여해서 힘을 쓰게 만든 자는 바로 자기의 또 다른 생각이다)를 직시합니다. 그리고 〈그것은 생각일 뿐이야〉 하고 판단하고 생각하는 자기 자신 즉, 의식하는 〈나〉를 봅니다. 늘 이렇게 자기 자신 즉, 보고 듣고 느끼고 의식하고 생각하는 〈나〉를 계속하여 자각하고 들어가 느끼는 것 이것이 바로 진정한 나의 본체(참 나)를 찾는 올바른 길인 것입니다.

그렇지 않고 남들이 〈이게 진리다〉 하는 것을 따라다니기만 한다면 우리는 평생 그것에 구속되어서 그 생각과 체험들을 굴리지 못하고 오히려 그것들에 끌려다니고 매여 사는 개(犬) 신세를 면치 못할 것입니다. 즉 제 말의 요지는 체험[用]을 본질[體]로 착각하지 말라는 것입니다. 우리는 생각의 주인이 되어야지 희생자가 되어서는 안 됩니다. 오늘날 그런 사람들이 얼마나 많습니까.

그러나 이런 생각(생각을 들여다보자 하는 이 말도 사실은 또 하나의 생각입니다)에만 그쳐서 그 생각만을 하고 있는 것이 진리의 마지막이라고 생각해도 안 됩니다. 왜냐하면 우리의 삶은 본질적으로 창조와 체험이 되풀이되는 실존적인 것이기 때문입니다.

그래서 그것이 그 어떤 생각이라 할지라도 생각 속에서만 진리를 탐구해서는 안 되며 우리는 실제적으로 그런 생각에서 더 나아가 창조와 체험을 통해 그리고 최고, 최대, 최상의 체험을 통해 자기를 확장시켜 보고 그 결과 자신을 무한하게 성숙시켜 나가야 하는 것입니다.

사실 사람이 이 우주에 몸과 마음을 가지고 나타나서 이처럼 지지고 볶고 사는 것은 자신을 자각하기 위해서라기보다는 자신의 능력을 자각하기 위해서입니다. 왜냐하면 자기를 자각하든 못하든 자기는 실제상 변함이 없으니까요. 그러나 자신의 마음을 제대로 깨달아 알고 쓰지 못한다면 그것은 신(부처)의 자녀들이 아니지요. 그것은 아직 개체에 취한 술이 덜 깬 자들이며 그래서 이 세상엔 마음이 아직 온전해지지 못한 병에 걸린 사람들(마음이 불구인 신, 부처의 자녀)이 많은 것입니다.

그래서 자기의 실상[體]을 먼저 깨달아 알아야 하지만 그것에 그치는 것이 아니고 그 다음단계 즉 자기 마음[用]을 한번 질적, 양적으로 최대화, 극대화시켜 체험해 보아야 하는 것입니다. 사실 우리가 윤회하는 것도 바로 이 까닭 때문입니다. 제가 본래 신이나 부처라면 그것만 알고 그칠 것이 아니라 그답게 자기의 마음을 이 존재의 마당에서 무한하게 한번 발휘해보고 느끼며 살아보아야 합니다.

신묘하게도 불교나 기독교에 전부 다 〈삼위일체〉란 말이 있지요. 불교에서는 법, 보, 화신불의 〈삼불〉이란 말이 있고 기독교에서는 성부, 성자, 성령의 〈삼위일체〉가 있습니다. 이것이 공연한 말이 아닙니다. 즉 자기를 자각하여 자기를 깨치고 아는 것이 법신불(하나님, 성부)을 아는 것이라 한다면 마음을 안다는 것은 그것의 굴림새 즉 보신불(성령)을 아는 것이요, 그 결과로 나온 이 몸에 집착하는 작은 마음을 버리고 이 세상 삼라만상 전체를 자기 몸으로 삼아 크게 되는 것은 화신불(성자)을 이루는 것입니다.

그래서 이 세 가지 삼위일체로 부처(신)를 완전히 깨달아 알고 실현하여야 참으로 대각(大覺)이라고 말할 수가 있다 이 말씀입니다. 그런데 대다수의 종교나 명상수행법은 법신불만 아는 데 그치거나 혹은 또 다른 보신불이나 화신불들만 궁극의 진리라고 여기며 그것만을 깨달아 아는 데 그치니 실로 골고루 완전하지 못하다 이 말씀입니다.

물론 우리는 우선 자기 자신을 찾아야 합니다.
그 자신이 뭐 아주 어렵고 별스러운 게 아닙니다. 사람들이 종교

속에서 책에다 아주 어렵게 써놨기 때문에 거기에 속아 빠져서 어려운 것입니다. 생각하고 의식하는 우리 자신 그게 바로 법신불입니다. 의식하고 듣고 보고 하는 〈나〉가 없는 사람이 있습니까. 그게 죽은 후에도 변함없이 계속된다 이 말입니다.

그 다음엔 거기서 그치면 전체와 개체와의 관계를 모르게 됩니다. 너와 나의 관계도 깨치지 못하고 또 성인들이 그렇게 강조하는 사랑이 왜 중요하고 자비가 중요한지도 알지 못합니다.
그것을 알려면 보신불의 능력 즉, 마음자리는 크고 작기도 해서 커지면 온 생명을 다 사랑하고 우주를 다 덮을 정도로 자유자재하게 커질 수 있다는 것을 깨치는 것을 알아야 하고 또 그 다음 단계에 가서는 화신불의 본 모습 즉, 이 몸 개체 하나만이 자기가 아니라 알고 보니 우주 삼라만상 전체가 다 또 하나의 〈나〉이더라를 증득해야 합니다.

이렇게 해야 완전한 공부를 하는 것입니다.
즉 그 순서가 처음엔 법신불을 알고, 그 다음엔 보신불을 알고, 마지막으로 화신불을 깨우치는 것입니다. 그런데 이 삼불은 다 증득해 보면 그 모두가 다 현재 그대로의 우리의 지금 모습과 하나도 다를 것이 없으면서도 다만 우리가 겉모습에 속아 우리 속에 이미 들어있던 그 놀라운 힘과 능력들을 못 써왔던 것일 뿐임을 알게 됩니다.

그래서 지금까지의 모든 진리에 관한 책이나 글이나 말들, 즉 바꾸어 말해 〈생각〉과 그에 따른 체험들에 빠져 더 이상 무작정 따라가지 말고 잠깐 멈추고 진짜 자기부터 우선 찾아라 이 말을 드리는 겁니다. 참된 〈나〉는 모든 체험들을 넘어서 여기 지금 이대로 있습니다.

그것이 바로 지금 이 몸과 마음을 거느리고 쓰고 있는 당신, 바로 〈나〉 자체입니다.

진리란 이렇게 쉽고 자명한 것입니다.

# 삶은 흐르고 다만 지켜볼 뿐이다

삶은 우리 앞을 흐르는 강물과도 같습니다.
가만히 그대의 지나온 삶을 돌이켜보세요.
그러면 그대는 느낄 수 있을 것입니다.
모든 것은 다 어디선가 나타나서 우리에게 다가와 잠시 머무르다가 이윽고 사라져간다는 것을. 다만 어떤 것은 빠르고 어떤 것은 느릴 뿐.
그래서 삶 속에서 우리가 실제로 건져내거나 가질 것은 아무것도 없습니다.

그대는 지금까지 인생을 바쳐서 많은 땅과 재물을 소유하려 노력해왔습니다.
어쩌면 그대는 나름대로 적지 않은 것을 가졌다고 생각할지도 모릅니다.
그러나 과연 실제로 그러할까요.
그대는 사실 아무리 작은 것이라도 영원히 소유하거나 가질 수 없습니다.
그래서 그대는 단돈 일 원이라도 진짜로 영원히 소유할 수가 없는 것입니다.

　지금 당신이 가진 것이라는 것은 다만 당신과 여러 사람들의 생각이 그것은 당신에게 〈관리되는 것〉이라고 생각하고 있을 뿐입니다. 그러니 불과 몇 십 년 후만 되어도 그것은 이미 다른 사람 수중에 들어가 있을 것입니다. 당신의 육신조차도 그땐 이미 당신의 것이 아닐 것입니다.

　이처럼 다만 우리는 체험하고 흘려보낼 뿐입니다.
　사람들은 이 근본우주 허공 위에 나타난 이 지구라는 흙덩이 위에서 내가 그 무엇을 해야 한다고 얘기합니다. 그러나 그것은 실제로는 이 지구 위에서 하나의 생각이 육체란 도구를 가지고 허상을 좇아 허우적거리는 것과도 같습니다. 세월이 흘러 지나고 보면 우리가 그토록 집착했던 대상과 그것을 쟁취하기 위한 행위들은 결국 아무것도 아닌 욕망 속의 헛동작과도 같은 것이었음을 알게 됩니다.
　우린 결국은 삶이란 강물에 빠져서 허우적거렸던 것입니다.

　그러므로 그대여.
　삶이란 강물 속에서 그대가 제아무리 큰 물고기나 조개를 잡아 올렸다 하더라도, 그래서 큰 기쁨을 맛보았다 하더라도 더 깊은 강물로 뛰어드는 나머지 그대가 집으로 돌아가기 위하여 자기의 신발을 벗어놓은 최초의 장소를 잊지 말아야 합니다.
　또 설사 그대가 제아무리 큰 고기를 잡다가 놓쳤거나 큰 조개에 발을 베었다 할지라도 너무 그것에 연연해하지 말아야 합니다.
　삶이란 거대한 강물 속에서 우리는 소꿉장난을 하는 어린애들과 같이 이 강이 제공해준 모래로 집을 짓고 밥을 하고 놀고 있는 것입니다.

우리가 이 삶 속에서 아무리 많이 얻거나 혹은 잃었다 하더라도 실제로 우리는 그저 얻은 것도 잃은 것도 없으며 다만 똑같이 가진 것과 안 가진 것에 대한 〈체험〉들을 하고 있을 뿐입니다.

이렇게 그대의 영혼 안에 삶을 흐르는 강물처럼 바라다볼 줄 아는 여유롭고 고요한 내면의 눈을 가진다면, 그리고 그 눈에 좀 더 많은 힘을 부여한다면 마침내 그 눈은 그대를 영원한 존재의 근원으로 안내할 것입니다. 그것은 태초부터 우리 자신을 가만히 지켜보아 왔으니까요.

혹자는 이 험한 세상에서 우리가 할 일은 오직 서로 사랑하고 나눔뿐이라고 외칩니다. 그러나 우리가 진정 우리의 삶을 전체적으로 보는 바로 그 본래자리에 들어선다면 그대는 알 것입니다.

그 자리에선 그런 사랑조차 불필요한 가짐임을.

모든 이들은 이미 충분한 사랑을 받고 있고 모든 것들은 이미 완전한 사랑 속에 있다는 것을.

그 속에서 서로 사랑하고 나누라는 얘기는, 이미 밥 먹은 사람에게 다시 또 밥 먹으라고 요구하는 것과 같이 불필요한 헛동작임을. 이미 그 안에서는 모든 것이 사랑 그 자체요, 모든 것이 그 안에서 빛나고 있는데, 어찌 물속에서 다시 물을 찾겠습니까.

우리가 아무리 큰 사랑을 나누어주고 보여준다 하여도 그것은 실로 우리가 하는 행위가 아니요, 우리를 존재케 하는 그 위대한 힘이 우리를 통해 역사하시는 것일 뿐입니다.

　우리가 하는 것이 아니요, 그 근원의 힘이 깊은 섭리 가운데 행하시는 것입니다.
　그것은 이미 완전한 사랑 그 자체이시니 어찌 감히 허깨비 같고 이슬 같은 우리가 그 행위의 주체가 되겠다고 나서겠습니까.
　이처럼 자기 자신을 바로 보고 알 때 우리는 비로소 제대로 된 사랑을 할 수 있습니다.
　제 마음속에서 의도적으로 하는 사랑이 아닌, 누가 하는지도 모르는 사이에 내 안에서 저절로 우러나오는 깊은 사랑, 바로 그런 놀라운 사랑이 우리에게 필요한 것입니다.
　그전에 내가 한다는 생각 속의 사랑은 가짐의 사랑이고 왼손이 한 것을 오른손이 아는 사랑이라 참사랑이 아니요, 조화(造花)처럼 향기 없는 겉모습만의 흉내인 것입니다.

　그러므로 사랑하기에 앞서 우선 우리 내면을 겸허히 비웁시다. 그때 참으로 진정한 사랑이 무엇인지를 우리는 제대로 알게 될 것입니다.
　삶이란 강물 속에서 그 무슨 행위라도 이제 자기가 하려는 시도를 그만두어야 합니다.
　그리고 우리 자신에게서 물러나고 이 세상이란 강물에 빼앗긴 그 마음속에서도 물러나 이 모든 상황을 객관적으로 바라다보는 내면의 〈주시자〉가 되어봅시다.

그 이후에 내면에서 부르는 어떤 소리가 있거든 그 소리를 아름다운 노래처럼 들어봅시다. 그리고 그 음률에서 우러나오는 나만의 춤을 추어봅시다.

내 안에서 솟아오르는 그 어떤 에너지 그 자체가 되어봅시다.

이제 이 삶이란 강물 속에서의 체험은 충분하지 않습니까.
더 이상 맛보아야 할 쾌락이나 아직도 아쉬운 그 무엇이 남아있습니까.
억겁을 이 강물 속에서 이리저리 헤매며 손발이 부르트고 조개와 바위에게 베어져 피 흘렸건마는 아직도 못다 한 미련이 남아 있나요.

우리 존재의 중심을 이 삶이란 강물에 두지 말고 그를 지켜보는 나 자신에게 두십시오.
그러면 우리는 머지않아 깨달을 것입니다.
그저 삶은 흐르고 나는 다만 영원히 지켜볼 뿐이라는 사실을.
우리는 그저 헛되이 마음은 그 흐름을 쫓아 분주히 다니며 기뻐하고 슬퍼하지만, 그것은 다 한때의 부질없는 욕망 속의 분주함이었을 따름입니다.

우리가 고요한 자기성찰 가운데에서 이렇게 흔들림 없이 지난 세월 동안 그렇게 고요한 침묵 속에 바라보기만 해왔던 참된 나를 느끼고 자각할 때, 이것이 바로 하나님, 부처님과 하나인 우리의 참되고 진정한 본래자리가 영원한 생명의 빛 속에서 아침 해가 떠오르듯이 찬란히 드러나는 복되고 기쁜 소식이랍니다.

자기가 무한한 신의 의식과 합일한 존재는 최고 수준의 대자유와 평화를 누리는 광명세계에 합치하게 됩니다. 사람은 정신적인 존재라 그 정신의 순도와 크기가 바로 그의 정신세계에서의 위치를 결정짓게 되는 것입니다.

# 4

# 인간에 대한 탐구

# 인간이란 존재의 이해

사람들은 자기란 존재를 제대로 모릅니다.

인간이면서도 인간이 무엇인지 어떻게 구성되어 있는지를 모릅니다.

그러니 태어나기 전에 본래면목이 어떠한지도, 죽어서 어디로 가는지도 모르는 것입니다.

이 장에서는 과연 인간이란 어떤 존재인지 그것을 한번 깊이 탐구하여 봅시다.

종교인들은 인간 마치 태곳적부터 영원까지 무한히 존재하는 영원한 형상의 존재라고 착각을 합니다. 그러나 여러분들도 아시다시피 이 지구상에 인류와 비슷한 형상을 가진 생명체가 나온 것은 약 이백만 년 전이며 현 인류의 조상이 출현한 것은 오십만 년 정도로 봅니다. 하지만 수십억 년 지구 역사에 비하면 이 오십만 년은 아무것도 아닙니다. 이 말이 뜻하는 것은 앞으로도 우리가 지금과 같은 형상을 영원히 유지하는 것이 아니라는 말입니다. 공룡이 멸종한 것처럼 환경이 바뀌면 우리도 언젠가는 멸종할 것입니다. 이것이 우리의 엄연한 진실입니다.

그런데 우리가 우주에서 사라질 그때 우리가 만들어낸 모든 종교나 깨달음은 과연 다 어디로 가는 것일까요.

제가 이런 말을 하는 이유는 인공종교가 아닌 자연종교(우주에 본래부터 있던 말과 글 이전의 존재인 신(神)을 직관하고 느끼는 종교)가 사실은 더 영원한 진리에 가깝다는 말을 하고 싶기 때문입니다. 진리란 영원해야 합니다. 그렇다면 이미 시작부터 영원에서 나온 것이 아닌 종교들이, 인류에 의해 만들어진 종교들이 어떻게 그 이후엔 영원을 소유하며 가지겠다는 것일까요. 이미 논리적으로 모순이 아닐 수 없습니다.

인류의 최첨단 과학인 양자물리학은 인류가 상상하는 종교 속의 그런 인격적 신은 우리 생각의 세계 속에나 있지 실제로는 이 우주에는 존재할 방식이 없다고 단정하고 있습니다. 실제로 극히 작은 미립자 세계로 들어가 보면 우리는 다 하나의 미립자들로 이리저리 구성된 배열요소의 차이밖에 없는 미립자들의 덩어리들에 불과합니다. 그래서 물질적으로 우리는 다 하나입니다. 그런데 이 미립자들을 그렇게 다양하게 구성하고 움직이게 하는 어떤 힘은 이 미립자들의 자체 변화와 파동에서 직접 오는 것입니다.

즉, 그 외부에서 어떤 제3의 벡터(Vector)나 손길이 가해져 오는 게 아니라는 것입니다.

그래서 양자물리학은 눈에 보이는 이 물질 차원에서는 이미 신이 계시는 곳이 없다고 확인되었고, 미립자의 극미의 세계에서조차 그런 존재는 발견되지 않은 만큼 종래개념의 우주 어딘가에 따로 계시는 그런 인격적 신(神)은 없다고 판단하고 있습니다.

하지만 새로운 개념의 신을 인정하고 있습니다. 그것은 바로 이 미립자들을 넘어서 존재하며 모든 미립자를 움직이게 하고 변화하게 하는 그 어떤 힘 바로 그것이 바로 신이랄 수 있다는 것입니다. 그 힘의 움직임과 질서에 따라 우리가 체험하는 세계나 보이고 느껴지는 세계는 달라집니다. 그리고 이 미립자들이 우리의 언행을 통해서 작동할 때 그것은 비로소 하나의 〈인격〉을 띠게 됩니다.

그런데 재미있는 사실은 인간의 뇌가 생각을 할 때에는 이 미립자들이 구체적인 상념을 가진 입자(粒子)가 되어 비교적 더 구체화되어 일정한 모습으로 정형화되는 형태가 되고, 생각을 벗어나 있을 때에는 순수한 빛의 파동형태로서 입자가 아닌 자유스러운 파동상태에 있다는 것입니다.

그래서 양자물리학은 우리의 일상이 지루한 것도 따지고 보면 우리가 일정한 생각 속에 갇힌 시간이 많거나 혹은 고정관념으로 자기 주변의 인물이나 환경들을 무의식적인 생각 속에서 바라다보기 때문에 그 미립자들이 정형화되고 굳어지는 현상이라고 풀이하고 있습니다.

그래서 우리는 친숙한 환경이나 사람들에게 싫증을 내게 됩니다. 굳어진 의식의 활동이란 곧 다시 말해서 권태롭고 짜증나는 마음으로 나타나는 것이죠.
하지만 영성이 극히 높은 사람은 일체의 그런 생각에서 벗어나 있고 마음조차도 벗어나 있는 대자유의 자리에 있으므로 그런 일이 아주 적거나 아예 없다는 것입니다. 왜냐하면 스스로 굳어진 딱딱한 미립자의 운동을 창조하지 않으니까요. 그래서 깨달은 사람에겐 세상이 늘 신선하고 새롭고 힘차며 놀라운 축복의 감정 속에 있다는 것입니다. 그래서 성격이 좋다는 것은 그만큼 그 사람의 영성이 자유롭고 차원이 높다는 말도 되는 것입니다.

우리가 인간이란 기본적으로 어떤 존재냐 질문한다면 그것은 이처럼 엄청난 수의 미립자 덩어리가 자체적으로 움직이고 활성화되는 일련의 운동 내지는 파동 덩어리라고 말할 수 있는데 바로 이것을 인간의 마음이라고 말할 수 있습니다.

그런데 놀라운 사실은 양자물리학에서도 이런 미립자들의 파동을 스스로 자각하고 체험하지만 그 운동을 아예 떠나 있는 채 독립된 자리에서 바라다보는 〈주시자(注視者)〉가 있음을 인정하고 있습니다. 그것만은 어떻게 해도 과학적으로 설명할 수 없다는 것입니다.

왜냐하면 그것은 미립자가 운동을 열심히 하든 안 하고 정지하든 간에 미립자와 상관없이 항상 그대로이기 때문입니다. 그래서 과학자들은 바로 이것이 〈영혼〉이 아닌가 하고 추측하고 있습니다.

이 말은 모든 미립자는 그것을 형성하는 에너지가 그 미립자 안에 따로 존재하고 있다는 말이며 그 에너지는 또 그것을 창조하는 보다 더 근원적인 힘에 의해 만들어지고 있다는 말이기도 합니다. 하지만 현재의 물리학 수준으로는 미립자를 넘어선 에너지 차원으로 들어갈 수가 없고 따라서 그 에너지 이전의 신비스러운 차원은 더더욱 알 수가 없다고 결론 내리고 있습니다.

그런데 의식에도 높고 낮음이 있어서 우리 마음에도 다양한 인식의 차원이 있습니다.

이 지구상의 모든 존재들은 다 의식을 가지고 있는데 그것들을 우리가 편한대로 그 존재의 특성에 따라 차별화해서 나누어 보면 광물, 식물, 동물, 인간 그리고 신(神) 이렇게 다섯 분류입니다.

여기에 왜 아직 그 존재가 입증되지 않은 개념에 불과한 신(神)을 만들어 붙였는가.

논리적으로 볼 때 신을 제외한 나머지들은 모두 형상적으로는 물질적 개체이며 우주의 피조물로서 근원적인 창조의 주체가 아니기 때문이고 또한 존재의 본질적인 근원 그 자체는 아니기 때문입니다.

우리의 육체의 본질은 광물입니다.
그리고 그것은 형상을 만드는 우주 공통의 질료입니다.
그런데 우리란 존재(동물을 포함하여)는 식물적 요소도 가지고 있습니다. 그것은 무의식 속에서 잠자고 성장하는 것입니다. 그래서 식물의 의식은 집단 무의식차원에 주로 많이 속해 있습니다. 물론 예외적으로 곤충 따위를 잡아먹는 포획식물 등은 좀 더 발전하여 개체마음도 가지고 있긴 하지만 말입니다. 그래서 우리에겐 식물과 똑같이 잠자는 것 같은 무의식차원이 들어있는 것입니다.

거기서 더 나아가면 우리는 또한 동물적 존재입니다. 그것은 스스로 움직이고 먹고 싸고 생식하는 욕망의 의식을 가지고 있습니다. 그럼으로써 동물들은 식물에 비해 더 독립적인 개체마음을 또렷하게 가지게 됩니다. 그래서 동물은 욕망의 차원에 있으며 몸을 이동할 수 있습니다. 식물에 비해 좀 더 높은 차원의 의식 속에서 욕망의 창조와 체험을 동물은 누리지만 그러면서 동시에 그의 의식은 점점 더 차원이 높아지고 확장됩니다.

동물의식 차원에서 좀 더 발전하여 기억과 사고력을 한 차원 높이 가지고 좀 더 정신적인 세계로 들어가 자신을 객관적으로 돌이켜보며 성찰할 수 있는 게 바로 인간입니다. 그래서 사고력이 뚜렷하며 자아정체성에 대한 인식이 강합니다. 그리고 진리와 영원이란 개념을 만들어 가질 줄 알며 그것을 추구하는 형이상학적인 사고력을 가질 수 있습니다. 그러나 이 역시 인간의식의 성질 중의 한 특성일 뿐입니다.

이렇게 인간까지 거슬러 올라와서 한번 돌이켜봅시다.
그러면 우리는 우리 안에 이렇게 광물, 식물, 동물적인 요소들이 이미 우리도 모르는 새에 지구의 역사와 함께 우리 안에 다 내재해왔고 지금도 들어있다는 것을 인정하게 됩니다. 이러면 비로소 우리는 우리가 왜 무의식상태에 있을 수 있는지, 왜 동물 이상의 모든 생명체는 잠을 자야 하는지, 그리고 우리 몸의 동물적 특성은 무엇인지, 또 왜 개체마음은 왜 존재하며 그것을 가져야 하는지, 때로는 자기밖에 모르는 충동적 욕망 속의 존재인지를 다 이해할 수가 있습니다.

또 같은 사람들이라도 다 똑같지가 않고 어떤 이는 더 동물적 욕구에 가까운 이기적인 삶 속에서만 살며 또 다른 이는 더 지성적이고 고차원적인 훌륭한 삶을 사는가에 대한 이유도 알게 됩니다. 그것은 우리 안에 들어있는 미립자의 운동성향 문제이기도 하며 그로 인해 만들어지는 유전자가 그 얼마나 고차원적인가, 그리고 또한 동시에 우리의 의식이 자기 안의 고차원적인 정신세계를 향하여 지금도 자기의 미립자 운동구조를 개량하기 위해 그 얼마나 더 노력하고 있느냐에 달린 문제이기도 합니다.

우리는 이처럼 지구의 오랜 의식의 역사가 그대로 표현된 살아 있는 지구의 화석입니다.
그래서 우리는 바로 이 지구라는 큰 의식체가 만들고 꽃피워낸 하나의 정신적 산물인 것입니다. 우리 안에는 이처럼 실로 이 지구에 존재한 모든 존재들의 의식이 다양하게 다 들어있는 것이고 따라서 우리는 바로 살아 있는 지구의식 발전의 결과물인 것입니다. 우리는 바로 지구의식의 자정(自淨)활동의 산물이며 그 정수인 신(神)의식의 놀라운 발현인 것입니다.

이렇게 우리는 에테르체나 아스트랄체처럼 의식차원의 몸만 가지거나 그런 세계에만 속해 있는 것과는 달리 모든 차원의 몸을 동시에 다가지고 있으며(일체가 다 우리 안에 내재해 있다) 또한 우리 안에서 모든 차원으로 들어가는 문(門)을 다 가지고 있습니다. 즉 인간은 모든 차원에 걸쳐 존재하는 지구의 산물(열매)이기에 현재로선 가장 성숙한 생명체이고 그래서 깨달음을 가장 쉽게 얻을 수 있는 존재인 것입니다. 깨달음은 전체를 알고 그것과 하나 되는 것인데 이미 전체의 속성이 우리 안에 다 들어있으니까요.

다만 신(神)적인 요소는 아직 우리 안에서 구체적인 형상으로 나타나있지 못하지만 그것은 어차피 낮은 차원의 의식에게는 나타날 수가 없는 성질이므로(예컨대 식물의식에게는 동물의식이 나타날 수가 없다), 물질화될 수 있는 존재로서는 인간이 비교적 궁극의 차원에 다가가 있는 존재인 것입니다. 즉 그 안에 지구의 모든 개체존재의 성질을 다가지고 있으면서 또 가장 궁극적인 모양으로 존재하는 것이지요. 이렇게 인간이 동물과 차별화되는 것은 인간에게는 동물의 의식과는 다른 보다 더 확장되고 깊어진 의식(순도가 높은 고차원 의식)이 있기 때문입니다.

인간이 우주에 나타나 존재하는 이유는 바로 완전한 지구차원의 진리적 존재이자 모든 것의 통합적이고 종합적인 상징의 응결인 존재로 압축 표현되었기 때문입니다. 실로 인간은 지구의식이 꽃피워 낸 결정 중의 결정체요, 꽃 중의 꽃인 것입니다.

그런 까닭에 인간은 지구가 만든 지구의식의 정수이며 그보다 더 높은 신차원의 의식(깨달음)이 그로부터 다시 또 더 높은 단계로 꽃피어나기 위한 씨앗이며 신의 알(卵)에 해당하는 그런 신묘한 존재인 것입니다.

이런 깊은 섭리와 이치를 이해한다면 우리가 진리를 왜 추구하여야 하며 왜 우리가 지금 여기에 존재하고 있는가. 그리고 우리는 앞으로 어디로 갈 것인가, 올바른 진리탐구의 궁극적 종착점은 어디인가. 또 어떻게 어떤 방법으로 진리를 탐구하여야 하는지 등등의 해답들이 저절로 명백하게 드러납니다.

이렇게 귀한 인간으로 태어나 아직도 자기 존재의 이유를 모르고 진리를 추구할 줄 모른다면 그것은 아직 성숙된 정신이 그 안에서는 아직 꽃피지 않았기 때문이며 그는 결과적으로 지구 입장에서는 신의 정신체라는 열매를 맺을 수 없는 쭉정이 같은 버려질 존재가 되고 마는 것입니다.

우리가 이처럼 진리를 추구하여야 함은 우리의 존재적 사명이 그러하기 때문이며 우리의 진리 탐구방식은 일시적인 우리의 모습인 인간의 형상이나 그 안에 내재한 여러 가지 식물적, 동물적 혹은 정신적 영적의식이나 요소들에 부분적으로 빠지거나 집착해서는 안 된다는 결론이 나오게 됩니다. 그러므로 이 인간형상에만 매달려 그의 개체적 구원이나 그 형상의 사후 물질적 부활만을 바라는 것은 성숙한 정신을 가진 존재로서는 취할 입장이 아닌 것입니다.

우리는 지구와 우주의 전체적인 힘이 나타난 존재요, 전체의 섭리가 표출한 존재니까요. 그래서 제가 올바른 깨달음을 위해서 우리는 광물의 영역(무의식)에서부터 신의식의 체험인 우아일여의 체험(이것도 인간이 가진 의식의 영적체험에 불과한 것이지만)까지가 다 골고루 필요하다고 말하는 것입니다.

신은 우주전체이며 또 그 이전에 그것을 있게 한 힘이자 섭리이지만 그것은 우주 밖에 따로 있는 게 아니라 그가 만든 인간이란 씨앗 속에 이렇게 자신을 인식할 수 있는 능력을 가지고 숨어 있는 것이며, 또한 동시에 이 우주의 안팎에 이처럼 자기의 창조물과 더불어 그 속에 같이 존재하는 것입니다.

　그런 까닭에 우리 안에도 신은 항상 계시는 것이요, 우리가 일부분적인 물질 몸(身)만을 자기로 여기지 않고 자기 안에 있는 모든 능력과 체험(무의식과 동물적 감각 등)까지도 자기의 세계로 여길 때, 우리는 그 어떤 일부만을 버리거나 취함이 없이 〈있는 그대로〉의 전체가 온전하게 신의 드러남이며 그의 존재하시는 방식임을 우리 자신을 통해 명백히 알게 됩니다.

　실로 우리는 여태까지 신(神)이 만들어낸 가장 최고수준의 자기인식 도구요, 그의 눈이며 그의 손이며 그의 화신이기도 한 것이나 우리가 스스로 우리의 개체 몸의 한계를 벗어남으로써 이러한 우주의 깊은 비의에 드디어 눈을 뜨게 되는 것입니다. 이렇게 될 때 저는 비로소 그 존재가 진리로 가는 신비의 문을 열고 들어섰다고 말하고 싶습니다. 그런 존재는 이제 신을 닮아 일체의 현상이나 체험에 매이지 아니하고 모든 것을 다 가지면서도 동시에 모든 것으로부터 초월적인 존재로 변화해나갈 것입니다.

# 의식이란 무엇인가

많은 과학자들이 의식(意識)이 과연 무엇인가에 대해 무척이나 알고 싶어합니다.

그것은 아직도 너무나 많은 신비의 베일 속에 싸여 있습니다.

제가 명상을 통해 자각한 의식은 첫째로 그 본질이 신(神)의 눈이자 감각이란 것이고, 둘째로 의식에는 다양한 차원이 있고 아래차원과 위차원은 하나의 식물이 뿌리에서 줄기로 줄기에서 잎과 꽃으로 성장하듯이 서로 연장선상에 속해 있으며, 셋째로 서로 다른 차원의 의식은 서로 쉽게 교통하지 못한다는 것과 마지막으로 의식은 영원한 우주적 생명의 파동이며 동시에 입자(粒子)란 것입니다.

모든 존재는 다 의식이 있습니다.

설사 무정물인 돌멩이라 할지라도 의식이 있습니다. 하지만 그 의식은 말이 의식이지 우리 인간들의 보통의식과는 아주 다른 차원의 의식입니다. 그것은 일종의 자기 유지를 위한 분자들의 잠재적 긴장관계(Potential Tension) 같은 것입니다. 그러니까 당연히 지구에도 그 나름대로의 비의(秘意)의 잠재적 의식에 있습니다.

이러한 의식은 산에도 있으며 호수에도 바다에도 있습니다. 비물질적인 존재에게도 당연히 그들 차원의 형상을 유지하는 매듭이나 끈 같은 자기 보존의 의식이 있습니다. 책상이나 의자 같은 사물에도 있습니다. 우리 몸의 세포들 하나하나에도 다 있습니다. 그러나 광물처럼 인간과 차원이 너무 다른 의식은 인간의 의식과 소통하지 못합니다. 인간 말고도 광물, 식물, 동물 그리고 보다 더 차원 높은 존재인 영(靈)이나 신(神)에게도 그들 나름대로의 의식은 있습니다.

의식은 비유하자면 자연 속의 전기(電氣) 같은 또 다른 보이지 않는 에너지와 잠재적인 빛이 결합한 것인데 그것에는 (1)자각하는 밀도와 충만력 같은 강도(強度)의 차이 외에도 (2)활동성의 민감도와 세밀도에 의한 차이도 있고 (3)깊이에 의한 자각집중능력의 차이도 있습니다.

사람들은 의식 활동을 뇌세포 간의 원활한 운동성에서 오는 것으로 보지만 반드시 꼭 그렇지만은 않습니다. 왜냐하면 전신마취를 하고 수술을 한 사람이(그렇다면 당연히 뇌도 마취되었을 터인데) 생사를 건 대수술을 하는 동안 죽은 조상을 만났다든가 영계를 여행했다든가 하는 심령학적 사례가 종종 있거든요.

또 게다가 우리가 큰 불행을 만났다든가 혹은 놀라든가 하면 가슴이 덜컥 내려앉는다든지 머리털이 쭈뼛 선다든지 하면서 뇌보다는 가슴이나 머리 등 다른 쪽에서 먼저 기(氣)적인 에너지(우리는 이것을 마음이라 흔히 말한다)의 충격을 받는 수도 많은데 그런 것 역시 의식이 뇌와는 달리 독립하여 존재적으로 행동하는 경우도 있다는 것을 말해줍니다.

우리가 자동차에 치이기 직전이라든지 아주 긴박하고 위급한 순간에도 의식은 뇌의 활동보다도 더 먼저 우리에게 그 사실에 대해 고도의 내면적인 빛을 내며 집중을 시킵니다. 그런데 그때의 그 내면적 밝음이 바로 우리가 깨달았다든지 또렷한 의식 속에서 내면의 평화를 누리고 있다든지 할 때에도 비슷하게 나타납니다.

우리는 의식을 분리할 수 없는 하나의 현상으로 생각하지만 사실은 의식에 이처럼 다양한 종류와 성질과 차원이 있습니다. 일반적으로 우리가 가진 의식은 우리 뇌와 몸 세포[精]에서 나와 하나의 신경정보처럼 활동하지만 이것은 동물에게도 꼭 같은 수준의 것이 있습니다. 그러나 인간에게는 인간이란 고도의 정신적 존재 자체를 형성한 기(氣)로 된 에너지 체에서 오는 보다 더 정밀하고 깊은 차원의 의식이 있습니다.

이것을 가지고 우리는 〈기몸(氣로 된 몸)〉이라고도 하며 기수련을 통해 양신(陽神)을 출태시킨다든가 하는 것이 바로 이것을 이용한 것입니다. 우리가 꿈에서 보는 영계나 하늘세계가 주로 불교에서 말하는 욕계나 색계에 해당되며 이 기(氣)의 의식차원에서 벌어지는 세계에 해당됩니다.

하지만 거기서 더 나아가서 신(神)의 차원에서 나타나는 아주 깊고도 위대한 의식도 있습니다. 그것은 기(氣)에너지 차원에서 오는 것보다 더 크고 깊으며 그 정밀도가 완전합니다. 이러한 의식은 불교에서의 무색계가 존립하는 기반이 되며 우리가 우주의식이라든가 순수의식이란 말을 할 때에는 이 차원에 해당하는 의식을 지칭하는 것이지요.

또 오매일여나 숙면일여가 된다면 그 역시 우리의 일반의식이 아닌 내면의 충만한 빛으로 된 고도의 정밀한 의식차원에서 일어나는 것입니다.

그런데 정(精)에서 나오는 의식은 주로 우리의 머리 주변에만 있고, 기(氣)에서 나오는 의식은 내 개체마음과 몸 주변에 머물러 있고, 신(神)에서 나오는 의식은 순수한 우주 본래성의 빛 자체로서 무한 그 자체입니다. 깊은 명상을 하면 이것이 스스로 자각되고 구별이 될 때가 옵니다. 또 저차원의 존재일수록 의식이 존재하는 사이클이 아주 길고(바위나 돌 같은 것은 한우주의 성주괴공 동안이다) 잠의 상태가 길며 고차원의 존재일수록 그것이 짧은데 고차원의 무색계에 가면 잠의 여부에 상관없이 그 차원의 내밀한 의식이 있습니다.

사람이 명상을 한다 해도 높은 그 의식이 자기 안에 나타나야 그것이 스스로 항상 자기 내면에서 시공을 초월하여 독로한 상태임을 자각하게 됩니다. 그러므로 육체를 벗은 죽음 이후에 그대로 살아 있을 때와 마찬가지로 의식이 있느냐 끊어지느냐 하는 질문은 그 사람 의식차원에 따라 그 대답이 달라지는 문제입니다. 낮은 차원의 의식에 있는 사람은 마치 낮은 무전기를 쓰는 상태 같아서 주파수가 짧아 자주 끊어지고 혼돈과 혼침의 자기망각 속에 있습니다.

그러나 의식차원이 높아질수록 그렇지 않습니다.

아침에 잠 속에서 나를 깨우는 존재는 바로 다름 아닌 몸과 뇌에 깃든 일반의식이 스스로 충만해지면 그것을 담고 있는 그릇인 몸과 뇌에 신호가 오는 것입니다. 마치 우리가 휴대전화를 밤새 충전기에 꽂아두면 그것이 스스로 배터리에 충전이 다 될 때 스스로 신호를 나타내듯이 말입니다. 그릇에 물을 부어 넘치게 되면 그릇의 밖으로 물이 새나가면서 그릇이 젖듯이 그런 이치입니다.

우리가 의식을 확장해야 한다는 말을 주로 하는데 그 말의 정확한 뜻은 의식이 질적으로 더 고차원적인 정보에 대해 경험하고 깨어나야 한다는 뜻도 있지만 아울러 자기가 자기라고 의식하는 기본바탕이 더 크고 넓고 깊어져서 신(神) 차원에서 나오는 밝고 깊고 심원한 의식수준으로 올라서야 한다는 말입니다.

자기가 자기 몸이라고만 생각하고 그 차원에 머무르는 사람은 사후에 하급영계로 가게 되며 자기가 자기 마음 즉, 정신이라고 여기는 사람은 하급영계보다는 훨씬 더 큰 몸을 가지고 더 자유로이 사는 세계인 중급영계로 가게 됩니다. 자기가 무한한 신의 의식과 합일한 존재는 최고수준의 대자유와 평화를 누리는 광명세계에 합치하게 됩니다. 사람은 정신적인 존재라 그 정신의 순도와 크기가 바로 그의 정신세계에서의 위치를 결정짓는 것입니다.

# 의식의 확장 (1)

　사람이 깨달았다 하면 의식의 영역이 당연히 확장되어야 합니다.
　의식의 영역은 앞에서 말하다시피 광물, 식물, 동물, 인간, 영, 신에 이르기까지 그 정밀도나 깊이나 존재의 자각도나 각성의 크기에 있어서 다 다릅니다만, 사람들은 좁은 인간의식 안에서만 보고 그 의식이 어떤 특정한 상태가 되면 깨달음이다 하는데 제가 보기에는 그것은 아직 한참 아닙니다.

　의식을 이 지구적인 관점에서 풀어 설명해 봅시다.
　광물이 자기보존의 가장 기초적인 의식 장(場)에 들어있다면 식물은 대부분 잠자는 듯한 반 자각상태에 들어있고 동물은 욕망과 충동의 에너지 장에 들어있으며 고등동물이나 인간에 와서야 자발적인 사랑이나 우정이 생겨납니다. 인간은 그래서 그 존재 안에 광물부터 식물, 동물에 이르기까지 모든 존재의 의식을 다 가지고 있는 종합적인 존재입니다. 그런데 마치 대나무의 아랫마디가 최선의 의식을 가지고 최고의 노력을 할 때 거기에 비로소 윗마디의 매듭이 생기고 다음마디가 위로 하늘을 향해 자라나듯이, 사람은 동물의 그런 집단의식이 최선을 다해 만들어낸 이 자연의 섭리적 존재이며 장차 신(神)을 낳기 위한 배아의 의식체인 것입니다.

　의식의 차원확장이란 그래서 사람으로부터 다시 그 위의 단계로 꽃피어남을 말하는 것입니다. 그 위의 단계란 영(靈)의 단계와 나아가 신(神)의 단계까지 오르는 것을 말합니다.
　의식의 확장에는 다시 또 질적인 확장과 양적인 확장이 있습니다. 양적인 확장이란 자기 한 몸만을 자기라고 여기는 의식이 깨어지고 더 큰 대아(大我)의 나로서 나아가고 변하는 것을 말합니다.

　우리가 인격이 아주 고매하다든가 나라와 민족을 위해 목숨을 바친 애국자라든가 세계 인류의 영적발전을 위해 순교하거나 희생한 분들의 정신을 왜 존경하고 배우고자 할까요. 그것은 그분들의 그러한 정신이 바로 의식이 확장된 차원이며 그러기에 우리도 그러한 수준 높은 경지로 나아가길 우리의 영성(靈性)이 원하기 때문입니다. 의식이 양적으로 무한히 확장된 사람은 나중에 이 우주를 자기라고 여기게 되는 경지가 옵니다. 말이나 자기 생각으로 자기가 〈우주〉라고 여기는 것은 착각이나 일종의 최면에 불과하고 진짜 우주가 된 사람은 그에 따르는 변화가 당연히 심신에 일어납니다.

　우리가 사후에는 이 마음만이 남아 활동을 하게 되는데 그것은 자기가 자기라고 생각하는 자기의 기에너지적인 몸을 다시 그 차원에서 만들어 냅니다. 보통 사람은 그래서 또 자기 몸을 만들어 내지만 (보통 종교에서는 이 비밀을 몰라서 영계차원을 벗어나지 못한다) 의식이 확장된 사람은 자기가 아주 큰 몸을 만들 수가 있고 그래서 어떤 민족이나 정신수행집단의 수호신이 되기도 하며, 더 나아가서는 근본우주자리에 합일하면 자기가 이 우주 전체조차 넘어선 무한한 존재가 되어 하나의 하늘세계까지도 창조하는 존재가 되는 것입니다.

불교에서는 색계까지는 자기가 어떤 형상화된 몸을 가지고 있으나 무색계부터는 자기가 정신으로 화해서 이 형상의 몸을 초월한 존재라 필요에 따라 몸을 나타내기도 합니다. 즉, 평소에는 구체적 형상을 넘어서 있으니, 다른 말로 하면 아니 계신 곳이 없는 지존의 상태로 존재하는 것입니다. 몸이 있으면 그만큼 장애가 있는 것은 물질계나 정신계나 어디나 다 마찬가지입니다. 그만큼 존재하는데 노력이 많이 드는 부자유스러운 차원에 존재하는 것이지요.

한편 의식의 질적 확장이 된다하는 것은 의식 안에도 아래와 같이 다시 네 가지 발전수준이 있는데 그 안에서 점차 더 높은 수준으로 나아가는 것을 말합니다.

그 첫 번째는 우리의 이 물질세계를 사는 데 알맞은 수준의 일반의식 상태를 말합니다.

두 번째는 영계수준의 의식이 열려 가끔 귀신을 보기도 하고 영계를 보기도 하는데 이것은 세상 만물을 그 형상보다 그 안에 깃든 실체로서의 에너지적 기운과 그의 영체(靈體)로 보는 것입니다. 이 정도만 열려도 세상을 아주 다른 아름답고도 신묘한 관점에서 보게 됩니다.

세 번째는 신의 수준에 막 들어갈 때 열리는 의식인데, 그것은 자기가 깨끗이 닦이면 자기가 이 세상을 초월해 있다는 것을 직관하는 초월의식 자체가 되어 있어서 세상의 모든 의식 활동조차도 그것의 아래차원이나 표면차원에서 일어나는 겉면의 파도 같은 현상임을 늘 자각하게 되며, 이 세상 만물과 자기가 정신적 차원의 몸으로는 하나가 되어버리는 신묘한 체험을 하게 됩니다.

물론 자신의 근본자리는 그조차도 넘어서 있음을 동시에 지속적으로 자각하고 있습니다. 이것을 〈범아일여〉라고 합니다만, 이리되면 자기가 이 물질우주를 넘어선 근본자리의 빛이자 신성한 원리이며 그 자리에서 자기가 하나의 에너지로서 현현하여 이 물질세상 그 자체로 나타나는 황홀한 능력을 가진 자리에 들어가게 되는 것입니다.

네번째로는 그 위 단계로서 이제는 그 살아 있는 신의 의식 그 자체가 되어 합일하는 데 그치지 않고 더 나아가 우주를 자기가 움직이고 직관으로 일체의 본질과 에너지적인 활동을 다스리며 그것들을 살리고 움직이는 전체적인 우주대령(大靈)사이클의 차원으로 들어가는 것입니다. 그 자리는 말로 형용하기에는 너무나 신비한 자리라서 설명을 더하기가 어렵습니다.

이처럼 의식이 제대로 확장된다는 것은 의식이 어느 하나의 특정한 경지에만 머무르고 사로 잡혀있다는 것이 아니라 모든 경지를 다 알고 그 경지로 다 나타날 수 있으면서도 동시에 일체의 부분적인 의식들을 다 넘어선 전체성의 자리에 들어있는 것이라 하겠습니다.

# 의식의 확장 (2)

앞장에서 설명한 의식의 확장에 대하여 조금 더 얘기를 해보지요. 우리가 깨닫고 거듭난다는 것은 그 존재가 실제로 크게 변화한다는 것입니다. 자기에게 실제로 크게 변화하고 거듭남이 없다면 그것은 진짜 깨달은 것이 아니고 스스로 착각하고 있거나 또는 집단의 최면 속에 빠진 것입니다. 제가 살펴본 바로는 이런 일이 아주 많습니다.

즉 어떤 수행단체가 있으면 그 수행단체의 내부에서는 엄청난 경지들을 얘기하고 누구누구가 그 경지에 도달했다고 서로가 인정하지만 그 경지가 바깥 사람들하고는 통하지 않는 경우가 많습니다(이것은 지식적으로 진리에 대해 소통한다는 것이 아니라 인간적인 그릇의 크기로 인한 감화와 인격의 변화에 대한 얘기입니다).

그럴 경우, 그 단체 사람들은 그것을 바깥 사람들 탓으로 돌리고 자기들끼리 더 단결하고 내부적으로 결속하는 계기로 삼지만 사실은 그것은 그 집단의 집단착각이거나 자기최면에 의한 경우가 많습니다. 왜냐하면 바깥 사람들하고는 안 통하는 진리라는 게 따로 있을 수가 없기 때문입니다. 진리란 언제 어디서 누구하고라도 보편타당한 것이어야 합니다. 사람이 진리가 되었다면 그에게서는 진리가 된 사람에게서 나오는 아름다움과 평화와 사랑이 흘러넘쳐나기 마련이며 그 존재의 꽃피어남에 대해 누구나가 다 인정하고 누구나가 다 그 능력에 큰 감화를 받기 마련입니다.

사람들이 진리라고 정의하고 그를 달성하기 위하여 열심히 추구하는 수행들이 다 사실은 본질상 우리의 마음이 창조한 세계와 그 체험들입니다. 마음자리를 넘어선 끊어진 자리라 해도 그것을 느끼는 것은 역시 마음이므로 결국은 마음이 창조했거나 혹은 마음이 발견한 것임에는 다 마찬가지입니다.

우리는 수십 년 간 장좌불와를 했다거나, 수십 년을 생식을 하며 토굴생활을 했다거나 혹은 참선을 했다거나 등등의 오랜 고행을 한 분을 존경하고 위대하게 봅니다. 하지만 우리는 그런 고행의 본질을 잘 알아야 합니다. 저는 그런 대단한 고행이 반드시 꼭 필요하다는 입장은 절대 아니지만 그에 상응하는 내적인 폭발을 통한 거듭남의 계기는 꼭 있어야 한다고 봅니다.
왜냐하면 그런 힘든 과정을 거치면서 그 수행자에게는 내면적으로 의식의 폭발이랄까 아니면 의식의 대지진이랄까 어쨌든 의식의 변화를 통한 〈의식의 확장〉이 일어난다는 사실이 매우 중요한 것이기 때문입니다.

수행자는 이 점을 잊지 말아야 합니다.
이 말은 다시 말하자면 내면적으로 크게 죽고 변하지 않으면 크게

도를 이룰 수 없단 말이기도 합니다.

　우발적인 살인범이 아닌 고의적이고도 계획적인 살인자나 큰 사기꾼들에게는 남다른 점이 있습니다. 그것은 그들의 내면이 사악한 측면 쪽으로 의식이 대폭 확장되어 있단 말이기도 합니다. 그들의 정신세계는 보통 사람과는 상당히 다릅니다. 그들은 보통 사람이 감히 상상할 수 없는 대범하고 끔찍한 상념들을 자기 안에 늘상 보유하고 있어 상념의 활동 진폭이 아주 넓다는 얘기입니다.

　마찬가지로 큰 깨달음을 얻으려는 자는 적당한 비유는 아닐지 모르나 이와 같이 남다른 각오가 있어야 하며 진정으로 크게 자기를 놓아버려야 합니다.

　우리의 일상적인 의식의 활동은 그 진폭(震幅)이 그리 넓지 않습니다.
　보통 사람은 그 의식과 마음의 작은 진폭 주기 안에서 똑같은 일상적인 일을 반복하며 싫증도 내지 않고 잘 살아갑니다. 가끔 지루해지거나 싫증이 나면 여행을 하기도 하며 자기 삶의 진폭을 그대로 유지하기는 하되 좀 신선하게 재충전해보려 하기도 합니다.

　하지만 종교적 천재들이나 일상에서 탈피하려는 영적 상승욕구가 강한 사람들은 그렇지가 않습니다. 그들은 자기의 일상적인 그 진폭을 완전히 다 깨고 훌쩍 벗어나고 싶어 합니다. 그 욕구가 더 강렬한 사람은 마음속에서 세상을 다 버리고 다 떠납니다. 모든 작은 원한이나 시시비비를 다 버리고 큰 자비나 존재의 본질 속으로 자기 자신을 완전히 던져 버립니다.

　깨달음을 통하여 진실로 온 우주를 다 얻으려는 사람은 이처럼 자기가 가지고 살아온 자기 안의 전 세계를 다 버려야 합니다. 시시하게 이 작은 목숨 하나 갖고 꾸물거리고 구석에서 조물거리지 말고 전체 우주를 확 뒤집는 큰 의식의 확장이 일어나야 합니다. 그래서 진실한 수행자는 그렇게 수십 년의 고행을 마다않는 것이고, 자기 목숨을 초개와 같이 여기며 자기를 지키고 위하는 아상(我相)의 마음을 원수같이 여기는 것입니다. 고행이란 그 자체가 중요한 게 아니라 그런 남다른 절실한 체험을 통해 〈의식의 확장〉이란 열매를 얻고자 하는 것입니다.

그러므로 저는 진정으로 깨닫고 거듭나고자 하는 분들에게 말하고 싶습니다.

〈남다른 각오를 가져라!〉고 말입니다. 정말로 수십 년 장좌불와할 각오를 가져야 하고, 정말로 자기를 버리고 떠나서 자기 속에 당장 하나님, 부처님이 들어와 사실 정도로 완전히 변모하겠다는 반석 같은 마음의 준비가 되어 있으라고 말입니다. 그리고 겉으로는 평온할지 몰라도 내면으로는 내가 사는 이 세상과 이 우주가 두 쪽이 나고 박살이 나야 합니다. 저는 한창 수행할 때 저를 못 버리는 저 자신에게 실망하여 일부러 저의 몸뚱어리를 깊은 산속에 갖다 버린 적이 있습니다.

일상적인 의식의 진폭 안에서는 아무 일도 일어나지 않습니다. 설사 무슨 일이 일어난다 해도 그것은 찻잔 속의 태풍에 불과합니다. 찻잔 속의 태풍도 태풍이라 한다면 찻잔 속의 깨달음도 깨달음이라 할 수 있겠지요. 하지만 진정한 의식의 확장 즉, 수천수만의 작은 찻잔이 깨어짐 없이는 그것은 진정한 태풍이 될 수가 없다는 것입니다.

자기 마음 안에서 자기만 알고 살아온 이기적이고 못난 과거의 자기를 확실하게 벗어나는 사람이 되십시오. 자기만 편안히 살겠다고 애지중지 꾸며온 내 집이나 내 회사나 내가 속한 세상을 몽땅 뒤집고 쓸어버리는 몰인정한 존재가 되십시오. 황산벌로 나가는 계백장군이 왜 제 손으로 자기 가족을 다 죽이고 나갔을까요. 나라 하나 살리고 지키는 데도 그런 각오가 필요할진대 우주를 하나 구하는 일에 과연 어떤 각오가 필요하겠습니까.

제가 이렇게 구구절절 내 마음속의 진실한 〈의식의 확장〉을 얘기하는 취지를 잘 이해하여 주시기를 진정으로 바랍니다. 겉으로 대충 하는 척만 해서는 되지 않습니다. 내가 가졌던 내 안의 세계에 대한 집착이 말끔히 청소되지 않으면 나의 내면세계는 여전히 변하지 않습니다. 과연 지금 내가 무엇을 창조하고 체험하려하는가. 그 시작부터 남달라야 합니다. 참으로 의식이 확장되지 않으면 현미경 속 아메바의 깨우침에 불과한 것이요, 내가 붙들고 있는 내 마음 세계 안에서만의 깨달음이란 자기최면에 불과한 것입니다.

물론 이 모든 것이 다 생각이고 내가 창조한 것들입니다.
하지만 우리에게 이 삶이 있는 이유는 바로 체험 때문입니다.
체험이 없는 삶은 살아볼 이유가 없으며 결론이 이미 나 버린 인생입니다.
논리는 논리의 세계에 던져두고 삶이란 이 실존의 세계에서 진실로 가장 큰 창조와 가장 깊은 체험을 누리시기를 바랍니다. 이것을 진정한 〈의식의 확장〉이라 하는 것입니다.

# 명백한 진실에 눈을 뜨라

　우리는 지금 우리 인간들의 일반의식 차원에 갇혀 있습니다.
　그 누구도 우리를 여기에서 꺼내주지 않습니다.
　하지만 우리가 진정으로 변하려면 우리 스스로가 자각하고 눈을 떠서 여기서 더 깨어나고 더 훌쩍 벗어나야 합니다.
　마치 번데기가 허물을 벗고 완전히 다른 형상인 나비로 다시 태어나듯이 말입니다. 그것이 바로 진정한 깨달음이며 구원이며 〈의식의 확장〉입니다.

　그러려면 우리는 우선 우리가 당연하다고 받아들이고 보고 있는 것부터 근본적으로 다시 바라다보며, 우리가 듣되 그 본질을 제대로 알고 듣지 못하던 것들에 대해서도 깨어나야 합니다.
　우리는 목소리만 들어도 그 목소리가 누구의 것인지 알지만 사실은 그 누구란 것이 하나의 허구적인 개념인 이름 아닙니까. 그렇다면 실상은 누구입니까.
　우리의 실상은 바로 우주대생명이 아닙니까. 우주대생명이 갈대 잎으로 나타나면 갈대 잎 풀피리소리가 나고 대나무로 나타나면 대금(大琴)소리를 내며 나타납니다. 본질은 이렇게 다 하나님, 우주의 대령(大靈), 부처님이 사람과 만상만물의 형상을 빌려 일체를 살고 활동하시며 계시는 것입니다.

우리는 자기가 이 몸 안에 갇혀 있다는 감각에 빠져 있습니다만 과연 그게 진실일까요.

그렇다면 잠자면서 꿈을 꿀 때 그 꿈속에서 새로 나타난 그 몸은 과연 누구입니까.

우리가 잠에 빠져들면 이 세상은 우리 앞에서 사라지며 우리가 눈을 뜨면 이 세상은 우리 몸과 더불어 한 쌍으로 우리 앞에 나타납니다. 그래서 이 세상은 나의 의식이 들어가 노는 다른 차원의 한 몸(One Body)이라는 것입니다.

어떻게 그럴 수가. 좀 실감이 안 나실 겁니다.

앞서도 언급했지만 이런 관점에서 다시 한 번 생각해 봅시다.

우리가 컴퓨터 게임을 할 때 우리는 그 안에서 주인공 캐릭터(아바타)를 자기로 삼습니다. 그리고 게임을 완주하기 위해 그의 부상을 피하고 그를 보호하기 위해 온갖 애를 다 씁니다. 게임 도중엔 늘 그렇습니다. 그 화면 안의 다른 아바타들은 나의 적이거나 경쟁자 혹은 같은 목적을 가진 동지일 뿐입니다. 하지만 그 게임이 끝났을 땐 어떻게 됩니까.

모든 아바타들은 내 것이나 적이나 상관없이 그때는 다 컴퓨터 화면 속의 일부로서 사라져 버리고 맙니다. 우리의 인생 동안 우리가 내 몸과 이 세상이라고 분리해서 보던 이 물질세상도 딱 그와 마찬가지 입니다. 우리가 깨어나서 진정 자기의 몸을 벗으면 똑같은 상황이 됩니다. 하지만 우리는 이 개체 물질 몸의 삶에 빠져 개체마음속에서 개체의 이 몸만이 나라고 분별하며 살아왔던 것뿐입니다.

하지만 우리가 명상을 하여 이 개체 몸을 벗어나면 우리의 의식도 이같이 개체적인 나를 벗어납니다. 마치 컴퓨터 게임처럼 말입니다. 이 사실이 과연 무엇을 뜻하는 것일까요. 그것은 이 세상 전체가 곧 더 큰 존재로서의 〈나(大我)〉라는 것을 말하는 것입니다. 이처럼 내가 내면적으로 과거의 작은 개체성의 나를 벗어던지고 더 큰 나, 전체성의 나로서 거듭나야 합니다. 이것이 진정한 하나님, 부처님을 만나는 것이며 진리를 찾는 것입니다.

또 이런 관점에서도 생각해 봅시다.
창조주가 이 세상을 소립자라는 재질로 다 만드셨습니다.
소립자가 모이면 전자가 되고 전자가 모이면 원자가 되고 원자가 모이면 다시 분자가 되지요. 그리고 그의 정신에서 의식이란 빛을 나타내시어 그 생명의 의식을 이런저런 개체성을 가진 존재들에게 다 같이 나누어 넣어주셨습니다. 그렇다면 그 개체들은 본질적인 구성요소차원에서는 서로 다 하나란 말이 되지 않겠습니까.

이것을 자각하고 여기에 눈을 뜨는 것이 바로 깨달음입니다.
하나님 입장에서 보면 삼라만상이 다 그분의 피조물이요 열 손가락 깨물어 안 아픈 자식이 없는 귀한 자식들이며, 소립자들을 다 그분의 몸통세포라 가정한다면 이 세상 삼라만상은 다 그분의 몸이 됩니다. 모든 존재들 속에 든 생명의식은 다 그분의 의식으로서 그것들이 모여 하나의 큰 정신이 되며 따라서 모든 개체의 삶은 다 그분의 삶이며 그분의 체험이 됩니다. 이것이 바로 모든 생명을 바라다보는 현대 양자물리학의 관점이며 거듭나기 명상의 관점이기도 합니다.

하지만 우리는 아직은 다 각각 자기의 몸이 만들어내는 이차적인 기능인 몸의 감각에만 매여 있습니다. 그래서 우린 모두 다 자기 개체마음의 관점에서만 이 우주를 바라다보고 자기 입장에서만 이해하려고 합니다. 전체이시며 또한 전체 속에 있는 각 개체들 속에도 동시적으로 존재하는 하나님, 부처님의 관점에는 꿈에도 서볼 생각을 안 합니다. 진리의 존재양식과는 따로 떨어져 홀로 자기가 이 우주와 큰 우주의식으로부터 분리되어 있다고 여기는 생각, 바로 이것이 바로 우리의 마음이 스스로 만들어낸 착각이며 우리의 무명이며 원죄인 것입니다. 즉 자기 자신을 아주 작게 여기기에 스스로 작게 사는 것입니다.

이제 이러한 진실을 알았다면 우리는 관점을 한번 바꿔보아야 합니다.
왜냐하면 그동안 우리는 실컷 개체마음의 관점에서만 놀았기 때문입니다. 컴퓨터게임에만 빠져 거기서 눈을 못 떼고 그 안에 들어가서만 놀았기 때문입니다. 아이가 성장하면 이제는 부모님 속마음도 이해해보고 부모님 입장에도 서보아야 합니다. 그래야 부모님이 기뻐하고 사랑하며 자랑스러워하는 성숙된 자녀로 성장하는 것 아니겠습니까.

그래서 저는 이 세상이 바로 또 다른 우리의 몸이라는 이 명백한 진실에 우리가 깨어나야 한다고 주장합니다. 그것은 마치 지구라는 하나의 땅 위에 다양한 여러 가지 식물이 자라나지만 그 본질은 다 같은 하나의 풀뿌리이듯이, 우리 역시 이 땅 위에 다양한 생명체로 살지만 그 본질은 다 같은 소립자들과 생명의 정신체일 따름이기 때문입니다. 형상에 빠져 본질을 보지 못하는 존재가 바로 오늘날 우리 현대인들입니다. 피부색과 형상을 넘어서보면 모두 다 고귀한 인류이듯이 삼라만상을 그 형상과 다양한 차원의 의식을 초월해보면 다 하나의 우주체(宇宙體) 몸입니다.

이제는 쉬운 얘기를 더 이상 어렵게 돌려 말하지 맙시다.
이제는 직접 진리로 가는 얘기를 더 이상 간접적으로 은유법이나 비유법으로 말하지 맙시다.
그리고 이 세상이 바로 또 하나의 내 마음(이것을 전체마음이라 합니다)이란 이 명백한 진실에 번쩍 눈을 뜹시다. 전체와 개체는 본래 서로 하나이나 다만 사람 마음이 제 몸에 매여 그것을 둘로 나누어 분리해보고 있을 뿐입니다. 지금 이 우주에는 하나의 큰 생명만이 존재하며 살고 계십니다. 다양한 수많은 형상체들 속에 들어가셔서. 마치 전기가 수많은 컴퓨터들을 한번에 다 살리고 움직이고 있듯이 말입니다.

# 사람 안에 있는 삼신(三神)

그런데 여기서 매우 중요하게 언급하고 넘어가야 할 문제가 있습니다. 그것은 우리 사람 안에는 세 가지 신(神)이 들어있다는 것입니다. 그것은 마치 기독교 성부, 성령, 성자의 성삼위일체 관계와도 같고 불교의 법신, 보신, 화신불의 삼불관계와도 꼭 같습니다. 진리는 이처럼 어차피 어디에 어떻게 나타나 있든 간에 그 원리가 다 똑같습니다.

그 세 가지 신이란 바로 인신(人神), 자기의 주인인 주신(主神 혹은 지배신), 그리고 마지막으로는 이 근본우주의 원래 창조주이신 원신(原神 혹은 근본신)을 말합니다.

하나씩 설명하여 보겠습니다.

우선 우리가 밤에 꿈을 꿀 때 자기 꿈에 나타나는 자기 개체의 몸, 바로 이것이 인신입니다. 이것은 자기의 개체의식의 초점이 형상을 만들어 자기라고 여기고 있는 자기 마음의 상념체입니다. 그리고 주신은 자기가 어떤 이유에서든 간에 자기의 주인이라고 스스로 굴복하고 삼아 만든 자기의 지배신(支配神)을 말합니다.

마지막으로 원신이라 함은 이 근본우주의 본래 창조주이며 우리가 깨달아가고자 하는 근본자리에 계신 우주대생명이며 우주의 근본 부처자리(비로자나불)라고도 합니다. 그런데 중요한 것은 우리가 깨닫는다 혹은 구원을 얻어 영생한다 함은 바로 이 세 가지 삼신이 하나로 합일하는 것을 말합니다. 이 세 가지가 하나가 되지 못하고 따로 놀면 그것이 바로 중생이며 구원받지 못하는 원죄인 것입니다.

기독교에서는 교리상은 나와 나의 주인이 다릅니다.
하지만 저는 이것은 개념상의 차이일 뿐이고 하나의 방편이라고 봅니다. 기독교에서도 신앙이 깊어지면 내 안에 예수님이 들어와 사시게 하라고 합니다.
그것이 바로 나와 내 지배신의 합일입니다. 그리고 그 지배신이 곧 창조주 하나님이십니다. 사실 이런 원리에서 보면 기독교나 불교나 스스로 닦아 개체의 자기가 자기 안에서 사라지게 하고 그 안에 우주의 참 주인이신 하나님, 부처님이 들어와 사시게 한다는 점에서 하등 다를 바가 없는 진리입니다.

큰 종교는 이처럼 같은 진리를 가지고 있습니다.
속 좁고 자기식견에 매인 학자들이나 성직자들이 생각과 개념 속에서만 시비분별하지 진리는 그러거나 말거나 이처럼 자기의 핵심을 드러내십니다. 이런 진리의 요체는 세월이 갈수록 더 그런 방향으로 나아갈 것입니다. 그것이 바로 참된 진리이기 때문입니다.

그런데 사이비종교나 수행단체들은 여기에 그 지도자의 개인적인 욕심이 가미됩니다.

그래서 그들은 자신이 자기 집단의 신도나 수행자들의 지배신령이 되려고 합니다. 그러는 이유는 영계에 가면 그 집단의 세력이나 수효가 클수록 하나의 왕국을 만들기 때문입니다. 더 커지면 나아가 하나의 영계를 만들기조차 합니다. 그것은 그 세계에서는 대단한 부귀영화입니다. 현실세계보다도 더합니다. 왜냐하면 우리 몸의 각 세포가 우리를 이루듯이 그 세계에서는 각 개체의 영이 그 전체지도자의 상념적인 몸을 만드는 부분세포가 되기 때문입니다.

하지만 붓다는 "Attahi attāno nātho"라고 하였습니다.
이 말은 "수행자는 오로지 자기 자신을 의지하여야 한다."는 말입니다. 스승은 우리의 내면을 깨어나게 하여 우리가 참 자아를 발견하게 돕는 존재이지 그가 나의 최종적인 의지처는 아닙니다. 나의 최종적인 의지처는 스승이나 법도 아닌 바로 〈나〉여야 합니다. 스승의 형상이나 그의 이름이나 그의 말이나 모두 다 일시적으로 나타난 현상일 따름이기 때문입니다.

이런 참 진리를 보고 우리는 미혹에서 깨어나야 합니다.
본의든 타의든 간에 한번 자기 자신을 자기가 아닌 타 지배신령에게 바치고 그런 정신적 영역 안에 갇히면 그게 얼마나 불행한 일인지 모릅니다. 왜냐하면 진리는 자유롭고 무한한 것인데 그들은 부자유스럽고 자신의 영적 에너지를 자기 뜻대로 창조하지 못한 채 하나의 영적세계 속에 구속당하기 때문입니다. 화려한 일급호텔 안에 평생 갇혀 사는 것보다도 평범하지만 자유로운 내 집이 더 편안한 이유가 왜인지 참자유의 뜻을 잘 새겨야 합니다.

# 내 안에 있는 본래의 성품

내 안에 들어있는 하나님의 자리, 법신불의 자리는 불교적 용어로 말하자면 진공묘유(眞空妙有)의 자리입니다. 진공이라 함은 일체가 없어 없다는 것(없음을 자각하는 의식활동)조차도 없는 자리임을 말하며, 묘유라 함은 그 진공자리 위에 순수하게 맑고 청정하며 위대한 생명의 의식이 전기처럼 존재와 비존재 사이에서 공존하는 것을 말합니다.

이 묘유의 자리를 참마음자리, 본래마음자리라고도 해서 개체마음자리와는 구별하는데, 참마음이란 이 자리는 참으로 신묘해서 제가 스스로 무엇을 자각할 수도 있고 생각할 수도 있으며, 무엇에 집중할 수도 있고 떠날 수도 있으며, 무한히 커져 진공자리에 합일할 수도 있고 작아져 좁쌀 안에 들어갈 수도 있습니다. 개체마음을 만들어 가질 수도 있고 비울 수도 있으며 무엇을 휘감아 굽이굽이 얽어매어 없던 사연을 잔뜩 만들어 가질 수도 있고, 그것을 자기로 삼아 그 안에 빠지면 그 삶에 울고 웃고 할 수도 있습니다.

모든 마음자리는 보고 듣고 냄새 맡고 맛보고 느끼는 능력이 있으며, 같은 행위를 반복해서 거기에 습관을 들일 수도 있으며, 무엇을 품어 가질 수도 있고 자기 동일시를 하여 그 대상에 들러붙을 수도 있습니다. 무명(無明)이란 바로 이러한 마음이 그대로 불성(佛性)이나 또한 스스로의 작용에 걸려서 거기에 집착하다 보니 자기 자체를 전체성의 자신으로 자각하지 못하고 마음의 작용인 스스로의 능력과 그가 만든 피조물에 걸려서 얽매인 것을 말합니다.

마음은 의식의 초점[正心]과 그것이 끌고 다니는 기운[心所]으로 되어 있는데 우리가 일반적으로 느끼는 자기 마음이란 이 의식의 초점이 그리는 흔적[用]이며 의식의 초점은 그대로 불성의 한 요소이기도 합니다. 의식의 초점이 끌고 다니는 마음의 부산물이 많아져서 그 기운이 탁하고 흔적이 남을수록 무명업장이 커져 가짐이 많아지고 시비분별이 많아집니다.

마음은 온갖 상념들을 다 창조하기도 하고 기억하기도 하고 잊어버리기도 하며 그 속에 오래 품고 있기도 합니다.
마음은 스스로 홀로 고요히 있게 하기가 매우 힘든 흔들리는 물잔 속의 물과도 같습니다. 그래서 우리가 깨닫는다 하는 것은 물잔 속의 고요한 물이 되려는 게 아니라 그 물잔 밖으로 나와 통째로 흔들리는 물과 그 물잔 자체가 되어야 합니다. 그럼과 동시에 그 물잔 전체의 입장에서 물 자신인 마음 스스로를 자각하는 것입니다.

마음이 없어졌다는 경계는 이와 같이 마음의 흔들림에 더 이상 영향을 받지 아니한다는 말이지 마음이 완전히 사라져 전혀 보고 듣고 느끼지도 못한다는 말은 아닙니다. 깨달았다는 말은 곧 내 안에 살아 계신 우주본령인 하나님, 부처님의 존재방식을 알았다는 말이니 마음자리란 이와 같이 펄펄 살아 있는 물건이로되 일정한 모양도 없고 형상도 없고 공도 아니되 공이 아니랄 수도 없습니다.

이 자리는 본래 진공자리에서 나왔으므로 진공자리조차 인식하는 힘이되 그와 둘이 아닙니다. 하지만 스스로의 힘에 도취해서 진공자리를 잊고 스스로에게 빠져들면 〈나〉를 만들고 거기에 초점의식이 끌고 다니는 흔적을 재료로 해서 탐진치를 만들어 가지니 이것이 중생의 영혼이 됩니다. 마음을 스스로 조복하는 힘은 마음 스스로의 자각력인데 그것은 마음이 눈을 떠 스스로를 바라다보는 것입니다.

이 마음이 사람 형체를 의욕하면 태아가 되니 살덩이의 물질원소를 휘감고 엄마 뱃속에 들어앉으면 태아라 이름이 붙고, 세상에 나오면 단백질 살덩이와 각종 원소를 형상화하여 만들어 끌고 다니는 그대로 사람이라 하고, 눈에 초점이 가 있으면 보고, 귀에 가 있으면 듣고, 코에 가 있으면 냄새 맡고, 피부에 가 있으면 느끼고, 스스로 만들어 가진 생각에 잠겨 있으면 번뇌망상 시비분별이라 하고, 발에 있으면 걸어 다니고, 손에 있으면 만지고, 온몸에 골고루 가면 기지개를 펴고, 가만히 가라앉히고 스스로를 고요히 자각하면 순수의식이라 하는 등 다만 그 이름과 활동에 따른 능력만이 달라질 뿐인 것입니다.

우리가 그동안 형상에 속고 느낌에 속아 이것을 자세히 자각하기가 어려웠으나 마음이 만든 모든 것으로부터 주의가 떠나면 의식의 초점이 고요히 퍼지면서 스스로 독로(獨露)하게 되니 이것을 사람들은 선정상태라고도 합니다. 그러면 이런 마음이 흔들리든 아니든 어디에 가 있든 고요히 퍼져있든 간에 마음은 그대로 마음이고 다만 그 쓰임새와 상태만이 이러저러한 변화 속에 있는 것이요, 그에 따라 그 이름만 달라지는 것 아니겠습니까. 그래서 세상만사는 일체유심조(일체의 모든 것은 다 마음작용이다)인 것입니다.

마음이란 존재 자체 바로 이것이 묘유이니 그대로 그것이 나타나기 이전자리와 더불어 쌍으로 하나이되 또 둘이기도 합니다. 흔들려 넘치면 번뇌요, 고요히 자존자각하면 진공묘유의 상태가 되는 것입니다. 그래서 깨달으려면 이러한 마음 자신을 자각해 들어가든지 아니면 마음이 만들고 휘감고 있는 모든 형상과 마음속의 흔적살림들을 일체 다 지워버리거나 죽여 버리는 것이 진리인 마음을 있는 그대로 통째로 드러나게 하는 길인 것입니다.

깨닫는 이치는 이러하거니와, 사람들이 아직도 마음의 기능과 그 결과물인 감각과 형상에 속아 그것을 만들고 느끼고 체험하는 주인공인 마음 자체를 통째로 자각하지 못하는 것일 뿐입니다. 그러므로 마음은 본래 깨끗하지도 더럽지도 않으며 평화스럽지도 혼란스럽지도 않습니다. 다만 그 상태가 어떠하냐에 따라 사람들은 이거다 저거다 하는 것이니 통째로 마음의 이러한 성질을 통찰하여 주인공의 자리에 늘 항상 우뚝하다면 그 마음이 어떤 상태에 가 있든 간에 그는 마음의 주인공이 된 부처라 하겠습니다.

그런데 이 마음도 우리가 〈자기가 사람이다〉라는 잠재의식 속에서 너무 오래 살아와서 그 크기가 거의 정해져 있습니다. 소위 깨달았단 사람들도 이것을 아직 눈치 못 채는 사람들이 있는데 말하자면 덜 깨친 것이지요. 마음엔 크기가 원래 없습니다. 도에는 본래 크기가 없지요. 그러나 사람들이 일정한 크기를 만들어 그 차원 안에서 삽니다. 그래서 깨달아도 성문, 연각, 보살 등의 수준이 있는 것입니다. 그것은 깨달음의 순도와 크기가 다른 것입니다. 그래서 저는 깨달았다 해도 사람에 따라 그 깨달음의 크기와 깊이가 좀 다를 수 있다고 봅니다.

# 깨달음의 기준

깨달음을 얻어서 법신불을 제대로 증득하면 처음엔 내 몸이나 마음을 확 잊어버리게 됩니다. 문자 그대로 나로부터 심신(心身)이 탈락(脫落)하게 되는데 심신이 탈락한다 함은 자기의 몸과 마음을 확 잊어버리거나 그 한계를 벗어나서 확실하게 벗어나 존재와 비존재조차도 넘어서 있게 된다는 것입니다. 그 자리엔 일체의 나라고 할 것이 없고, 그 대신 법신불 하나님만이 거기에 떡 나타나 위대한 평화와 빛으로 대광명 그 자체로서 충만히 임재하십니다.

이것은 마치 사진관에서 대형사진을 찍으면 〈확!〉 하고 아주 밝은 빛이 한번 터져서 잠깐 동안이지만 사람들이 좀 어벙벙해지지 않습니까. 그것과 아주 흡사합니다. 자기 안에서 새로이 자각한 그 빛, 그리고 그 빛으로 새로이 비추어진 세계와 그 속의 존재들이 너무나 놀라워서 문득 과거의 자기라는 몸과 마음의 존재를 잃어버리는 것입니다. 그 대신 거기엔 전혀 새로운 내가 나타납니다.

그 자리는 무한한 침묵 속에서 앞뒤전후 즉 과거, 현재, 미래가 다 뚝 끊어져 있습니다.

자기 내면에 그 밝게 텅 빈 자리가 우뚝하게 나타나면 세상은 다 빛을 잃습니다.

그리고 시간이 완전히 정지가 됩니다. 공간도 그 속으로 녹아듭니다. 우리가 알던 시공간은 이제 그 속에서의 개체의식의 확산과 축소 활동일 뿐입니다. 그러면서 그 시공간을 넘어선 의식 전체가 그냥 천지의 배경으로 우뚝하여 부동(不動)입니다.

그래서 깨달은 이후에는 시간이 단 일 초도 안 흘러갑니다.
사람들이 몇 시다 하니까 그런가보다 하는 것이고 밖이 어두워지니까 그런가보다 합니다. 자기란 그 이전의 하나의 또 다른 무한하게 열린 근원체 같은 것인데 그 자리는 여여하게 빛나며 완전 부동입니다.

또 일체 물체가 과거처럼 입체감을 잃고 평면처럼 밋밋하게 보이고 일체가 그 안에서 일시적으로 나타난 환상으로 비치며 그 속까지 다 투명하게 보이기도 합니다. 그리고 삼라만상 일체가 새롭게 터진 자리 안에 바다 속의 투명한 해초들처럼 둥둥 떠 있지요. 저도 그래서 한때는 벽을 그냥 지나가려고 하고 문을 그냥 투과하려 했으며 방 안에 앉아서도 우주가 다 느껴지고 하늘이 보이고 그랬습니다. 천지 이전의 태고적 맑고 밝은 하늘이 그대로 다 내가 되어버린 기분입니다.

그리고 모든 것이 그 안에서 다 일체로 하나입니다.
삼라만상이 다 바닷물 속에 투명하게 떠 있는 해파리나 얇은 해초들 같아요. 그리고 그 웅장한 바닷물 같은 침묵 속의 고요한 전체자리가 무한성으로 다가와 내가 되어 버립니다. 그러면서도 그것이 동시에 초점의식을 가지고 있는데 그 의식은 과거에 내가 내 의식이라 여겼던 것과는 좀 차원이 다릅니다. 과거 내 일반의식은 머리 부분에서 나오는 것 같은데 이것은 더 깊고 더 근원적인 곳에서 옴을 압니다. 물론 과거의 의식은 그 안에서 조그맣게 그대로 있으면서 마치 내가 꺼내서 써주길 기다리는 호주머니 속의 손수건 같이 있습니다.

내가 몸이 없어져서 무한한 그 자리의 바탕이 내가 되고, 삼라만상이 다 그대로 마음이자 형상이 되어 나타나있음을 직관합니다. 그래서 일체가 다 내 몸입니다. 일체가 다 내가 만든 마음속 관점놀이임도 투철하게 알게 되고요. 그러면서 전체자리에 워낙 확고하게 서니 내 과거 개체의 생각과 기억이 뚝 끊어집니다. 내가 과거에 누구다 뭐 이런 게 다 사라져버립니다(물론 억지로 생각하면 다 기억은 나오지만). 그냥 나는 원래부터 천상천하에 유아독존하는 큰 의식임을 압니다.

이 자리는 하루 종일 끊어지지 아니하며 변함이 없습니다.
아침에 일어나 잠자리에 들어서기까지 항상 일여합니다. 그것은 아주 부드럽고 평안하며 따스한 그런 화기(和氣) 같은 기운으로 절대의 침묵 속에 충만합니다. 그리고 일체가 아주 큰 사랑 안에 다 같이 거하고 있음을 알게 됩니다.
이 새로운 몸 아닌 우주적인 몸은 아무것도 흔들림이 없어 절대부동의 자리이며 세상의 일체 일이나 사건들이 다 환상으로 보여서 진실로 내 안에서 더 이상 힘을 쓰지 못하는 별 상관 없는 존재임을 자각하게 됩니다.

　세상은 그 비물질적 실체가 각 형상을 만들고 그 안에 들어가서 그들이 다 쇼를 하고 있는 것이라는 사실을 늘 자각하며 봅니다. 그래서 이 현실사회란 것은 실제로는 허(虛)인 꿈입니다. 그래서 사람들이 그 안에서 이런저런 사연에 울고 웃고 하는 것을 보면 진짜 웃음이 나오지요.

　이게 제대로 근본우주자리가 된 나입니다.

　이 자리가 법신불을 자각하고 개체의 내가 죽어 법신불(하나님마음자리)로 거듭난 자리입니다.


　그러니 이 자리에선 뭐를 할 것도 없고 더 닦거나 일부러 어떻게 노력해야 할 것이 없으며 일체가 알아서 돌아갑니다. 지구도 물질우주도 이 안에서는 몽땅 하나의 조그만 물질 형상체들을 위한 인큐베이터 기구장치에 불과한 것임을 알게 됩니다. 이 새로 태어난 전체가 하나인 절대자리 그 자체인 이 초의식(超意識)이 일체의 세계를 꿰뚫고 절대자로 우뚝 서는 것입니다.


　이 자리가 참천국의 자리입니다.

　예수도 누가 천국이 어디 있냐고 물었더니 하늘나라는 네 마음 안에 있다고 했습니다. 더 정확히는 네 마음이 다한 곳 안에 원래부터 있다 해야 할 것입니다. 그래서 우리가 이 자리를 밝히면 영원히 이 자리로 사는 것이요, 아니면 제 마음자리 안에서 그 차원이 보여주고 들려주는 것만을 보고 들으며 미혹하여 울고 웃는 것입니다.

그런데 우리가 이 자리에 확실히 서면 스스로 또 증득하여 알게 됩니다.

그 안에서 이처럼 이미 생겨나 한바탕 벌어져있는 이 세상이 그대로 진리의 화신인 청정불국토이며 자신에 의해 구원되어져 있음을 말입니다. 그리고 그 속에 개체 몸으로 있는 자신의 몸(화신불) 현상이 그대로 그 영원한 자리 안에서 내 뜻에 따라 같이 영원할 수도 있음을 자각합니다. 이것이 보신불을 깨침이요, 증득입니다. 이 자리가 참으로 실상의 자리요, 거기에 비물질적인 몸으로 거듭난 나는 영원히 부수어지거나 닳아 없어지지 않는 금강불괴(金剛不壞)의 몸이 되는 것입니다.

이와 같이 되면 온전한 깨달음의 꽃이 피어났다고 하겠습니다.
이처럼 사람 안에는 인간이 하늘차원의 존재 즉, 신(神)으로 도약할 수 있는 엄청난 비밀이 숨어 있는 것입니다.

자기가 공부 잘 되었나 못 되었나 하는 것은 자기가 무얼 얼마나 아느냐 하는 것을 머리로 판단하는 게 아닙니다. 옆사람들이 그 존재에게 가슴으로 감동하게 되며 그의 내적인 변화를 인정해주어야 그 수행이 진짜입니다.

# 5

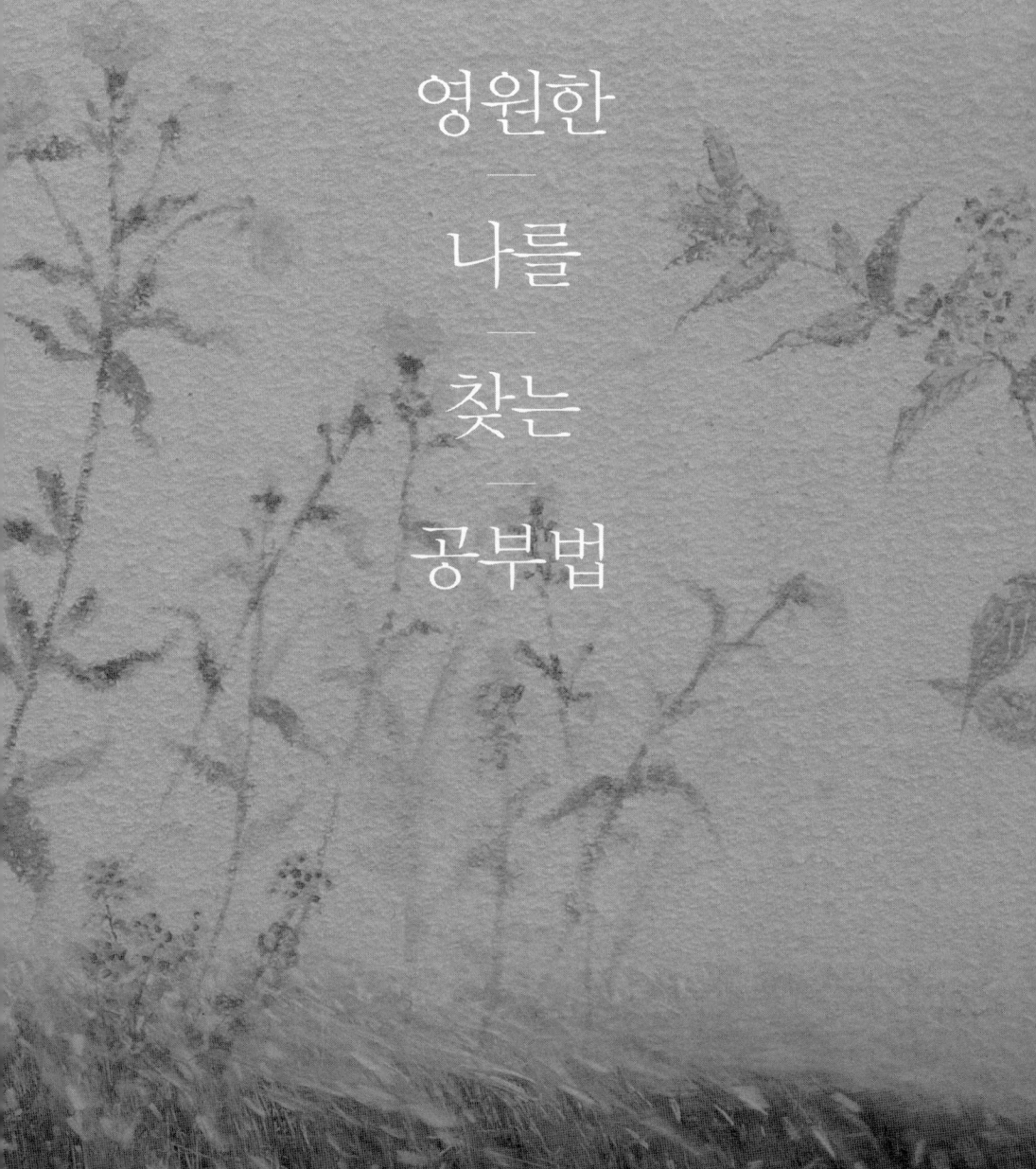

영원한
나를
찾는
공부법

# 물컵이론

그렇다면 이제부터는 구체적인 명상수행 이야기로 한번 들어가 봅시다. 다시 말해서 우리가 내친김에 한번 바로 깨달음의 수행세계로 뛰어 들어가보자 이 말입니다.

깨달음, 그거 뭐 알고 보면 그리 대단한 것도 아닙니다.

사람들이 대단하게 만든 것뿐이지 사실은 이미 우리 안에 들어있는 겁니다.

제 얘기만 잘 따라오시면 어느새 그 문을 여시고 그 안을 훤히 들여다보시게 될 것입니다.

저는 기존의 여러 가지 수행법들을 아주 다양하게 해본 경험이 있습니다.

그래서 과거 수많은 사람들의 과장에 좀 많이 놀아나기도 하고 이용당하기도 했습니다. 모르는 게 다 죄지요. 누굴 탓하고 원망하겠습니까. 다 제 탓인 줄로 알고 있습니다. 그런데 이런 문제를 앞으로 예방한다는 차원에서 수행에 소위 빨리 갈 수 있다는 지름길(Short-cut)이란 게 정말로 있을까요.

저는 수행에 있어서 중요한 게 (1)진리를 찾겠다는 굳은 마음가짐, (2)왜 진리를 찾는가에 대한 자기 나름대로의 순수한 동기, 그리고 마지막으로 (3)효과적인 수행방법이라고 생각합니다. 그러니까 이 세 가지 즉, 의지가 확고하고, 동기가 올바르며, 자기에게 맞는 좋은 방법을 택한다면 그것이 바로 깨닫는 지름길이라는 말입니다.

뭐 훌륭한 스승을 조건으로 꼽는 분들도 계시지만 저는 그것은 있으면 더 좋지만 없다고 해서 깨달을 수 없다고는 보지 않습니다. 학교에 훌륭한 스승님이 계시면 더 좋지만 안 계신다 해도 훌륭한 학생은 나옵니다.

저는 이 책의 맨 뒤에 나오는 〈등산 이야기〉라는 다른 이야기에서 말하는 것처럼, 진리탐구란 등산과 같아서 꼭 어느 한 길만 옳고 다른 것은 모두 아니라고 부정하는 그렇게 편협한 생각은 하지 않습니다. 저는 기존의 종교를 통해서도 자기만 열려 있고 진실되게 노력한다면 얼마든지 깨달을 수 있다고 보는 사람입니다. 하지만 빨리 효과적으로 깨달음을 이루기 위해서는 이제부터 소개하는 〈물컵이론〉을 여러분들이 이해하시고 한번 신중하게 고려해 보셔야 한다고 생각합니다.

〈물컵이론〉이란 사람을 물컵에 비유하고 그 안에 담긴 흙탕물의 탁도(濁度)를 사람의 마음에 비유해서 말하는 것입니다. 흔히 진리탐구를 〈마음을 깨끗이 닦는 행위〉라고 말하지 않습니까. 그러니 가장 이상적인 깨달음을 이루는 것을 흙탕물이 담긴 컵을 완전히 맑고 깨끗한 물이 담긴 컵으로 만드는 과정에다 비유해 봅시다.

화두참선이나 위빠사나 기타 널리 알려진 일반적인 수행법들은 모두 자연적으로 이 흙탕물(업습)이 가라앉는 방법을 사용하고 있습니다. 그래서 그렇게도 평생 수십 년이란 긴긴 세월이 걸리는 것입니다. 물론 좋은 스승을 못 만나면 정확하게 잘 수행하기도 어렵지만요. 웬만한 사람은 다 하다가 중도에 지쳐서 나가떨어집니다.

그런데 참 이상하지 않습니까.
깨치고 나면 깨닫는 것이 세수하다 코 만지는 것보다 더 쉽다고 그러잖아요. 또 이미 우리가 그것이라고도 그러잖아요. 근데 왜 그리도 어렵게들 수행을 할까요. 저는 그것이 문제를 풀려는 해법에 대한 기본 전제와 출발선에 커다란 비효율적인 부분이 있어서 그렇다고 봅니다. 그러니까 그 해법의 풀이방식이 더 우수하다거나 혹은 직접적이라거나 더 효과적이라면 그것은 더 빠른 결과를 가져올 것은 자명한 이치입니다. 깨닫는 데 과거의 방법만이 무조건 옳다고만 고집할 게 아니라 이제는 좀 원리를 살펴보고 그 방법론도 혁신하여야 한다 이 말씀입니다.

그렇다면 물컵 속의 흙탕물을 빨리 깨끗이 하는 법은 따로 없을까요.
다행히도 있습니다. 그것은 바로 필터가 있는 깔때기나 여과지를 사용하는 방법입니다. 제가 중학교 때 실험을 해봤는데 자연적으로 흙탕물을 미세한 것까지 깨끗이 가라앉히는 데는 하루 가까이 걸립니다. 그런데 여과지를 이용하면 오 분이면 다됩니다. 다만 다른 컵 하나를 더 준비해서 컵을 따르고 다시 옮기는 좀 번거로운 과정이 필요하긴 하지만 말입니다. 이 점은 누구나 다 수긍하실 것입니다.

그러면 수행에 있어서 필터나 여과지를 사용하는 방법이란 게 대체 무엇일까요.

이 문제는 흙탕물을 우리 마음이라 보시고 물컵을 우리 몸이라 비유해서 생각해 봅시다. 우리는 여태까지 자기 마음 안에 들어앉아서 그 마음이 도를 닦고 그 마음이 〈깨달아야겠다〉는 일념을 가지고 수행을 했던 것입니다. 그러니 그 수행하려는 욕망을 가진 그 마음(그것도 흙탕물인데) 그것이 남아 번뇌를 또 만들었기에 번뇌로 번뇌를 제거하려다 보니 흙탕물이 그토록 오래 남아 있을 수밖에 없었던 것이지요.

그런데 만약 그 수행자가 자기 마음이 다 흙탕물임을 인정하고 그것을 스스로 포기하거나 죽게 되면 어찌될까요. 이것이 제가 말하고자하는 필터링의 방법이며 여과지를 사용하는 방법입니다. 좀 과격하긴 해도 이 방법은 분명히 효과가 있습니다. 그러면 자기가 어찌되려는 그 마음조차도 다 사라집니다.

우리가 미세번뇌(흙가루)를 제거하려면 물컵 바닥을 한번 대청소하여 다 쓸어내는 수밖엔 없습니다. 그 방법이 바로 자기 자신을 스스로 부인하고 자기라는 마음 자체가 살아온 삶에 의해 우연히 형성된 허구의 것임을 통찰하는 것입니다.

진심으로 이리하면 바로 〈개체의 자기가 끊어진〉 깊은 경지로 들어가게 됩니다.

이것을 바로 개체의 내가 〈끊어진 자리〉라고도 하지요.

우리가 바로 생각 속의 허구의 나이기에 생각으로 그것을 지울 수 있습니다.

바로 거기에 진리의 자리, 전체의 자리가 있습니다.

그리되면 바로 눈을 감으면 모든 것이 다 나오고 돌아가는 진공묘유자리요, 눈을 뜨면 전체마음자리인 우주 삼라만상이 그대로 다 비추일 따름입니다.

저는 이 방법에 의해 많은 사람들이 열리고 깊은 체험을 얻는 것을 직접 경험했습니다. 이 자리엔 아상(我相)도 없고 법상(法相)도 없습니다. 무엇이든 내 것이라고 붙잡고 있을 주체가 사라졌으니까요. 일체의 자기가 부정되다 보니 결국은 그 다음에 남아 있을 수밖에 없는 우주근본자리와의 합일상태가 어쩔 수 없이 저절로 열리게 됩니다.

그리고 이 이론은 이미 불교에서는 〈무아를 깨달아야 한다〉는 무아설(無我說)로, 기독교에서는 〈너 자신을 부정하고 십자가에 매달아야 구원받는다〉는 말씀으로 그 가치가 입증되고 있습니다. 그래서 저는 이 책에서 가능한 여러분에게 자기부정법 혹은 자기의 허무성을 통찰하고 자기의 본래자리를 자각하는 법을 앞으로 자주 인용하고 더 구체적으로 설명 드리려고 합니다. 이 방법이 깨달음으로 가는 유일한 길은 물론 아니지만 분명히 많은 분들에게 큰 도움은 될 것입니다.

# 효율적인 수행의 방법

그럼 이제부터는 효율적인 수행의 방법에 대해 말씀드려 보겠습니다.

세상에 여러 수행단체들이 항상 하는 말이 자기들만이 진리로 가는 단체이고 수행방법도 제일 좋다고 주장들을 많이 하지만 사실 사람은 다 살아온 과거가 다르고 그에 따른 업습이 다른데 어떻게 단한 방법만이 누구에게나 무조건 효율이 제일 좋다고 말할 수가 있겠습니까.

아마도 정답은 누구나 제게 맞는 그때그때 최선의 방법을 찾아 수행함이 제일 좋은 수행법이라 할 수 있겠지요. 또 같은 방법이라도 누군 깨치고 누군 아니고 하는 결과가 나오는 것으로 보아서도 그 방법이 적성에 맞느냐 외에도 누가 얼마나 지극하게 공부하느냐 역시 중요한 문제가 아닐 수 없습니다.

하지만 사람이 살아온 과정이란 대개 비슷한 유형이 있어서 일반적으로 어느 정도의 공통분모는 찾을 수가 있는 만큼 그에 의거하여 효율적인 공부의 방법에 관한 말씀을 드려볼까 합니다.

사람이 어디에서 나왔습니까.

사람 역시 신(神) 즉, 부처요 하나님에게서부터 나왔습니다. 또 우리가 가고자 하는 궁극의 목표도 역시 우리가 나온 곳 바로 신의 자리지요. 그래서 원시반본(原始返本) 즉, 우리가 원래 나온 곳으로 되돌아가자는 것이 바로 수행의 요체라 할 수 있습니다.

그런데 사람은 제가 살아오면서 그 삶 속에서 만들어 갖거나 혹은 남들로부터 주입해 받은 수많은 생각과 체험, 상념들로 세뇌되어 있습니다. 우리가 진리에 관해 공부한다면서 불경이나 성경을 읽지만 사실은 그러는 것조차 우리가 만든 우리의 고정관념이나 상상의 한계 때문에 그 안에만 갇혀 거기에만 얽매이면 그것은 또 하나의 굴레를 만드는 것에 속합니다.

이처럼 우린 결코 자기가 살아온 과거로부터 자유로울 수가 없습니다. 그래서 선가(禪家)에서도 말과 글로서는 깨달을 수가 없나니 〈심신(心身)을 완전히 다 벗어던져야 부처를 본다〉는 말도 나온 것이지요.

그러므로 제가 보기엔 인류가 만들어낸 수행법 가운데 가장 좋은 방법은 자신이 살아온 〈과거의 상념과 경험 일체가 자신〉이므로 그것을 자기 안에서 지우고 버리는 것이 자기의 원래 태어나기 이전의 우주생명 상태로 되돌아갈 수 있는 가장 효율적인 방법이라고 생각합니다. 그래서 앞장에서도 이 방법을 마음속의 흙탕물을 빨리 제거하는 〈물컵이론〉이라 하여 소개한 바 있습니다.

그런데 저는 오늘날 같은 절대다수가 거기에 빠져 헤어나지 못하고 탐닉하고 있는 이 물질적인 사회에서 우리가 제대로 수행을 하려면 〈계정혜(戒定慧) 삼학〉을 중요하게 의지하여 공부를 해야 한다고 봅니다. 이것을 기독교식으로 말한다면 삶의 가이드가 되는 자기만의 내면적 계명(戒命), 자기의 욕망과 어리석음으로부터 깨어나기 위한 극복의 노력, 그리고 나아가 그 결과로 자기가 변화하고 거듭날 때 그에 대한 지혜적 통찰(通察)이라고 말할 수 있습니다.

위와 같은 삼학(三學)을 공부한다함은 비유하자면 산을 오르는 것과 같습니다. 우선 계란 우리가 오를 산(진리)을 정확히 고르고 정상 쪽으로 나가도록 가리키는 화살표 같은 것입니다. 또 정이란 그 산을 실제로 걸어 오르는 발걸음입니다. 진짜로 나아가는 정진(精進)입니다. 또한 혜란 그때그때 우리가 넘어지지 않도록 하며 제대로 좋은 길을 골라 올라가도록 하는 살핌이요, 올바른 방향으로 올라가는지에 대한 전체적 여정의 점검입니다.

그러나 이 계정혜삼학은 과거불교의 〈계정혜〉와는 다음과 같이 좀 다릅니다.
우선 계(戒)란 뭐냐.
과거의 계란 무엇을 하지 말고 먹지 말라는 등의 것이지만 여기에서는 우리가 늘 공부하면서 잊지 말아야 할 대원칙이랄까 핵심적인 방편이 바로 계입니다. 그런데 제 견해로는 과거처럼 수동적으로 뭘 하지 말라는 게 계명의 본질이라기보다는 적극적으로 이러한 것을 지켜나가며 공부하라는 것이 보다 더 효율적인 진리공부의 방편이

되지 않을까 합니다. 얼마 전에 열반하신 청화(靑華)스님 문중에는 보리방편문이란 게송이 있는데 이것은 염불처럼 마음속에 독송수지 하는 것입니다. 저는 지금 그러한 적극적이고도 능동적인 공부 방편을 계명 혹은 방편문이라고 보는 것입니다.

그래서 저는 여기에서 여러분들에게 공부하는 데 큰 방향이 되는 하나의 계명(또는 방편문)을 제시할까 합니다.

〈계명(방편문)〉

나는 우주조차도 있게 하는 일체의 배경(Back Ground)으로서,
모든 것을 창조하는 관문(Gate)이며,
모든 것을 바라다보는 관점(Point of View)이다.

저는 이 계명을 우리가 마치 인생의 좌우명처럼 숙지하고 염송하면 매우 좋을 거라고 봅니다. 왜냐하면 실로 〈나〉는 일체의 것을 있게 하는 배경으로서, 모든 것이 나타나고 사라지게 하는 관문(출입구)이며, 모든 것을 내 방식대로 보는 관점(보는 방식)이기 때문입니다.

한번 그 이치를 살펴볼까요.
내가 없으면 모든 것도 따라서 없어집니다.
내가 있는 곳에 모든 것이 따라서 생겨나고 사라집니다.
내가 실로 모든 것의 배경이며 이 우주조차도 그러합니다.
생각 속에서는 내가 우주 속에 있지만 실제로는 이 세상과 우주가

내 안에 있습니다. 아침에 내가 눈을 떠야 이 세상이 생겨나고 내가 밤에 눈을 감으면 그들도 더불어 사라집니다.

우리는 이제 생각 속에서 이 세상을 볼 것이 아니라 직관으로 나와 더불어 움직이는 이 세상을 똑바로 보아야 합니다.

내가 어떤 문제를 어떻게 보느냐 역시 따지고 보면 내가 창조적으로 주관적으로 보는 것입니다. 내가 좋게 보면 그것은 좋은 것이 되며 나쁘게 보면 그것은 내게서 가치가 없어집니다.

모든 것은 다 그러합니다. 심지어 진리조차도 내가 그것을 진리라고 인정해야 내게 와서 진리가 됩니다. 알고 보면 하나님이냐 부처님이냐 하는 종교의 선택문제까지도 다 내가 선택하는 것입니다. 결국은 내가 내 안에 의미를 주고 세운 그 존재들에게 스스로 머리 굽히고 절하고 예배하는 것입니다.

이에 대하여는 다음 장(계명수행)에서 보다 더 자세히 설명하도록 하겠습니다.

이렇게 나를 새롭게 다시 보고 자각하는 방편문 아래 우리가 실제로 수행으로 나아감 즉, 실제적인 내면의 변화와 진전이 있게 하는 것이 바로 정(定)입니다.

그렇다면 어떻게 우리가 수행할 것이냐.

제가 효과를 보았던 방법은 자기가 살아온 산 삶의 기억과 경험을 자기 안에서 깨끗이 지우거나 싹 버리라는 것입니다. 특히 남과의 애증이나 원한의 감정 혹은 자기 자신에 얽힌 부끄러웠던 점이나 자랑스러운 점, 남을 비판하는 기준이나 내가 소중히 했던 가치관 등을 내 마음 안에서 말끔히 지워버려야 합니다. 이렇게 되면 내 안에서 내 가치관이나 판단기준이 완전히 무너지고 없어지게 됩니다. 그래서 그냥 〈텅 빔〉만이 존재하게 됩니다.

그래서 누가 〈네가 누구냐〉 물어왔을 때 〈글쎄, 내가 누군가〉 하고 망설여지며 답이 즉시 안 나올 정도가 되어야 합니다. 이렇게 지우다 보면 자기 안에 과거, 현재, 미래의 시간적 감각도 사라지게 됩니다.
저는 이 수행을 할 때 저희 집 전화번호도 잊어버리고 제 이름조차도 잘 기억이 안 날 정도로 열심히 했던 기억이 있습니다. 공부 중에 〈내가 누구냐?〉 하고 자문해보니까 그냥 밝고 평화로운 빛밖에 안 남더라고요. 치매환자와 다른 점 하나는 내가 이렇게 공부하는 맑은 의식 그 자체로서의 나 자신을 아주 똑똑하게 자각하고 있다는 그 점 하나뿐이었지요.

또 자기 개체만 죽이고 버릴 게 아니라 또 하나의 잠재적 자기인 자기 집이나 자기 회사 혹은 자기가 속한 지역사회나 이 세상도 자기 마음 세계 안에서 말끔히 지워야 합니다. 물론 지운다고 관련된 기억이 다 사라지는 것은 아닙니다.
하지만 그 기억에 같이 묻어있는 감정이나 인연의 미세번뇌는 사라집니다. 이렇게 자기 개체만이 아니라 자기가 속한 전체성의 공간마저도 자기 안에서 열심히 버리고 지우면 자기 안에 시간과 공간을 넘어선 존재가 우뚝하게 나타나게 됩니다. 이것을 물질우주가 아닌 근본우주자리(실재의 자리)라고 하는데 그때까지 이 수행을 계속하여야 합니다. 이것이 제가 말하는 정(定)의 수행입니다.

그 다음엔 혜(慧)의 수행입니다.
이것은 자각(自覺)수행이라고도 합니다.
자각이란 뭐냐.
자기를 (1)끝까지 (2)객관적으로 (3)바라보는 것(Observing)입니다.
자각을 잘하려면 우선 첫째, 끝까지 바라다봐야 합니다. 그러나 대다수 분들이 그렇게 하질 않습니다.

중간에서 대충 적당히 하다가 그만두고 자기 생각에 자기 동일시를 당하고야 맙니다. 위빠사나 수행과 좀 다른 점은 위빠사나는 그저 몸 내·외부의 변화를 관찰하는 것이지만 자각수행은 일체의 모든 것 즉 생각의 출몰이나 일체의 바라보는 행위, 또 자기가 하고 있는 생각의 내용까지도 다시 또 자각하는 것입니다. 예컨대 처음 자각수행을 좀 해보시고는 "자각수행은 애매하고 힘들어요." 하는 말을 하는 분이 있습니다.

위빠사나는 그저 생각이라는 형식이 일어나고 사라짐만을 지켜보지만 자각수행은 그것과 함께 그 순간 이미 그 생각의 내용에 일시적으로 자기가 포섭되고 지배당하고 있었음까지도 자각해보자는 것입니다. 무슨 문제가 생기면 〈그건 이래〉라고 쉽게 정의하는 자기 생각이 바로 자기가 가진 생각에 아직도 지배당하는 우리의 습성입니다.

수행자들은 자기가 하는 그 어떤 판단이나 생각도 거기에 빠져들지 말고 끈질기게 끝까지 자각해야 하는데도 그렇게 하지 않고 중간에 그 생각에 포섭당합니다. 그래서 전체의 배경입장이 되어야 할 〈참 나〉가 나타나질 못하고 일시적 번뇌망상인 그 생각이 자기와 자기 동일시되어 자기의견이라고 밖으로 튀어 나오는 것입니다. 그리되어 자기의 견해란 것을 갖게 됩니다.

이리되면 자기가 참된 나 자신을 바로 수행자로 만들어버리고 맙니다.
즉, 앞의 계명에서 자기를 일체를 창조하는 관문이라고 했는데 그분은 순간적으로 이미 고정된 나의 상(수행자相)을 창조하고 있습니다. 그리곤 그 생각 안에 들어앉는 것입니다. 자기가 부족하고 못난 자기를 만들어(창조하여) 체험하고 있습니다. 그런데 스스로 그것을 자각하지 못하고 있습니다. 그리고는 이러쿵저러쿵 그 생각 위에서 또 다른 논리를 전개합니다.

두 번째로 객관적이란 말은 아무런 〈선입관도 가지지 않고〉란 뜻의 말입니다.
자기 자신의 모든 언행과 느낌이나 감정을 〈있는 그대로〉 바라다보라는 거지요. 〈내가 화내는 것은 당연한 거야〉라든지 〈누구나 그 정도면 그처럼 그렇게 할 수밖에 없어〉라든지 하는 주관적인 입장이 아니라 그냥 모든 것이 다 텅 빈 입장에서 보란 말입니다.

세 번째로 바라다보란 말은 그저 단순히 보는 것(see)이나 일정한 관심을 가지고 보는 것(watch) 정도가 아니라 적극적으로 완전하게 주의집중해서 올인하는 기분으로 보라(observe)는 말입니다.

자각수행이 더 깊어지면 통각(通覺: 통찰하는 자각)단계로 나아가야 합니다.

자각이 마치 미분(지금 이 순간 여기만 바라봄)이라면 통각은 적분(자기의 모든 것을 통째로 관찰함)같은 것입니다. 통각은 과거, 현재, 미래의 〈나〉를 체상용(體相用: 참된 나는 누구인가, 그 나는 어떻게 생겼는가, 그 나는 어떻게 살아 움직이는가)의 측면으로 자각하는 것입니다. 우리는 무조건 지켜보기 위한 수행을 하는 게 아니라 깨달음을 위한 수행을 하는 것이므로 수시로 자기를 이 세 가지 측면으로 점검하고 자각하여야 합니다.

이상으로 진리수행의 계정혜 3단계 수행을 말씀드렸습니다.

일반적으로는 저는 앞의 계명을 늘 수지묵상하면서 정(定)의 수행을 닦고 그 다음에 자각수행을 하고 마지막에 통각수행을 함이 좋다고 봅니다. 그러나 필요에 따라서는 그 어느 것도 꼭 순서에 상관없이 자기 마음이 필요로 하는 바에 따라 교환해가면서 하셔도 좋습니다.

특히 죽이고 버리는 수행을 하시는 분들은 일정한 단계에 이르면 더 죽이고 버릴 내가 없어지는데 그냥 자꾸만 하다 보면 자꾸 일부러 없는 나를 만들어 죽이고 버려야 하는 잘못을 범하게 됩니다. 그때 가서도 없는 나를 일부러 만들어 죽이고 버리고 하는 것은 일부러 망상을 짓는 잘못이 있습니다.

  이 수행을 하다 보면 심신이 탈락(脫落)하여 허공에 보는 시선의 눈동자만 두 개가 둥둥 떠 있는 듯한 때가 오는데 그때에는 오히려 죽이고 버리는 수행을 중지하시고 그런 자신은 누구인가를 살펴보는 자각수행으로 나아감이 더 현명합니다.

# 계명(戒命) 수행

그러면 이제부터는 앞장에서 말한 효율적인 수행이란 총론적 설명에 대하여 단계별로 보다 더 자세히 들어가 보도록 하겠습니다.

우선 첫째가 계명(戒命)에 대한 명상수행입니다.

우리는 무슨 계명이나 방편문이라 하면 그것을 지켜야 하는 간단한 법칙 정도로 알고 지내기가 쉽습니다. 하지만 계명 혹은 방편문이란 것은 깊이 묵상을 해보아야 할 정도로 원래는 의미가 깊고 함축적인 것입니다. 왜냐하면 좋은 계명이나 방편문일수록 그것은 진리로 가는 가장 올바르고 빠른 길을 그 안에 함축적으로 심어놓은 뗏목이기 때문입니다.

예컨대 기독교에서 〈예수는 나의 구주, 나의 영원한 친구〉라는 구호가 있다할 때 그것은 그 어떤 기도나 수행보다 더 강력한 메시지를 우리 마음에 심어줍니다. 또한 불교에서도 〈만물일체, 천지동근(萬物一體, 天地同根)〉이란 말도 있지요. 이런 말들을 우리가 그냥 무심히 듣고 넘어가지 말고 그것에 대해 한번 깊이 묵상을 해볼 필요가 있다는 말입니다. 그런 진리의 말씀을 한번 깊이 묵상하는 것이 몇 달 이리저리 바쁘게 수행하는 것보다도 훨씬 더 잠재의식을 맑게 씻어내는 데 큰 효과가 있을 수 있습니다. 그래서 저는 그런 방편으로서 앞장에서 계명으로 소개한 방편문의 뜻을 좀 더 깊게 설명하고자 합니다.

〈방편문〉

(1) 나는 우주조차도 있게 하는 일체의 배경으로서,
(2) 모든 것을 창조하는 관문이며,
(3) 모든 것을 바라다보는 관점이다.

우선 첫 번째 문장에 대해 한번 명상해 봅시다.
내가 어떻게 이 엄청나게 큰 우주조차도 있게 하는 배경일까요.
저는 제가 깊은 명상 중에 영계(靈界)를 보면서부터 공간적 크기란 것은 우리가 이 몸에 매일 때나 위력을 발휘하는 것이지 우리가 이 몸을 벗어난 의식 그 자체일 때에는 우리는 초월적인 존재로서 그 어떤 어마어마한 크기라도 단지 그것은 우리가 바라다보는 우리 마음 속 대상의 하나에 지나지 않는다는 것을 자각했습니다.

예컨대 우리가 아주 아름다운 세계를 여행하는 꿈을 꾸었다고 합시다.
꿈속에서는 우리는 그 세계 안에서 엄청나게 큰 산맥을 보며 대운하를 보고 바다도 봅니다. 때로는 수많은 사람들을 보며 수많은 세계가 보일 때도 있습니다. 하지만 그 꿈을 깨고 나면 그 세계들이 다 어디에 있습니까. 다 내 속에 있었던 것임을 알게 됩니다. 마찬가지로 우리의 일생도 우리가 지금 이처럼 살 때에는 우리는 시공간 안에 갇혀 있는 몸과 마음처럼 느껴지지만 우리가 임종을 맞이하여 지나온 삶을 돌이켜 볼 때이다. 내 안에 있는 하나의 영상필름이나 파노라마 같은 것일 따름입니다. 내 일생이 다 내 안에 들어있다 이 말입니다.

이런 명상을 통해 우리는 우리 자신이 그 얼마나 위대한 마음자리를 갖고 있으며 또한 우리가 그 얼마나 이 작은 몸과 마음에 매여 시공간 안에 갇혀 살아왔는가 하는 자각을 하게 되며 깨어남으로 자신을 재 각성하게 됩니다. 사실 깨달은 바로 볼 때에도 내가 이 세상(時空)을 삼키면 내가 부처요, 내가 이 세상에 삼켜지면 나는 제아무리 대단한 설법을 하고 있어도 아직은 개체마음에 매인 번뇌중생인 것입니다.

두 번째 문장을 보면 내가 모든 것을 창조하는 문(門)이라고 말합니다.
이것은 무슨 소리인가.
내가 있었기에 이 세상도 내게 나타났습니다.
이 물질 몸이 나에게서 벗어지는 순간 이 물질 세상도 내게서 사라질 것입니다. 우리는 그것을 두려워하지만 그것은 너무나 우리 자신의 위대함을 모르기에 그런 것입니다. 컴퓨터를 할 때 우리는 모든 웹사이트를 우리가 선택해서 들어가 그 안을 구경합니다. 또 내가 그 사이트에 내 그림이나 글을 올림으로써 그 세계의 창조에 일조를 하기도 합니다. 아예 자기가 통째로 자기 홈페이지를 만들기도 합니다.
바로 이런 원리입니다.

실로 알고 보면, 내가 모든 마음 세계건설의 능동적 참여자이며 창조자인 것입니다.

세 번째 문장을 보면 내가 모든 것을 바라다보는 관점이라 했습니다.

그렇습니다. 세상의 모든 것은 다 내가 어떻게 보느냐에 따라 좋기도 하고 나쁘기도 하며 길기도 짧게 보이기도 합니다. 모든 사람들이 다 그렇기에 자기들이 좋아하는 사이트세상 안에서 그렇게 들어가서 노는 것입니다. 인성이 착한 사람은 선행하는 사람들끼리 모이며 악한 사람은 또 그들끼리 모입니다. 파리는 변소를 좋아하고 꿀벌은 꽃밭을 좋아합니다. 일체가 이렇게 내가 대상을 어떻게 보느냐에 따라 나의 갈 길과 인연이 결정되고 좌우됩니다. 취미가 같은 사람들끼리도 그렇습니다.

사실 이 세 문장 안에 모든 진리가 다 들어있습니다.

이것을 깊이 묵상해본다면 그리고 거기에 자기의 변화에 따른 체험이 뒷받침된다면 바로 깨달음이 멀지 않았습니다. 이것을 묵상하면서 스스로 걸리는 게 있다면 바로 그 걸림이 자기의 장애라고 보아도 무방할 것입니다.

# 정진(精進) 수행

그 다음은 정진수행에 대한 설명입니다.

앞장에서 말한바 방편문(方便文)을 제아무리 명상한다 하여도 자기가 실제로 변하고 거듭나지 않으면 아무 소용이 없습니다. 제가 교회나 사찰을 열심히 다니는 분들을 꽤 많이 알고 있는데 그분들 중에 상당수가 거의 몇십 년이 흘러도 그분의 기질이 거의 변하지 않고 있습니다. 여전히 자기를 내세우거나 헛말 잘하던 그 버릇 계속하고 있고 그분의 화 잘 내는 기질이나 성급하신 기질도 변함없이 그대로입니다.

이럴 경우 우리의 수행은 마치 우물 안에 들어앉아서 하늘을 쳐다보는 것과 같습니다.

즉, 하늘은 보지만 자신이 우물 안에 갇혀 있음은 자각하지 못합니다. 사람이 진짜 수행이 되면 마땅히 그가 변하고 거듭나야 합니다. 그래서 자기가 공부 잘 되었나 못 되었나 하는 것은 자기가 무얼 얼마나 아느냐 하는 것을 머리로 판단하는 게 아니고 옆 사람들이 그 존재에게 가슴으로 감동하게 되며 그의 내적인 변화를 인정해주어야 그 수행이 진짜입니다.

그러기 위해서는 우리가 진짜로 변해야 합니다.

진짜로 변하려면 가장 좋은 수행법이 생각으로 자기 자신을 〈죽이고 버리는 법〉입니다. 모든 문제는 내가 일으키는 것이니 내가 죽고 버려져야 합니다. 과거의 내가 펄펄 살아 있으면서 자기가 거듭났다고 말하는 것은 자기기만입니다. 제가 아는 교회신도 중에 아주 착하신 분인데 남과 언쟁을 할 때에는 남의 말을 잘 들어주는 것이 전혀 안 되는 분이 계십니다. 대화할 때 그분의 입에서는 "일단 내 말을 먼저 들어봐!"가 반복됩니다. 자신은 자기가 옳기에 진리를 열심히 전하려고 한다고 생각하지만 상대입장에서는 자기 생각과 주장에 얽매인 사람으로밖에 보이지 않습니다. 그분은 그런 자기를 전혀 객관적으로 보지 못하는 것입니다.

그렇다면 그런 자기가 죽고 버려지려면 어찌해야 할까요.

자기가 생각과 상념으로 자기를 자기 생각 안에서 죽이고 폭탄으로 폭파시키고 자기가 가장 사랑하는 대상도 죽이고 버리고 지우는 것을 반복합니다. 뭐 짐승들에게 자기 몸이 뜯어 먹히는 것을 상상해도 좋습니다. 이 수행의 핵심은 자기가 사랑하고 가장 강하게 붙들고 있는 것에 대한 부정을 통해 자기의 잠재의식을 뜯어고치고 자기가 집착하고 있던 것들을 버려 나가는 수행입니다.

상상으로 이렇게 하는 것이 효과가 있는 이유는 우리가 가진 이 나라고 하는 존재 역시 생각 속의 나이기 때문입니다. 즉 생각 속에 있는 나이기에 생각으로 그에게 얽매인 나 자신을 바꾸는 노력을 할 수가 있는 것입니다. 잠재의식 속에서 자기 자신을 구속했던 개체의 한계를 무너뜨림으로서 그 개체에서 나를 해방시키는 것입니다.

이런 과격하다 싶은 수행이 왜 필요한가 하는 것은 그만큼 현대인들의 자기개체를 위한 이기심이 이 사회와 대중문화 속에서 극에 달해 있기 때문입니다. 병이 극에 달한 만큼 극약처방을 쓰는 것입니다. 그런 만큼 효과는 아주 뛰어납니다. 특히 스트레스나 우울증으로 인한 심인성(心因性)질환에 걸린 분들에게는 만병통치약이라 할 만큼 효과가 있습니다. 지금 이 수행법을 주로 써서 효과를 보는 큰 수행단체도 이미 있습니다.

하지만 그 효과가 좋은 만큼 좀 위험한 점도 있습니다.

그런 면에서 그 수행을 하시는 분들의 세심한 주의가 다음과 같이 필요하다 할 것입니다.

그 첫째가 진리탐구가 과연 누굴 위한 것인가 하는 점입니다.

그 어떤 종교나 수행법도 그 목표가 수행하는 자기 자신의 발전을 위한 것이어야 합니다. 그래서 그 정점과 목표엔 늘 수행뿐만이 아니라 〈거듭나는 나〉에 대한 〈자각〉이 있어야 하는 것입니다. 내가 나를 죽이고 버리는 것은 나의 주장이나 인격을 무시하고 포기해서 결국 남에게 이용당하려는 것이 아니라 내가 거듭나고 변하기 위함입니다. 그러므로 내가 진실로 변함과 그에 대한 자각이 없이 그저 수행만 되풀이하고 있다면 이 수행은 잘못된 것입니다.

둘째로 무조건 죽이고 버리다 보니 올바른 방향과 목적을 잃는 수가 종종 있습니다. 예컨대 제일 사랑하는 대상(연인, 가족, 형제 등)도 상념 속에서 죽이고 버리다 보니 원래 이 수행법의 목적은 서로 구속하거나 편중된 집착이 아닌 바른 관계와 바른 사랑을 되찾자는 것인데 그게 아니라 통째로 가족과 형제관계를 무시하거나 방종하게 되어 가정이 별것 아닌 것으로 착각하게 만들어 버립니다. 그래서 적지 않은 사람들이 이혼하거나 가족 간에 관계가 해체가 되고 방종을 자유로 착각하면서 도(道) 지상주의에 빠질 가능성이 있습니다.

셋째로는 죽이고 버리는 게 업습이 되다 보면 이것이 매너리즘에 빠져서 진짜 거듭나는 게 아니라 생각 속에서 그것만 되풀이하게 되는데 이리되면 잠재의식 속에 죽음을 너무 각인시켜놓는 수가 있습니다. 요는 죽음을 통해 거듭나자는 것인데 거듭나진 않고 죽는 것만 커피 한잔처럼 즐기다 보니 카페인처럼 중독될 가능성도 있단 말입니다. 이리되면 진통제와도 같이 일시적인 자기만족을 위한 수단이 되고 잠재의식 속에 후유증도 생겨나고 맙니다.

"모든 문제를 일으키는 네가 죽으면 돼!"라고 진리처럼 되풀이하여 말하지만 세상엔 죽어서 되는 것만 있는 게 아니라 살리고 꽃피워 나가야 할 것도 있기 때문입니다.

이 방법으로 수행하는 도중에 이상과 같은 문제점을 보이는 사람들을 저는 가끔 보아왔습니다. 또 그런 사람들일수록 자기애가 강해서 도(道)를 이루어야 한다는 욕심(그것은 스스로 절대 안 죽인다) 하나로 자기가 지금 잘못 가는 줄도 모르고 마치 훗날 거액의 보험금을 한 번에 타기 위한 것과 같은 대박의 깨달음을 기다리는 삶을 살게 될 수 있다는 말입니다.

그런 자기 자신을 직시하고 그로부터도 자유로워져야 진정한 자유를 얻게 될 것입니다. 지금 자기를 좀 더 자유롭게 해주지 못하는 수행은 먼 훗날에도 참 자유를 가져다주지 않습니다.

이런 점들만 주의하신다면 저는 여러분들이 이렇게 자기를 적극적으로 죽이고 버리는 수행을 하셔도 무방하며, 오히려 제가 겪은 체험에 의하면 그 뛰어난 효과에 대해서는 보증하고 싶은 마음까지도 있습니다.

하지만 위에 소개한 〈죽이고 버리는 법〉이 반드시 모든 이들에게 다 잘 맞는 법이라 할 수는 없습니다. 자기 내면에 죽음에 대한 너무나 부정적인 상념이 많으신 분들이나 죽음에 너무나 친숙한 분들은 오히려 그 효과가 없을 수도 있습니다. 그럴 경우에는 〈죽이고 버리는 법〉 말고도 다음과 같은 18가지의 다양하고도 적절한 정진수행법들도 있습니다. 이 방법들 중에서 자신에게 맞는 것을 몇 가지 골라 꾸준히 명상하며 정진수행을 하셔도 좋습니다.

### (1) 夢觀法(몽관법)

이 방법은 삼라만상을 일체 다 꿈같은 환상의 일시적인 현상으로 보는 것입니다. 오감에 감응되는 모든 것, 즉 보이고 들리고 느껴지고 하는 것들을 다 조건과 인연 속에 일시적으로 성립한 환(幻)으로 보는 것입니다. 이것이 아주 순일하게 계속되어 경지가 깊어지면 낮 동안에 일어나는 모든 일이 다 꿈같이 여겨지는 때가 옵니다. 그러면 그것을 꿈으로 지켜보는 자가 저절로 됩니다. 그 〈주시자〉가 되면 저절로 내광(內光)이 생겨나며 동시에 몽중일여도 실현됩니다.

### (2) 內外貫通法(내외관통법)

이것은 자기가 몸(육체)이라는 잠재의식을 자기 안에서 지워나가는 것입니다. 사실 인간의 본질은 마치 전기와도 같은 것이므로 흔적도 없지만 실재하는 것입니다. 그러므로 자기가 몸이나 감각적 마음이 아니라 그 이전의 허공성의 실체임을 실감하고 잠재의식적으로도 그리 자각하는 상태가 되어야 합니다. 그래서 자기의 몸을 상상 속에서 불태우고 짐승에게 먹이고 용광로 속에서 녹여 없애어 마침내 스스로도 마음속에서 막대기를 휘둘러보아 제 몸에 일체 거치적거리는 것이 없는 허공성의 무한자가 되어야 합니다. 내외가 관통되어 안팎이 없는 존재가 되는 것이지요. 개체가 다 없어야 비로소 전체자리가 드러납니다.

### (3) 注視者觀法(주시자관법)

우리는 눈이 무얼 보는 것이라고 여기지만 그러나 꿈속에서는 눈이 잠자고 있음에도 보는 자가 따로 있습니다. 이처럼 눈을 이용하여 보는 자 즉, 〈주시자〉는 따로 있습니다. 주시자관법은 이 보는 자를 다시 보는 것입니다. 꿈을 꾸면 가끔 그 꿈속에서 헤매는 개체의 나 자신 말고 그 전체 꿈을 묵묵히 관조하는 그 어떤 빛과도 같은 전체성의 자리가 있습니다. 그 자리는 개체의 나조차 삼킨 채 일체를 묵연히 바라다보고 있지요. 지금 그 자리가 그대로 당신한테도 있습니다. 생시든 잠을 자든 간에. 그것을 관해 보십시오. 그리하여 뚜렷하게 현실(차안)을 넘어 그 자리(피안)가 되어보십시오.

### (4) 名字形相打破法 (명자형상타파법)

모든 것을 그 이름이나 형상 너머의 본질로 보는 연습을 하십시오. 당신의 아내나 남편 혹은 자녀나 부모들을 그들로 보는 것은 그대의 마음이 그렇게 보고 받아들이기 때문입니다.

즉 개체마음만이 정상 가동을 하고 있기 때문이지요. 그러나 만약 그대가 전체성의 우주마음이 된다면 그들에게 그런 인격성을 부여한 것은 그대의 꿈같은 인연 속 얘기일 뿐 실제로는 그들은 모두가 근본우주가 개체생명으로 나타나신 현상임을 보게 될 것입니다. 모든 물건들도 그 이름을 지우고 고정관념을 넘어 그것을 생소하게 바라다보십시오. 모든 명자(이름)와 형상(모습)을 넘어서 그 본질을 보려고 노력하십시오. 나날이 새로운 것이 보일 것입니다. 이것이 사물의 본질에 대한 깨어남입니다.

### (5) 背景觀法 (배경관법)

그대의 오감을 가득 채우고 있는 이 삼라만상을 다 넘어서 있는 빛 이전의 그 자리배경을 바라다보십시오. 그것은 너무나도 서서히 변하고 움직이기에 그대가 미처 알아채지 못할 뿐입니다. 그것은 우리 세계를 다 감싸 안고 너무나도 눈부시게 빛나기에 그대가 그 빛을 아직 모르는 것일 뿐입니다. 마치 물고기가 물의 존재를 모르듯이 말입니다.

당신 앞의 사람이나 사물을 의식적으로 다 지우고 그 얼굴과 그 몸통 너머에 세월이 지나도 공간이 변해도 바뀌거나 변하지 않는 부동불변의 그 무엇을 직관하여 보십시오. 눈을 감아도 컴컴한 그 배경은 빛을 차단해서 생긴 어두움일 뿐이니 그것조차 넘어선 배경에는 과연 무엇이 있습니까. 이것을 발견하면 눈을 감으나 뜨나 똑같은 것을 볼 수 있게 됩니다. 세상은 보이지만 그러나 그것의 근원적인 배경이 되는 본질의 자리가 항상 더 먼저 보이게 되기 때문입니다.

### (6) 眞空妙有觀法(진공묘유관법)

오늘날 말로는 〈진공묘유〉를 많이 말해도 참으로 진공묘유한 자리가 어떤 자리인지를 제대로 찾아내는 사람은 적습니다. 그 자리는 개체의 자기가 녹아사라지면 저절로 드러나는 자리입니다.

〈진공〉이란 마치 입맛처럼 모든 것을 넘어서서 없는 듯 존재하므로 만질 수도 상상할 수도 느낄 수도 접근할 수도 없는 끊어진 자리이지만, 아무것도 없고 없다는 것조차도 없는 이 자리를 찾아내어 그것과 하나가 되어야 비로소 자기가 허공화하여 그 안에 들어있는 삼라만상을 제 몸으로 삼아 삼키게 됩니다. 그때 삼라만상을 제 몸으로 삼는 의식 그것이 바로 〈묘유〉입니다.

이렇게 깨달음을 얻은 자는 제가 모든 것을 초월해 있으면서도 또한 동시에 모든 것이 됨을 압니다. 이 관법은 살아 있는 초월의 자리가 되는 방법입니다.

### (7) 生命觀法(생명관법)

지금 그대의 몸을 끌고 다니며 눈을 깜박이게 하고 심장을 뛰게 하며 아까 먹은 밥 소화를 자동으로 시켜주고 있는 그 살아 있는 자리는 무엇이며 어디에 있습니까. 우리는 그것을 〈생명〉이라고 관념화하여 부르고 생각의 세계 속에 가두어버리고 말지만 그 생명이 몸뚱이와 분리되면 바로 진리자리 그 자체의 활동력이 됩니다.

그때 가선 무어라 부를 것입니까. 사람이 죽으면 이것이 몸에서 분리될 뿐입니다. 그러면 사람은 전기가 떠나간 선풍기처럼 정지하고 맙니다. 사람들은 이것을 죽음이라고 부르며 무서워합니다. 그러나 그대는 그 영원한 우주의 생명에너지(자성) 바로 그것입니다. 지금 다른 사람의 얼굴을 꿰뚫어보며 그 얼굴 이면에서 온갖 표정을 다 만들며 울고 웃고 하는 살아 있는 그 자리를 한번 느껴보십시오. 그리고 그 자리가 되어보십시오.

### (8) 不異觀法(불이관법)

〈이것〉은 〈저것〉 없이는 존재할 수 없습니다. 어두움은 밝음 없이, 큰 것은 작은 것 없이, 긴 것은 짧은 것 없이, 부처는 중생 없이, 죽음은 삶이라는 현상 없이는 있을 수가 없습니다. 마찬가지로 개체는 전체 없이는 있을 수가 없고 전체 역시도 개체 없이는 인식의 대상이 되지 아니합니다.

그래서 이런 관계에 있는 것을 불이법(不異法)이라고 합니다. 동전의 앞면은 뒷면 없이는 존재할 수가 없습니다. 그래서 전체(하나님, 부처님) 역시도 개체(나) 없이는 존재가 불가능합니다. 그러므로 당신의 존재함이 바로 하나님, 부처님의 존재함을 보여주는 명백한 증거입니다. 그대(개체)가 동전의 앞면이라면 진리(전체 그대로)는 과연 어디에 있습니까. 그것은 그대의 내·외면에 동시에 있습니다. 그것을 한번 찾아보십시오.

(9) 三界呑觀法(삼계탄관법)

자기가 전체가 된다면 과거, 현재, 미래 세계도 다 자기 안에 들어 있을 수밖에 없습니다. 〈전체〉는 모든 것이니까요. 그래서 사람이 깨달으면 그 안에서는 미래조차도 과거로 만들어져 버린다는 것입니다. 그 안에 알파와 오메가가 다 들어있으니까요. 그는 자기가 사라지고 전체이신 하나님의 영이 그 안에 들어와 삽니다. 과거는 이미 여러분도 삼켰거니와 미래조차도 삼킨다면 그 자리는 과연 어떤 자리이겠습니까. 이미 모든 것이 이처럼 내 안에 다 들어있습니다. 다만 우리 마음이 분별할 뿐입니다. 이제 모든 것을 다 존재하게 하는 가장 배경의 근본존재인 그것을 찾아보십시오.

(10) 本尊佛觀法(본존불관법)

본존불(하나님)이란 바로 이 우주전체이자 그조차도 넘어선 초월의 자리 그 자체입니다. 이것이 진리입니다. 이 세상을 만들어내고 움직이는 초월적인 그 근원의 자리에서 이 세상이 다 나와서 지금 이처럼 한판 벌어져 돌아갑니다. 그래서 일체가 다 그것이 아닌 게 없습니다. 일체가 다 그의 분신입니다. 세상 만물을 시간 속에서 빠른 비디오로 일억 배 속도로 돌려보십시오. 일체가 텅 빈 허공성의 정신 위에서 사물은 더 이상 사물이 아닌 채 하얀 광선만 남기고 일체가 휙휙 바뀌어 현란하게 돌아갈 것입니다. 그것이 이 우주전체의 실상입니다. 대체 그것이 무엇이겠습니까.

(11) 하나되기관법

우주만물은 다 그 하나(하나님 자리)에서 나왔기에 서로 근원적으로 〈하나〉입니다. 이것을 우주의식이라고도 부릅니다. 그래서 우리가 우주의식으로 사물을 바라다 보면 우리는 즉시 그것과 하나임을 느낄 수 있습니다. 지금 당신의 눈앞에 있는 나무나 가구 혹은 가전제품에 이르기까지 그대는 그것들과 하나가 될 수가 있습니다. 그대 안에서 그대는 외로이 고립되고 분리된 개체라는 잠재의식만 들어내어 버린다면.

눈앞에 작은 물건을 놓고 이삼십 분만이라도 아무런 선입견 없이 바라다보십시오. 눈앞의 사물과 그대가 반드시 하나 되는 때가 올 것입니다. 그 의식을 확산시켜 그 의식을 가지고 전체로 거듭난 후 개체의식을 그 위에 펼치십시오. 거기에 참으로 기막힌 세계가 새로이 나타날 것입니다.

(12) 天地人合一觀法(천지인합일관법)

깨달음이라 하는 것은 하늘과 땅(삼라만상) 그리고 자기라는 존재가 둘이 아닌 하나로 상호 융합되어 버리는 현상을 말합니다. 그러나 그런 가운데에서도 그들은 다시 또 분리해서 느끼는 것이 가능합니다. 일반인들은 개체육신만을 자기라고 여기며 살아왔기에 그러한 절대 분리 상태에만 빠져 있지요.

그러나 내가 내 안에서 개체의 나를 쫓아내면 거기에 절로 하늘과 땅이 들어와 살게 됩니다. 개체가 전체를 삼키고 전체는 개체 안에 들어와 살게 됩니다. 그러나 물질적으로는 개체는 전체 안에 또 들어 있지요. 마치 뫼비우스의 띠처럼 묘하게도 그 둘은 서로 그렇게 서로 안에 들어있으며 분리 불가분으로서 상호의존적입니다. 이것이 둘이 아닌 것을 증득하여 자기가 전체이자 개체인 존재가 되는 것이 깨달음입니다. 그것은 마치 시시소오의 중심점처럼 그렇게 눈에는 보이지 않으나 엄연히 실재하고 있습니다. 그것이 되십시오.

### (13) 萬像萬感出入處觀法(만상만감출입처관법)

삼라만상이 나타났다가는 사라져가는 그곳은 어디입니까. 모든 희로애락과 오욕이 나타났다가는 사라져가는 그 자리는 어디입니까. 그들은 서로 다르지 않습니다. 모든 것을 다 내고 들이는 그 자리지만 정작 마치 〈입맛〉처럼 그 자리 스스로는 드러나지 않습니다. 이것을 심안(心眼)으로 한번 바라다보십시오.

그것이 바로 〈끊어진 자리요, 진공의 자리〉입니다. 공(空)의 자리는 우리네 상상 속에 그려지는 그런 허상의 자리가 아닙니다. 그것 속에 우리가 지금 실재하고 있습니다. 만법이 하나로 돌아가니 그 하나는 어디이겠습니까.

자, 지금 여기서 박수를 한 번 칩니다.
"짝!"
지금 이 소리가 어디로 갔습니까.

(14) 全體觀法(전체관법)

전체에는 바깥이 없습니다. 그것이 가장 크기 때문입니다. 그래서 무한자요, 일체가 다 그 안에 있습니다. 일체가 다 그대 안에 있을 때 그대는 〈그 어느 것도 아닌 것〉이지만 그 어떤 것들도 다 되는 불가사의한 존재입니다.

그것을 관해보십시오. 그대는 늘 그것이었고 앞으로도 그렇습니다. 그것이 일시적인 인연으로 지금의 육체와 마음을 가진 그대로 잠시 나타난 것입니다. 마치 공기 중의 수증기가 이슬이 되었다가 성에로 얼음이 되듯이. 눈앞에 예쁜 얼음조각이 생겼다 해서 너무 그것에만 마음을 빼앗기지 마십시오. 그것은 언젠가는 녹아서 다 물로 수증기로 돌아갈 테니까요. 그대는 그때 과연 무엇이겠습니까.

(15) 懺悔法(참회법)

그대는 살아오면서 얼마나 많은 거짓말과 나쁜 짓을 몰래 숨어서 했습니까. 그대는 얼마나 모르면서도 아는 척, 아니지만 그런 척, 했으면서도 안 한 척 했습니까.

그대는 자기밖에 모르는 에고행위를 얼마나 많이 저지르고도 그것을 잘 합리화했습니까. 가만히 자기의 지나온 삶을 돌이켜 보십시오.

지금 하나님 앞에서 그 삶을 전체로 낱낱이 펼쳐놓고 심판을 받는 자리로 여기고 자기를 반성하고 참회 회개하십시오. 참으로 진솔하게 눈물로 회개하십시오. 사랑하는 부모 형제와 아내와 자식에게 용서를 구하십시오. 자기를 진실로 다 밝히고 더 이상 감출 것이 없는 자가 아니고서는 개체마음이 사라지지 않으므로 전체마음이 되질 못해 깨달음이 들어올 수가 없습니다.

### (16) 死亡觀法(사망관법)

몇 백 년이 흘러 이제 당신은 오래전에 죽었습니다. 당신의 시체도 다 썩어 사라졌습니다. 당신을 알고 기억하고 있던 그 모든 이들도 당신과 온갖 사연을 가진 모든 이들도 다 죽어버린 지 오래입니다. 당신은 이제 인류의 생명의 흐름 속에서 그 존재가 잊혀지고 사라진 지 오래입니다. 당신은 이제 아무것도 남아 있지 않으며 더 이상 아무것도 아닙니다. 당신이 속한 사회란 것도 다 변하여 아득하게 기억 저편으로 사라져 갔습니다. 이제 당신이 태어나기 몇 백 년 전과 다시 똑같아진 상황입니다. 그렇다면 이때 과연 당신은 어디에 있으며 어떤 모습으로 있습니까. 당신은 존재하기나 합니까. 그것이 당신의 실제적인 영원한 모습입니다. 그런데도 당신은 지금 자기가 육신이나 마음 등 무엇이라고 따로 여기면서 그것만을 위하여 애쓰고 있지나 않습니까. 영원 속에 불변하는 당신의 진정한 모습을 관하여 보십시오. 지금의 당신은 그것과 대체 어떤 관계에 있습니까.

### (17) 祝福暝想法(축복명상법)

수행에는 반드시 죽이고 버리는 법만 있는 것은 아닙니다. 당신에게 죽이고 버리는 법이 안 맞을 수도 있습니다. 그럴 경우에는 오히려 당신 스스로를 축복하고 아름다운 영혼으로 마음 안에서 되살리는 작업이 필요할 수도 있습니다. 우리의 본질은 진선미(眞善美)가 다 완벽하게 갖추어진 존재들입니다. 다만 여태까지 우리가 그것을 제대로 꺼내어 쓰지 못하고 활용하지 못했을 따름입니다. 이제 스스로를 축복하십시오. 우주 최고의 빛나는 존재로 여기십시오. 그리고 모든 개체들에게 영원한 생명을 주는 전지전능한 존재의 능력이 자기 안에 들어있음을 관조하십시오. 당신 안에 이미 모든 진리가 다 갖추어져 있습니다. 그대는 단지 그것을 부르고 꺼내 쓰기만 하면 됩니다. 이렇게 그대 자신을 축복하십시오. 그리고 그렇게 실존하십시오.

### (18) 開花觀法(개화관법)

당신은 의식체입니다. 당신이란 의식체는 광물의식으로부터 식물, 동물단계를 거쳐 인간단계에까지 왔습니다. 이제 당신의 내면에서는 맑은 영(靈)이 꽃피어날 차례입니다. 그리고 그것은 다시 또 신(神)으로서 완전한 개화(開花)를 할 것입니다. 모든 인간들은 그러한 발전단계의 도중에 있습니다. 이제 당신을 하나의 살아 있는 무형의 식물로 관하십시오. 그리고 당신의 내면에서 너무나 투명하고도 맑고 아름다운 세상에 단 하나밖에 없는 정신으로 된 빛조차 넘어선 초월적 빛의 꽃을 피워내는 것입니다. 그것이 거듭난 당신입니다. 당신은 그러한 초월적인 존재입니다. 이것을 고요히 관하십시오.

# 자각(自覺)수행

앞장에서 소개된 여러 가지의 정진수행을 상당히 해나가다 보면 자기 안에서 자기가 더 이상 죽고 버릴 내가 없는 경지가 옵니다. 그것은 자기가 스스로 알게 됩니다. 아직 그런 줄 잘 모르겠다하면 그것은 아직 덜 된 것입니다. 그렇게 되면 그때부터는 정진수행을 그만두고 자각수행으로 옮겨가야 합니다. 왜냐하면 자기가 깨치는 것은 자기 스스로 자각(Self-Enlightenment)하는 것이지 누가 〈너 깨쳤다, 그만 공부해라〉 하고 인가(認可)해주는 것이 아니기 때문입니다.

그러므로 자기 자신이 밝아진 만큼 이제는 그 밝음 속에서 자기가 누구인가 그 진면목을 깨치는 자각수행을 해야 합니다. 자각수행의 대상은 바로 자기 자신입니다. 즉, 자기가 자기에 대해 의식을 집중하는 것입니다.

앞장의 정진수행을 거의 안 하시고 바로 자각수행으로 들어오신 분들은 만약 〈어떻게 자각하나〉 하는 생각이 일어나더라도 그 생각을 따라가지 말고 그 생각을 일으키는 그 근원(이게 개체마음자리인데 생각 속의 나란 개념을 만들고 그 나를 주인공으로 해서 이런저런 이차 생각을 전개한다)을 지켜보아야 합니다. 이렇게 하는 것이 올바른 자각수행입니다.

처음엔 좀 잘 안되더라도 "자각수행법은 뭐를 자각하라는 건지 좀 애매해!" 하시지 말고 그 생각을 내는 그 자리를 계속 주시하고 지켜보란 말입니다.
일단 그 주시망에서 그 어떤 생각이나 그 어떤 감각이나 느낌도 다 빠져나가지 못하게 하는 것입니다. 마치 파수꾼이 자기의 문전옥답을 도둑으로부터 지키듯이. 여기에 구멍이 뚫려 자기 생각을 따라가면 이미 자기 업습(생각)에 패배하여 끌려가는 것입니다.

계속 이렇게 나아가면 마침내 생각을 만들어 내는 번뇌망상의 본질을 직시하게 되는데(그것은 내가 만들어 가진 실체는 없으나 하나의 구름 같은 내면의 소프트웨어이다) 이리 되어야 모든 생각을 일으키는 나란 허구의 〈집 짓는 자〉를 발견하게 됩니다. 그러므로 "전 공부가 왜 여기서 더 안 되죠?" 하고 묻지 말고 바로 그 생각을 일으키는 그놈을 자각하고 주시해 나가는 것입니다. 내 안에서 일어나는 생각이나 느낌을 따라가지 말고 그것을 그냥 별개의 부동(不動)의 자리에서 계속 주시하라 이 말입니다.

그러면 그 다음엔 아주 밝고 환한 보름달 같은 청정한 빛이 내면에 깃들게 됩니다. 이게 바로 〈생각이 끊어진 경지〉입니다. 거기엔 그저 아주 밝은 〈앎〉의 자리만이 그득합니다.
생각이 끊어지면 어떻게 하느냐. 이런 데 신경 쓰시지 말고 계속 자기를 주시해 나갑니다. 행주좌와어묵동정 중에 일거수일투족을 안 놓치고 끈질기게. 그러면 그 다음엔 식음(識陰)이 끊어지고 녹아지기 시작합니다.

그래서 마침내는 자기 몸이 있다는 감각이나 자기가 있다는 뿌리 생각이 뚝 끊어진 경지가 나옵니다. 그러면 이어서 바로 시간과 공간이 끊어집니다. 설사 있어도 내 마음 안에나 있어서 마음조차 넘어서 있는 참된 나랑은 전혀 상관이 없게 됩니다.

그러니 시공간이 다 내 안에 들어있는 내 마음속의 영화처럼 되어 내가 늘 내 안에 시공간 속 세상이란 컴퓨터 사이트를 켜놓고 사는 사람처럼 됩니다. 컴퓨터를 켜놓아도 제가 보고 싶으면 들여다보고 아니면 안 볼 수도 있지 않습니까. 마치 그것처럼 됩니다.

이러면 뭐 심심하다든가 하는 감각도 안 생겨요.
심심하다는 생각 그건 미세한 번뇌거든요. 시간이 없는데 어디에 심심하다는 시간감각이 있겠습니까. 그러면서 일체의 근심과 걱정이 다 사라집니다. 근심, 걱정 그런 것은 다 생각과 느낌이 만드는 것입니다. 그러니 절대의 밝은 빛과 아주 깊은 평화가 내 안에 충만하게 차올라 옵니다.

그 다음엔 근본에너지와 빛 차원의 세계가 벌어지기 시작합니다. 여기서 공(空)타령을 하는 사람이 있는데 그것은 제가 상(相)을 만들어 무정도에 빠지는 잘못 가는 길입니다. 공도 내가 가진 것이고 내가 만드는 것입니다. 일체가 다 초월적 자리인 내가 있어 존재하고 인식되고 있는 것입니다. 이렇게 일체 만상이나 식음 이전의 근원적인

〈나〉로 거듭나야 합니다.

　화두선에 〈이 뭣꼬?〉라는 화두가 있는데 이것은 〈이 뭣꼬?〉란 생각도 사라집니다.
　그것은 일체의 자신 안에 일어나는 일에 대해 그냥 관심을 가진 주의집중만이 밝게 켜져 있는 상태입니다. 이게 화두선의 마지막 터지기 직전의 상태이기도 합니다. 여기서 마지막에 그 자각하는 그 행위의 의지조차 놓아버리면 저절로 온 천지세상이 옛날의 그 천지가 아닌 새 천지로 바뀌며 온 누리에 절대평화와 지복이 찾아옵니다. 정말로 〈내게 바다 같은 평화〉가 넘치게 됩니다. 다른 말로 하면 자기가 통째로 그 빛나는 자각덩어리 그 자체가 되었다고나 할까요. 정말로 그 자리는 아주 밝은 자각의 빛이 계속 터져 나오는 영원한 태양같은 자리입니다.

　그러니 자기 안을 끝없이 지켜보고 끝까지 아니 끝을 넘어서라도 자기가 만들어내는 것에 끌려 다니지 말고 눈을 부릅뜨고 자각을 하라는 겁니다. 진리가 있다면 이런 무서운 자세에 스스로 드러나고 맙니다. 안 드러날 재간이 없어요. 자기 내면으로의 주의집중 이것이 바로 〈자각법〉의 요체입니다.

　그런데 이게 안 되는 사람은 그만큼 번뇌망상이 많단 얘기고, 잘되는 사람은 이것만큼 쉬운 것이 따로 없습니다. 처음에 좀 생소해서 그렇지 한번 익숙해지면 정말 숨 쉬는 것보다도 더 쉬운 겁니다. 일체의 진리가 다 내 안에서 나오는데 그 나오는 곳을 정말 한번 알아야 하지 않겠습니까. 나를 계속 자각해 들어가다 보면 저절로 자기가 어디가 부족하구나 공부거리가 다 알게 되고 해결책도 다 나옵니다. 마치 내 안에 밝은 등불이 켜져 있다 여기고 계속해서 그 입장에서 자기 안을 밝히고 지켜보는 것 그것이 바로 자각공부의 핵심입니다.

# 통각(通覺)수행

우리가 법신불을 완전하게 깨치고 하나님을 완전하게 알면 자연스럽게 보신불 수행을 하기 위해서 제일 마지막에 점검 차원에서 한번 더 자기 자신을 전체입장에서 자각하는 게 필요합니다.

이것은 무슨 말인가 하면 자각수행을 잘 한 사람은 그 결과 자기가 깨치게 되어 자기가 일체 끊어진 자리에 들어가지만, 제 마음을 쓸 때에는 아직 제가 개체마음만 쓰던 업습의 습관이 남아 있어서 마음을 쓰더라도 개체마음 위주로 작게밖에 못 쓰는 경향이 있습니다.

이것은 진리자리에 들더라도 과거의 경향이 희미한 습성으로 남아 있기에 어쩔 수가 없는 것입니다. 부처라고 다 같은 부처가 아닌 것이지요.

하지만 마음을 잘 수행한 사람은 이미 자기가 개체의 자기를 넘어 전체가 되어보는 마음수행을 해봤기 때문에 마음을 쓸 때에 더 크게 쓸 수가 있습니다. 이것은 마치 억만장자가 되었다고 하더라도 얼마나 그 돈을 훌륭하게 잘 쓸 줄 아느냐의 문제라고도 비유할 수가 있습니다.

이처럼 자기 자신을 전체적인 입장에서 자각하는 것을 바로 통각(通

覺)이라고도 합니다. 전체적 입장이란 시공간적으로 일체를 초월한 입장에 선다는 것을 뜻합니다. 또 그리 마음을 써야 나중에 더 큰 법력(法力)이 생길 수 있습니다.

물론 깨달으면 일체가 다 끊어진 자리에 들게 되므로 크고 작음 없이 다 똑같지만 그러나 그 마음자리를 활용하는 측면에서는 다르다 이 말입니다. 이것은 자전거를 안 타본 부처라면 아무리 부처라 해도 배우지 않고는 자전거를 못 타는 것과 마찬가지 이치입니다. 전체가 안 되어본 부처는 그것을 해보아야 그 마음을 굴리고 쓸 줄을 압니다.
 그래서 자각수행이 개체적 입장만을 고려한 마음에 대한 미분(微分)적인 수행이라면 통각수행은 자각수행 이후에 추가로 점검 차원에서 해보는 적분(積分)적 수행이라 할 수 있습니다.

통각수행은 법신불(하나님)을 깨치고 자각한 이후에 그 힘을 쓰는 법을 터득하는 수행이라 보신불(성령)공부로 들어가는 첫 단계의 공부가 되기도 합니다.
 여기서 우리가 마음수행을 해야 하는 이유가 드러나는 것입니다. 이때의 공부의 특징은 더 이상 죽이고 버리는 게 아니라 오히려 살리고 꽃피우는 공부입니다. 이게 무슨 말인가 하면 여태까지는 진리의 본래자리(體)를 알려고 그저 죽이고 버리고 자각하기만 했다면 이제부터는 아름다움과 사랑, 깊고 고요하며 빛나는 행복, 내면의 평화를 내 안으로부터 살리고 꽃피우고 키워나가야 합니다.

사실은 죽이고 버리는 법이나 살리고 꽃피우는 법이나 같은 것입니다.

다만 보통 사람들이 살리고 꽃피우는 법을 수련하기엔 자기만을 알고 이기적으로 살아온 그 마음들이 너무 때가 많이 묻었기에 우선은 죽이고 버리는 법을 행한 뒤 마음이 맑아졌을 때 가서야 비로소 살리고 꽃피우는 법을 수행하게 하는 방편을 쓰는 것일 뿐입니다.

이리하면 우리는 자신의 내면에서 무엇을 버리고 떠나며 무엇을 지키고 밝혀야 하는지를 스스로 느끼고 깨닫게 됩니다. 그래서 실질적으로 자기가 변하고 거듭나게 됩니다.

이것이 바로 통각수행인 것입니다.

통각이란 삶이란 것 전체에 대한 자각입니다. 또 나란 존재 자체 안에 깃든 모든 신성한 힘과 평화로울 수 있고 행복할 수 있는 능력에 대한 자각입니다. 그래서 통각은 눈에 보이지 않는 가장 깊고 신성한 곳에 있는 본래의 나와 하나가 될 뿐 아니라 나아가 눈에 보이는 이 세상의 모든 생명력이나 그들이 가진 모든 감정과 활력에 대해서도 하나가 되는 것입니다.

통각은 생명이 하나의 새로운 차원으로 한 계단 더 상승하는 거듭남의 방법이며 존재의 전체적인 신비를 한 번에 통찰하는 거시적인 자각입니다.

이 방법은 죽이고 버린 나가 다시 되살아나는 자각법이기도 하며 전체가 개체 속에 들어와 사는 신비로운 현상에 대하여 스스로 깨우치는 법입니다.

선가(禪家)에도 〈대사(大死) 후에 다시 대활(大活)해야 한다〉는 말이 있습니다만 그 말은 뜻풀이를 하면 곧 법신불만 자각하는 것으로 그치는 게 아니라 나아가 보신불, 화신불까지도 자각하여야 한다는 말입니다. 이것을 달리 말하면 깨달으면 존재와 세상이 하나로 녹아 합쳐져서 통(通)으로 하나이되 그것을 이루는 삼불의 기능이 살아 있어서 법보화신불(法報化身佛)로 각각의 제 역할을 하며 사는 이치를 통각하는 온전한 깨달음을 뜻하는 말입니다.

# 끊어진 자리

존재의 본질은 끊어진 자리에 있습니다.

이것을 불교에선 〈금강좌〉라고도 하고 구경지(究境地)이라고도 합니다. 유식학에선 제8식 아뢰야식을 넘어선 근본자리라고도 하고 기독교에선 모든 것의 터전이 되며 영원한 하나님 자리인 〈만세반석〉이라고도 합니다. 명상에서는 모든 것을 다 넘어서 있는 궁극의 자리로서 초월의 자리라고도 말합니다.

여기에서는 이 자리에 대해 한번 알아보겠습니다.

여러분, 이 세상이 지금 무엇 위에 존립하고 있습니까.

이 무거운 지구가 왜 허공성의 우주 위에 둥둥 떠 있나요. 과학자들 말처럼 인력 때문에 그럴까요. 아닙니다. 그럼 하늘에서 두 사람이 서로 잡아당기고 있으면 안 떨어지나요. 아니잖아요. 이 우주는 바로 끊어진 자리 속에 있는 것입니다. 그래서 일체의 인과와 원칙을 초월해 있는 그 자리 위에 이처럼 떡 벌어진 것이지요.

그런데 그 속에 이처럼 세상 만물과 우리가 들어있지만 또한 동시에 우리 속에 그 자리가 또 들어있습니다. 그것을 인식하고 찾을 수 있는 의식을 가진 자리 안에 그것이 들어있기 때문입니다. 실로 그 자리는 아무것도 아니고 아무런 것으로도(공으로도 안 된다) 묘사되거나 형용될 수 없지만 그러나 그것이 아무것도 아니기에 비로소 모든 것이 거기서 다 나오고 거기로 다 돌아가는 것입니다.

비유컨대, 여기 항아리가 하나 있다 합시다.
그 항아리는 분명 그 안에 뭘 담기 위해 만들어진 것입니다. 그래서 그것은 늘 자기 안에 공간(허공)을 가지고 있지요. 그래서 그 항아리 안에 물이라든지 무엇을 가득 담았다고 합시다. 그러나 여전히 그 항아리의 본래성은 허공성이지요. 뭐든지 담을 수 있다는 점에서 말입니다.

그런데 그 항아리 밖에 있는 허공과 안의 허공이 다른 것일까요. 아니지요. 이제 여기에 의식을 하나 첨가합시다. 의식은 사실 영원히 초점을 가지고 출몰하는 것입니다. 그렇지만 그 의식이 가진 활동능력인 마음이 그 몸인 항아리 안에 마치 물처럼 갇혀 그것만이 자기 몸이라고 착각을 합니다. 이게 우리의 일반 의식이요, 개체마음입니다.
그러나 사실 그 내용물인 물은 언제든지 그 그릇인 항아리를 떠날 수도 있고 버려지거나 완전히 교체될 수도 있지요. 또 그릇인 항아리의 크기 역시도 아주 작아질 수도 있고 대단히 커질 수도 있습니다.

그래서 이 몸과 마음을 스스로 벗어버린 자는 마음의 자리에서 볼 때, 바깥 허공과 안 허공이 하나가 됩니다. 그 허공조차 넘어선 자리가 의식에 의지하여 스스로 자각될 때 이것을 〈법신불〉이라 합니다. 그렇지만 이게 말이 허공이지 실은 허공도 넘어선 것입니다.

　이것을 하나도 어렵게 생각할 게 없어요. 생각에 무슨 모습이나 형상이 있습니까. 그게 공(空)한 형상이 있습니까. 아무 모습이나 형상이 없지만 그게 그렇게 나타났다가 사라지지 않습니까. 그게 어디서 왔다가 어디로 갑니까.

　그냥 제자리에서 그렇게 일어나고 사라지지 않습니까.
　또 지금 여기서 손뼉을 한 번 칩시다. 자, 이 소리가 어디로 갔습니까. 그 소리가 돌아간 자리가 바로 〈끊어진 자리〉요 진공(眞空)의 자리입니다.
　이 세상의 모든 음악은 지금 다 어디서 나와서 어디로 돌아갔습니까.
　우린 눈에 속고 감각에 속아 공(空)이라 해도 물질의 상대여백에 있는 공이나 상상하지만 진짜 공은 그런 게 아닙니다. 그런 공은 물질의 상대적 형상이지 참된 공(空)이 아닌 것입니다. 딱 끊어진 자리, 일체 상상으로의 접근을 불허하지만 그 안에 아무리 어마어마한 것도 다 들어가는 그 배경자리가 바로 진짜 공 자리입니다. 그래서 무한한 자리입니다.

　그래서 모든 유형무형의 것들이 그 위에서 생겨나고 사라지며 한 판 잘 어우러지는 것입니다. 이 세상이 이미 그런 것이죠. 그러니 끊어진 자리를 자각하라 한대서 자꾸 이것저것 상상하고 찾아서 되겠습니까. 그게 아니라 자기 자신이 이미 이 몸과 마음조차 일어나게 하고 사라지게 하는 그 무한의 관문임을 알아야 하고 일체가 딱 끊어진 초월의 배경 그 자체임을 자각해야 하는 것입니다. 이게 참 깨달음의 자리입니다.

그래서 우리가 눈을 감으면 거기 뭐가 있어요.
〈아무것도 없다〉는 대답은 세상 만물의 형상에 끌려 다닌 어두운 눈에나 보이는 것이고 실제론 거기에 이 〈끊어진 자리〉가 떡 벌어져 있는 겁니다. 근데 이게 눈뜬 자에게만 보이니 그게 문제지만요. 우리가 끊어진 자리를 찾으라 하니까 자꾸 생각으로나 마음으로 이리저리 궁리를 한다 이 말입니다. 하지만 그래서 찾아집니까. 그건 다 끊어진 자리 입장에서 보면 마음이 장난치는 그림자요, 망상인데요.

그럼 어떻게 해야 될까요.
그런 행위를 다 그만두라 이 말입니다.
그리고 마음을 차분히 가라앉혀 개체마음의 잔영이 남아 이 세상 만물을 실제로 있다고 착각하는 힘도 넘어서 그것들도 환상으로 보기 시작하면 서서히 그 자리가 열리어 초감각적으로 다가오기 시작합니다. 모든 형상들을 넘어선 자리 바로 이것이 진정한 우리의 형상이라면 형상입니다. 성경에 사람을 하나님의 형상에 따라 지었다 하는 말은 겉 형상이 아니라 참 형상을 말하는 것이니 본질적인 것을 표현하는 말이라 바로 이 자릴 말하는 것입니다.

그 자리로 자기가 돌아가야 합니다.
거기에 들어가 그것과 하나가 되어버려야 합니다. 그러면 어떤 현상이 일어나는가. 이 세상 삼라만상이 다 무한한 자기 안에 떠 있고 그 무한한 자리 위에서 의식들이 전깃불처럼 왔다 갔다 하며 그 의식들이 여러 가지 구름을 만드는데 바로 이 개별 구름들이 마음이라는 것이 됩니다. 그래서 깨친 자는 이 세상이 전부다 여러 가지 다양한 마음이 벌이는 환상쇼임을 보게 되며 일체가 다 자기 품 안에 한바탕 벌어져 있는 다채로운 환상의 무대임을 자각하게 됩니다.

이리되면 끊어진 자리에 드는 것입니다.
달리 말해 끊어진 자리란 제가 완전히 없는 자리요, 그래야 비로소 이 세상이 자기가 되어버리는 자리입니다. 여기까지가 무정도(無情道)의 완성입니다. 그러나 여기가 마지막이 아닙니다. 그 다음은 보신불 공부 즉, 유정도(有情道) 공부의 시작이 기다리고 있습니다.

그러니 끊어진 자리를 자각한다 함은 곧 자기가 일체를 다 쉬고 이 세상에 태어나오기 이전자리, 그 근본의식 자리로 돌아가 그 근원자리에서 고요히 관하는 의식 그 자체로 존재하는 것입니다. 그 다음 공부는 그 자리에서 나타나고 사라지는 개체마음도 쓰기 따라서는 하나의 진리이니(여기서 번뇌무명이 곧 진리란 말이 성립된다) 그것은 전체 자릴 항상 잃지 않으면서도 필요에 따라 그 위에서 개체마음을 능력에 맞게 쓰는 것이 곧 보신불자리임을 아는 것이고 또 그 작용을 스스로 체험해보는 것입니다.

이것이 유정도(有情道)의 시작이요, 사후세계에 영생 속에서 보살활동을 하기 위한 연습의 장이기도 한 것입니다. 이 끊어진 자리가 이 세상에 이미 환하게 드러나 있음에도 삼라만상의 형상에 속아 눈이 착각 속에 빠져 닫힌 사람들만이 이 몸만이 전부인줄 알고 여러 가지 망상을 갖는 것입니다. 그 자리가 나타난 것이 바로 〈지금 여기〉의 느낌입니다. 〈지금 여기〉를 고요히 한번 관해보세요. 그 이면에 바로 끊어진 자리가 떡 벌어지며 그 안에 과거, 현재, 미래의 삼세(三世)가 한 권의 책처럼 들어있으며 다양한 의식계와 물질계가 온통 어우러져 지금처럼 다채롭게 벌어지고 있습니다.

그렇지만 이 모든 것이 다 누구 안에 들어있습니까.
이것이 있어야 저것도 인식되고 의미지어질 수 있습니다.
개체가 없으면 전체도 없습니다. 물론 전체가 있어야 개체도 있을 수 있지만요. 그래서 개체인 우리가 전체인 이 근본 우주자리 위에 출현한 것입니다. 끊어진 자리는 하나님의 능력인 창조의 자리라 모든 것을 다 만들어낼 수 있습니다.(이것을 불교용어로는 〈아마륵果〉라고도 합니다) 그렇지만 그 자리가 나타나는 관문이 바로 다름 아닌 우리 자신인 것입니다. 그래서 우리가 곧 궁극의 창조주(이것이 정히 부담스러우면 자녀라 해도 괜찮다)인 것입니다.

하나님은 우리를 그분의 역사에 늘 동참시키신다는 말은 이처럼 해석해야 합니다.
즉, 그분과 우리는 이미 하나로서 서로 분리하거나 떼려야 뗄 수가 없는 불가분의 관계에 들어있다는 것입니다. 이 말을 이미 예수는 "하나님 안에 내가 거하고 있고 내 안에 또한 하나님이 거하신다."라고 말하였습니다.

# 거듭나기 수행의 요지

이제 여태까지 설명해 온 명상의 공부 방법을 재정리해보겠습니다.

그리고 이것을 〈거듭나기(Born Again)〉명상법이라고 이름 지어 부르도록 하겠습니다.

거듭난다는 것은 죽을 수밖에 없고 잊혀질 수밖에 없는 개체의 내가 전체성의 영원한 생명을 가진 무한한 능력의 〈나〉로 거듭 태어난다는 말뜻입니다. 어디에서 어떻게요. 바로 이 우주를 다 삼킨 나의 진공묘유의 내면세계 속에서, 있는 그대로의 진리상태에 있는 또 다른 나를 되살림으로써.

이 공부법은 아래와 같이 법신불공부, 보신불공부 그리고 화신불공부로 이루어집니다.

(1) 제1단계가 법신불 자각입니다

이것은 〈색즉시공〉을 깨닫는 단계인데 다시 여기에는 두 단계가 있습니다.

첫 단계는 초점의식(순수개체)으로서의 자신의 인신(人神)자리를 자각하는 것입니다. 이것은 보고 듣고 느끼고 맛보고 냄새 맡는 이 살아 있는 자리가 과연 무엇인가 하는 것을 자각하고 탐구해 들어가 이 몸뚱이를 넘어서 이 몸을 이끌고 다니는 그 초월적인 끊어진 자리의 존재를 자각하는 것입니다.

사람들이 이 자리를 쉽게 자각하지 못하는 이유는 자꾸 그것을 대상화하거나 객체화하여 그것을 자기 바깥에서 인식하려들기 때문입니다. 진리를 찾고 생각하는 놈, 지금 이 글을 읽고, 보고, 듣고, 느끼고, 상상하는 이 자리의 존재가 바로 있는 그대로의 자신이자 자연적인 진리인 법신자리입니다. 그것은 마치 온 세상 만물을 다 비추지만 정작 비추는 자기 자신은 못 비추는 거울과 같이 그렇게 존재하고 있습니다. 그래서 우리가 그것을 보통 마음을 써서는 도저히 찾지 못하는 것입니다. 하지만 거울이 없으면 삼라만상이 비추지 않을 터이니 거울이 스스로 〈자신이 거울임〉을 자각하여 알면 될 것입니다.

두 번째 단계는 전체바탕(근본의 전체자리)으로서의 자신의 원신(原神)자리를 자각하는 것입니다. 이것은 의식조차도 나오는 자리로서 의식계의 근본바탕자리이며 동시에 일체의 물질우주의 바탕도 되는 자리입니다. 이 원신의 자리에서 수많은 초점의식(자각하는 개체의식)이 나왔는데 그것은 마치 한 촛불에서 수많은 촛불이 불을 이어 받아 이어 나올 수 있는 원리와도 같고 또 계곡을 흐르는 물이 수많은 갈래로 나뉘어 흐르지만 그 본질이 다 같은 하나의 물인 사실과도 같습니다.

이 두 자리는 본래 하나지만 우리에게 깨달은 후에도 마음이 크고 작게 작용하고 있어서 이렇게 필요상 법신불을 둘로 나누는 것입니다. 즉, 우리의 마음이란 본래자리[體]에 돌아가 있으면 끊어진 자리로서 부여잡을 수가 없으되 용(用)을 써서 일어날 때 그것이 작으면 개체마음이요, 크면 전체마음이라 하는 것으로서 크기도 없고 냄새도 없고 형상도 없고 빛깔도 없지만 보통은 이 육신 안에 갇혀 있습니다. 하지만 수행을 해서 그 마음이 자기 본래자리에 깨어나면 육신의 형상을 벗어나 온 우주자체가 되거나(이것을 범아일여라고 합니다) 혹은 그마져도 넘어서서 우주를 그대로 다 삼켜 담을 수도 있는 신묘한 것입니다.

이 관계를 보다 더 구체적으로 설명한다면 다음과 같습니다.
우리의 세상 삶을 컴퓨터게임에 비유해봅시다. 그러면 우리는 우리의 몸을 마치 게임할 때 하나의 주인공(아바타)처럼 삼아 가지고 그것만을 나라고 집중해서 주시하며 움직이게 됩니다. 하지만 실제는 그 아바타를 포함한 게임의 전 화면이 다 하나의 프로그램입니다. 실상 그 아바타는 그 프로그램 속 다른 화면들과 동일한 하나의 개체존재에 불과하지요.
하지만 우리가 그 게임에 몰두하면 그렇게 안 보입니다. 우린 그 개체 아바타만을 나라고 여기며 그것의 성공을 위해서 온갖 노력을 다합니다.

그러나 그 게임이 끝났을 때 우리는 어떻게 합니까.
그 개체아바타는 다른 아바타들과 함께 그리고 그 배경이 되었던 화면들과 같이 하나의 프로그램으로서 우리에게서 완전히 사라지고 맙니다. 이것이 너무나도 우리의 삶과도 닮았습니다. 우리는 이 몸을 나의 아바타로 삼아 이 세상살이라는 게임을 하고 있습니다. 우리는 그래서 지금 다른 존재들이나 삼라만상들이 다 하나의 프로그램이라는 것을 미처 자각하지 못하고 있는 것입니다. 실상은 우리는 모두 다 이처럼 이 세상이란 프로그램 안에서 하나입니다.

이것을 깨닫는 것이 바로 깨달음이란 것입니다.
다시 말해 우리가 이 세상이라는 물질세계(컴퓨터게임화면)에서 벗어나는 것입니다.
그리고 우리 자신이 본래 이 화면을 벗어나 있는 초월적 빛의 무한한 존재임을 자각하는 것입니다. 이런 존재형태가 이 세상에는 없기에 우리가 그런 존재방식에는 익숙하지 않아서 바로 못 찾는 것일 뿐입니다.

기존의 불교수행(참선)에서는 여기까지가 깨달음의 끝으로 되어 있습니다.
즉, 마음자리의 체와 용을 깨달으면 공부가 다 끝났다고 하는 것이지요. 그러나 이는 사실은 아직 중간과정에 불과한 것이며 그 이상의 과정이 더 있습니다.
그것이 바로 이 다음에 소개하는 보신불, 화신불 수련과정인 것입니다.

## (2) 제2단계는 보신불 자각입니다

이것은 〈공즉시색〉을 깨닫는 과정인데, 달리말하자면 법신불과정이 〈모든 것이 공함〉을 보는 것이라면 보신불과정은 거꾸로 그 자리에서 현실처럼 나타난 모든 것이 있는 그대로 진리임을 보는 과정입니다.

여기에도 다시 두 단계가 있는데 첫 단계는 〈나 자신이 바로 전체(하나님, 부처님)가 만든 살아 있는 진리의 개체〉라는 사실을 자각하는 것입니다.

그렇습니다. 이 내가 잘났거나 못났거나 있는 그대로 하나님(부처님)의 온전한 창조물인 것입니다. 그래서 내 개체가 다시 전체인 본래 자리 안에서 진리로 영원히 부활하는 것입니다. 이 차원에서는 내 개체가 더 이상 유한한 개체가 아니며 영원성을 가진 존재가 임의로 자기의 형상을 취하여 가지는 의미에서 영생한다 하는 것입니다.

두 번째 단계에서는 그런 개체로서의 내 마음이 더 이상 이 육신으로서만 그 형상에 매여 있지 아니하고 자유의지로 마음차원(의식계)에서는 돌멩이나 새나 꽃이나 구름이나 산이나 바다나(산신령이나 용왕은 그런 자리에서 나오는 것이다) 더 나아가서는 지구나 별이나 우주은 하계에 이르기까지 다 되어보는 광자체(光子體)로의 변신체가 되는 단계입니다. 이 차원에서부터는 실로 우주의 대자유 주인공으로서의 삶을 누리는 단계가 시작되는 것입니다.

이 두 단계를 앞의 컴퓨터게임에 비유해서 말한다면 전 단계는 있는 그대로의 내가 실제의 내가 아니라 이 세상이란 컴퓨터게임 프로그램속의 아바타 주인공임을 알아차린다는 말이요, 두 번째 단계는 이제 내가 나를 안 이상 꼭 이 아바타만을 나라고 고집할 것이 아니라 보다 더 여유로운 마음으로 다른 존재나 사물화면 등도 새로이 나라고 여길 수도 있는(내가 주인공 선택을 달리할 수 있는 여유를 가지는) 차원을 말합니다.

(3) 제3단계는 화신불 자각입니다

이것은 〈色空不異(색공불이)〉의 통합원리를 깨닫고 응용하는 단계로서 다시 여기에도 두 단계가 있습니다.

그 첫 단계는 내가 있는 그대로 전체가 온통 이미 진리인 이 세상 전체와 더불어 한 덩어리로 그것이 된 내 전체 마음자리 속에서 부활하여 되살아나는 것입니다. 다시 말해서 전체가 들어있는 내 마음이 기존 전체세상(기존의 전체우주)으로부터 횡으로 번식하여(복사되어) 또 하나의 살아 있는 정신 속의 영원한 우주가 되는 것이고, 그것이 우리가 몸으로 살 때에는 이 물질세상과 겹쳐져 있어 둘이 아니지만 의식으로 존재할 때에는 내 마음속에 영원히 살아 있다는 점에서 둘인 것입니다.

여러분은 〈식스 센스(여섯 번째의 감각이란 뜻)〉란 영화를 보셨을 것입니다. 그 영화의 원리와 비슷하게 생각하시면 됩니다. 여러분이 고

향마을이나 정든 곳이 눈에 삼삼할 때가 있지요. 그것이 바로 의식계 안에서 그 존재들이 내가 창조함으로써 영생할 수 있다는 증거입니다. 개체마음이 전체마음이 되면 그 마음이 바로 근본의식계와 사이클이 통하여 하나가 되는 것입니다. 이것을 부처님의 가피에 의해 일체중생이 극락왕생한다고 말할 수도 있는 것입니다.

두 번째 단계에서는 전체우주가 된 내가 그 전체의 일부나 혹은 전부를 내 뜻에 의해 재창조하거나 바꿀 수도 있고 혹은 일체를 쉴 수도 있고 무한성의 법신불 자리 안에 일체를 가지고 창조와 체험을 할 수 있는 것이니 그야말로 대자유의 대각자(창조주, 아미타불)가 되는 차원이 열린다고 하겠습니다.

이 역시 컴퓨터 게임에 비유해서 말한다면 전자는 이제 내가 게임 속의 어느 한 아바타만을 나라고 고집하지 않고 여러 존재들 입장을 충분히 다 고려하며 전체게임을 여유롭게 즐기는 전체입장이 된다는 것을 의미하며, 후자는 내가 더 나아가 이제는 하나의 새로운 다른 게임프로그램도 만들 수 있는 단계를 의미합니다.

# 거듭나기 수행의 개요

거듭나기 명상 수행법은 크게 세 가지 단계로 이루어져 있습니다.
**그 첫째는 식스존(Six Zone) 명상입니다.**
식스존 명상은 우리가 이 몸이라는 착각을 가장 강하게 갖게 하는 여섯 가지 요소(생각, 감정, 감각, 관계, 시간, 공간)들로부터 우리를 분리시켜 스스로의 본성에 깨어나게 하는 획기적인 명상법입니다.

기존의 다른 명상법들이나 수행방법과 달리 식스존 명상은 우리가 수행의 방편으로 의지하고 있는 이런 여섯 가지 요소들을 우리와 자기동일시하는 게 아니라 오히려 거꾸로 그 본질을 보게 하며 그 방편들이 우리에게 영향을 주는 전 과정을 명백하게 밝힙니다.

그래서 식스존 명상의 목표는 사람들을 빠른 시간 내에 나의 삶을 사는 나란 과거의 존재방식자체를 획기적으로 바꾸어주어 한곳에 〈머무르지 않는 존재성〉 혹은 〈살아 있는 공성(空性)〉의 본성을 체험하게 하는 것입니다.

이러한 깨어남이 불과 사나흘간의 특강으로 가능합니다.
왜냐하면 잘 짜여진 시청각교육으로 핵심을 잘 짚어가면서 우리의 오감을 입체적으로 자극하고 깨어남을 확실하게 열어주기 때문입니다.

아무리 선생이 잘 가르친다 해도 사람은 결국 자기가 이해한 만큼 받아들입니다. 그래서 이해를 시키려 하지 말고 그 사람이 익숙한 과거의 존재방식을 바꾸어야 합니다.

이 교육과정에서는 이해를 하는 게 아니라 사람의 존재방식을 근본부터 다시 살피고 완전하게 다시 바꾸는 작업을 합니다.

이것이 바로 인간 존재방식의 근본적인 변형을 지향하는 식스존 시청각교육입니다.

식스존 교육을 받으면 그 사람은 자기의 식스존 밖에 존재하기 시작합니다.

그러므로 자기 주관적인 생각이나 느낌, 감정들이 일으키는 현상들로부터 자유롭게 됩니다.

자기를 항상 객관적으로 지켜봄으로서 과거 자기를 무의식중에 지배했던 업습으로부터 벗어난다는 것, 바로 이것이 혁명적인 수행법입니다.

그리하여 마침내 자기 마음의 파도를 벗어나 존재의 본질을 스스로 보고 느끼게 됩니다.

**그 다음은 헤븐존(Heaven Zone) 명상법입니다.**
보통 대다수의 수행법이나 명상법은 〈살아 있는 공성〉의 마음을 체험하면 그것으로 공부가 끝난 것처럼 여기는 경우가 많습니다.

하지만 우리는 과거로부터 살아온 습성으로 인해 과거의 자기(업습)가 여전히 살아 있으면서 그것이 이 〈공성〉을 과거 한때의 체험으로 정보화하여 가지려 합니다.

즉, 깨달음을 체험화하여 기억하고 소유하려 드는 것입니다. 하지만 이것이 바로 잘못된 길로 가는 첩경입니다.
왜냐하면 깨달음이란 진리가 내 안에 들어와 나라는 생명현상을 사는 것이지, 관념 속의 허상인 내가 진리를 소유하거나 기억하는 게 아니기 때문입니다.

하지만 대부분의 수행자들이 이런 함정에 빠져 있습니다.
그래서 일정한 체험을 하거나 〈살아 있는 공성의 진리〉를 얼핏 알았다 해도 그 수준에서 더 나아가지 못하는 이들이 많은 것입니다.
헤븐존은 첫째로 이런 사람들에게 며칠의 특수한 집중수행법으로 인해 확실한 〈존재의 중심이동〉이 일어나게 합니다.

즉, 나를 철저하게 인수분해하여 과거의 내가 실존하지 않는 허구의 존재임을 확실하게 자각하게 하고, 그 대신 그자리에는 살아 있는 공성이 그대로 삶 속에서 매순간 〈NOW〉로서 나타나 〈나〉를 표현하고 사는 것임을 명백하게 전 존재로 체득하게 하는 것입니다.

나란 본질적으로 NOW(지금 여기)의 살아 있는 공성이 매순간 여러 가지 인연과 조건에 의해 연기법적으로 나타나는 것이나 우리는 〈나라는 생각〉 속에 빠져 그것을 상호연결하고 이어 붙여서 연속극처럼 〈아무개의 일생〉이라는 이야기를 만듭니다.

사람이 깨어나려면 이러한 오류를 명백하게 직시해야 합니다.

나를 철저하게 인수분해하여 나란 것이 본래 존재하지 않음을 명백하게 자각하게 하며 그 대신 내가 존재하지 않는 그 자리에 과연 무엇이 있는가를 확철대오하게 하여 그 실존적 존재로서의 새로운 나로 완전하게 거듭 태어나게 합니다.

즉, 헤븐존 명상은 곧 나란 존재 자체를 인수분해하여 나의 정체를 직시하게 함으로써 과거의 내가 생각하는 방식, 느끼는 방식, 관계를 만드는 방식, 간정과 욕망을 자기동일시하는 방식 등으로부터 나를 자유롭게 해탈하게 하여 지금 여기에 나타나는 나란 존재방식을 완전히 바꾸어 버리는 것입니다.

즉, '진리가 뭐다' 라는 것을 아는 게 목표가 아니라 정말로 그렇게 되는 게 목표입니다.

그래서 살아 있는 무한 가능성의 주체가 자기가 되고, 그것이 곧 나란 개체아를 구현하고 살고 있음을 증득하고 스스로 그러한 존재를 실현하게 만들어 줍니다.

**그 다음 단계는 자기 삶의 주인공이 되는 마스터과정(붓다존: Buddha Zone)입니다.**
이 단계에서는 법신불은 이미 알았으나, 그것을 새로이 거듭난 나로서 항상 되게 하는 보림 과정으로서 뉴 식스존(New Six Zone)이라고도 하며, 그렇게 다시 창조되는 새로운 내가 우주근원으로서 이 개체현상의 나를 다시 살기 시작하는 과정입니다.

이것은 그래서 일여(一如)함을 목표로 합니다.
일여하게 되기 위해서는 모든 존재 안에 이미 항상 존재하는 삼세를 초월한 거대한 내적 주시자의 눈을 자각·발견하여야 합니다.
그럼으로써 이 삶을 사는 내가 진리를 찾는 게 아니라 이 삶 자체가 우주적 자아가 꾸는 꿈임을 자각하게 하며, 그 결과 여기에 나타나 있는 나라는 개체가 곧 초점의식으로서 집약되어 드러난 근원우주의식이며, 그런 까닭에 개체가 곧 전체와 하나로 연결된 신비로운 존재이며, 우주이며, 그대로 영원이며, 근원임을 스스로 깨닫게 됩니다.

이것을 기독교식으로 말하면 내 안에 하나님이 들어계시고 또한 하나님 안에 내가 존재함을 자각하는 것입니다.
이것을 머리로만 아는 것이 아니라 가슴에서 제 마음을 통하여 다양한 체험으로 직접 느끼게 되어야 합니다.
우리가 수행을 통해 영안을 뜨면 한 개체 속에 전체우주가 다 고구마 뿌리처럼 이어서 들어 있으며 모든 영적세계도 서로 이어서 연결되어 있습니다.
그래서 내가 손가락을 들면 전우주가 따라서 움직이는 힘과 섭리를 스스로 보고 느끼게 됩니다.

이것이 바로 초의식세계이며 우주 대생명 존재에너지의 불가사의한 세계입니다.
개체가 전체와 하나로 통하여 그 마음이 우주마음이 되어 살기 시작하는 것, 바로 이것이 보신불을 증득하는 것이며, 법신불을 보림하여 우리 마음과 확고하게 연결시키는 것입니다.

　세상엔 깨달음이란 이런 것이다 하면서 자기 식대로 이해하고 주장하는 곳은 많지만 사실 깨달았다고 다 같은 것이 아니며 부처라고 다 같은 부처가 아닙니다.

　식물인간 같은 3차원적 허공에 빠진 깨달음의 경지는 대사(大死) 후 대활(大活)이 없으니 아직 한참 모자란 것입니다.

　이러한 실존적 존재에너지를 실제로 체험해야 비로소 초견성을 면하고 큰 깨달음으로 나아갑니다.

　아무리 말로만 진리를 나누어봤자 결국은 말잔치에 그칩니다.

　실제로 수행하여 일상의식을 넘어선 존재의 다양한 초의식세계에 밝아져야 하며, 그러한 각성과 존재에너지에 의해 서서히 심안이나 제3의 눈(영안)도 열리게 되는 것입니다.

　실제로 체험하고 에너지적으로 변하는 공부가 아니면 아무리 말은 현란해도 결국은 관념과 생각 속에서 상념으로만 하는 진리탐구에 그치기 쉽습니다.

명상은 그래서 모든 것은 내가 만들고
내가 체험한다는 절대 진리에 대한 〈깨어남〉이며,
내가 만든 과거 속 나로부터 나를 벗어나게 해주는 참다운 해탈의 방법입니다.

# 6

## 창조와
## 체험

# 삶의 본질은 창조와 체험이다

제가 마음자리에 눈을 뜨고 보니 세상은 그대로 한 편의 코미디였습니다. 그래서 한동안은 남들이 어떻게 대해오든 바보처럼 웃고만 다녔지요. 제 눈엔 세상은 존재하는 일체가 우주의 여러 의식들이 창조한 개체마음들이 다시 또 창조하는 세계였고 우리는 그 안에서 자기가 만들어낸 그것들을 누리고 체험하는 무대 속의 배우들이었습니다. 그런데도 사람들은 지금도 그것을 까맣게 모르고 세상이란 한 편의 연극영화 속에 푹 파묻혀 살아가고 있습니다.

우리가 지금 여기서 진리를 논하고 수행을 얘기하고 있지만 그러나 여러분 한번 잘 생각해 보세요. 세상에 원래 태초부터 깨달음이란 게 있었던가요. 아니지요. 그것은 분명히 인류가 만들어낸 하나의 정신적인 유산입니다. 즉 지금 우리가 하는 짓은 우리가 이러저러한 것이 깨달음이다라고 규정한 뒤 스스로 그것을 그 논리회로 안에서 그 논리가 가르키는 체험을 하려고 노력하는 중이다 이 말입니다. 즉, 우리가 창조하고 그것을 우리가 또 체험하고 있습니다.

종교가 그렇고 법률이 그렇고 문화가 그렇고 경제든 교육이든 다 그렇습니다. 모든 인류가 가진 정신적인 소프트웨어들은 다 우리가 만들어낸 우리의 〈생각들〉이다 이 말입니다. 그래서 그 생각을 잘 마스터하고 그대로 따라한 사람을 우리는 대단한 사람, 성공한 사람이라고 칭송합니다. 공부 잘하는 사람, 골프 같은 운동 잘하는 사람, 다 우리가 만든 법칙을 잘 따라 하는 사람들이지요. 그런데 이거 가만히 잘 살펴보면 아주 우습지 않습니까.

즉, 이 모든 것은 바로 우리가 문제를 어렵게 만들어 던져놓고 우리가 자기가 만든 문제를 또 열심히 고민하며 풀고 있거든요. 하지만 알렉산더가 복잡하게 매듭지어진 밧줄을 풀라하니까 단칼에 끊어버린 거 기억나시지요. 우리가 만든 이 밧줄 매듭을 풀라니까 대다수 사람들은 그 문제 안에 빠져 그 문제의 기본 성격을 직시하질 못합니다. 일체는 바로 우리가 만든 우리의 〈창조〉라는 것을 말입니다. 그러나 극소수의 사람들은 그것이 다만 인간의 생각이 만든 피조물이라는 것을 압니다. 그래서 그 문제로부터 본질적으로 자유롭지요.

바로 이런 정신이 복잡다단한 명상수행법이 넘쳐나 우리를 혼란시키고 여러 갈래길에 빠지게 하는 오늘날에 있어서, 우리가 정신을 똑바로 차리려면 바로 이 점을 명심 또 명심해야 된다는 말입니다. 한번 보세요. 화두참선을 해서 몽중일여, 오매일여, 숙면일여, 생사일여를 해야 깨달음이다 하니까 사람들은 다 그 생각에 사로잡혀(밧줄 풀기에 매달려) 어려운 걸 열심히 하고 있습니다. 하지만 아무리 어려운 것이라도 가능한 것이라면 하면 결국은 되지요. 이건 마치 서커스에서 고난이도의 공중돌기를 자꾸 연습해서 결국은 해내는 것과도 같아요.

그러나 그래봤자 다만 그것을 잘할 수 있는 것뿐이에요. 안 그렇습니까. 몽중일여가 된다고 인품이 더 훌륭해지거나 그림 못 그리던 사람이 갑자기 더 잘 그리거나 수영 못하던 사람이 수영을 잘하게 되는 거 아닙니다.
물론 그렇게 하는 공부가 훌륭하지 않단 말이 아닙니다.

그러나 모든 게 다 이렇습니다. 그러니까 단지 우리는 우리를 앞서 간 선배님들이 만들어주신(?) 생각(좀 비판적으로 말해서 번뇌망상)들은 다만 그들만의 생각이라고 보시면 바로 모든 문제에서 해방됩니다.

실로 모든 문제와 장벽들은 우리가 문제라고 보니까 문제인 겁니다. 우리가 문제를 우리에게 힘 있는 실제 진리로 삼으니까 그때부터 그 문제가 우리에게 대단한 힘을 가진 위력을 갖는 것이고요. 이처럼 우리는 자기가 실로 세상의 모든 문제들을 바라보는 다양한 모든 〈관점〉, 자기가 이 세상의 모든 문제를 다 풀 수 있는 본질적인 해결 능력을 다 가지고 있는 열쇠 그 자체인데 그것을 모른 채 어느 하나의 관점에만 매여 갑갑하게 살고 있다는 말입니다.

깨달음이란 것도 한번 잘 살펴봅시다.
이러저러해야 한다고 유명한 스님이나 선각자가 말하니까 다들 그 생각에 포로가 되어버렸습니다. 즉 남이 창조한 것에 매인 것이지요. 그래서 자기란 주체를 잃어버리고 남의 창조물만 쫓아다닙니다. 그래서 그 사람이 전제한 체험을 해야만 제대로 된 깨달음이다란 논리 회로에 갇혀버린 거예요. 그거 한번 갇히면 평생 못 벗어납니다. 누가 〈진리란 이런 것이니라〉 하니까 자기가 그것을 진리로 받아들이고 나서는 그 틀 안에서 수행을 하고 기도를 하고 난리입니다. 이거 스스로 벗어나기 전에는 누가 벗겨줄 수 있는 문제가 아닙니다. 하지만 그 사람은 그 관점에 갇혔으니 다른 길로 가는 길도 많은데 꼭 그 길 아니면 안 되는 줄로 알 수밖에요.

어떤 명상단체에선 〈공〉을 보고 〈무아〉가 돼서 그것을 자기 안에서 잃지 말아야 깨달음이라 그러고, 또 어떤 단체에선 자기 자신을 끝없이 자각해야 한다 하고, 또 다른 단체에선 우주가 돼야 한다 하고 서로 말들이 각각 달라요. 그러면 도대체 뭐가 진정한 깨달음일까요.

제 말은 그런 거로부터 정말 다 자유로운 게 진짜 깨달음이란 것입니다. 이러기도 하고 저러기도 한 게 진리지, 꼭 이거다 저거다 하면 이미 고정된 고집이다 이 말입니다.
그러니 꼭 이루고 되어야 한다는 그런 〈생각〉에서 이제는 놓여나세요.
그 생각이 또 다른 개체의식을 만들고 에고이즘을 만들어 내며 우리집단이란 아상을 만들고 이것이 법이다라는 법상(法相)조차도 만듭니다.

사실 도인 되겠다는 욕심만큼 독한 욕심도 없어요.

〈그럼 아무렇게나 살란 말이냐〉하시겠지만, 그러면 또 〈아무렇게 사는 사람〉이란 인격이 만들어지는 거죠. 콩 심은 데 콩 나고 팥 심은 데 팥 나는 것처럼 결국은 우리가 만들어가지고 그것을 체험하는 게 인생의 본질이란 것이거든요.

그러니까 여러분들은 자기가 주인공이란 말입니다.
왜 자꾸 〈이래야 하는 거냐 아니면 저래야 하는 거냐〉이런 생각에 매여 있냐 이 말입니다. 자기가 만들고 싶은 인생을 사시는 게 참으로 자유스러운거 아닙니까.〈시시한 놈〉되고 싶으면 그런 생각을 갖고 살면 되고,〈괜찮은 놈〉되고 싶으면 사랑, 의리, 넓은 관점, 아량 이런 거 좀 많이 익히시면 그리되는 것이고,〈대단한 도인〉되시려면 소위 기존 종교에서 말하는 그런 생각대로 따라가시면 됩니다.

그러면 도대체 참된 진리란 뭐냐.
그것은 결국 우리의 삶의 본질이란 자기가 (생각의) 씨를 뿌린 만큼 (체험이란) 결실을 거둔다는 것 바로 그것입니다. 그러니 자기가 위대한 생각을 만들고 그 생각을 실천해서 체험하면 그게 바로 성공한 인생이고 진리대로 산 인생입니다. 돈이나 명예, 권력, 남들의 평가, 이성의 유혹 이런 것들 때문이 아니라 진짜 자기가 하고 싶어서 했고 그 결과에 만족하면 그가 가난하든 못생겼든 이룬 게 크든 작든 그는 자기가 스스로〈아무개의 인생농사〉를 지은 만큼 잘 산 거예요.

농사 꼭 크게 지어야 하나요. 꼭 쌀농사만 지어야 하나요. 아니잖아요. 배추농사라도 제가 재미있고 보람 얻으면 되는 거지요. 그러니 이제 그만 삶과 유리된 깨달음이란 꿈에서 깨어납시다.

〈이것만이 깨달음이야〉란 생각에서 풀려나야 합니다. 이것만이 진리라고 그 진리가 당신에게 와서 말해주던가요. 아니잖아요. 사실은 우리가 그 〈생각체계〉를 진리라고 인정하고 그 생각에 빨려들어가 오히려 접수된 것 아닙니까.

진짜 진실을 말하자면 우리가 깨달아야 구원받는 게 아니라 깨달음이란 개념을 만들어서 구원과 초월이란 체험놀이를 해보고 있다는 것입니다. 뭐 우리 안의 신(神)이 그렇게 스스로 자신을 자각하고 체험해보신다고 말할 수도 있겠지만요. 그러니 결국은 깨달음도 우리가 만들어 노는 하나의 생각 〈놀이〉에 불과합니다.

기독교의 구원 역시 그 본질은 마찬가지죠. 예수님 말씀 따라 그 버전으로 아주 착하고 거룩하게 노는 것뿐입니다. 우리가 만든 논리 안에서 우리가 행하고 그래서 거기서 어떤 공통된 체험을 얻는 거예요. 그래서 그것을 진리라고 이름 붙이고 그 결과로 얻는 마음의 평화스러운 상태 위에서 마음이 창조하는 세계를 천국이라 이름 짓고.

그러니 삶이란 게 기본적으로 바닷가에 놀러 나온 아이들처럼 다 즐거운 거예요. 다 〈놀이〉에 불과하거든요.

사업이 망하고 괴로워하고 병으로 아파하고 사고로 죽는 거조차도 진실은 놀이에 불과할 뿐입니다. 마치 예술가가 흙(생각)으로 그릇(이론체계)을 빚고 그것을 감상(체험)하듯이, 삶의 실상을 보면 우리는 여태까지 그렇게 살아온 거예요.

그런데도 우린 인생은 고해라느니 삶이 너무나 혹독하다느니 세상은 고통의 바다고 어두운 사탄의 세계라느니 하는 관념 속에서 일방적으로 한쪽으로 몰아붙였잖아요. 삶이 진짜 고해라면 왜 웃고 다니는 사람들도 있어요. 아무것도 모르는 천진난만한 아이들이 왜 항상 기뻐하고 즐거워합니까. 삶은 그냥 삶일 뿐이고 고해니 뭐니 하는 것은 다 자기가 창조한 생각이고 자기가 바라다보는 하나의 관점일 뿐이라는 거지요.

이게 바로 이 세상과 우릴 고통으로 몰아넣은 우리의 〈최초의 한 생각〉이에요.

그렇게 보니까 세상을 그렇게 체험하는 것입니다. 어두운 선글라스를 꼈는데 당연히 보이는 게 어둡지요. 그러니 이제부턴 우리 자신을 바로 부처(하나님의 분신이나 자녀)로 봅시다. 그럼 깨달음 문제는 바로 끝나버리지요. 꼭 뭐를 체험해야 깨닫는 게 아닙니다. 우리는 〈체험이 없는 체험〉, 즉 자잘한 체험을 다 하지 않고도 이미 자기가 하나님과 하나요, 부처인 것을 알고 스스로 부처가 되는 직관의 놀라운 체험, 바로 이 기막힌 체험을 해보아야 합니다. 그것은 자기 자신을 자각하고 직관하기만 하면 돼요.

이제 알다시피 모든 건 우리가 스스로 만든 시험문제이고 그 해답을 풀었다는 것도 일종의 자기〈환각〉이고 〈집단의 최면〉입니다.

'일단 이렇게 마음먹으면 깨달음은 넘어가고 그 대신 우리의 타고난 능력인 생각과 체험을 잘 누리는 문제만 남게 됩니다. 삶을 이렇게 바라다보게 될 때 거기에 어디에도 걸림 없이 매우 편안하게 그리고 대긍정적인 관점의 시야가 열리게 되는데, 굳이 말하자면 이게 바로 과거의 삶에 얽매인 자기로부터 벗어나 새로운 자유를 얻은 〈깨달음〉인 것이지요.

그러니 우리가 우리를 한번 돌이켜 보면 이미 완전한 능력을 가진 우리가 그동안 얼마나 불편하고 못난 것들만 창조해서 그 안에서 스스로 괴로워했습니까. 이게 다 누구 죄에요. 그건 최초의 한 생각을 잘못 굴린 조상님들 탓이고, 잘 알지도 못하면서 덩달아 아는 척한 선배님들 탓이고 또 그것을 그대로 받아들인 우리 탓이기도 하고 그렇지 않습니까.

이제 여러분들은 깨달음 문제에선 완전히 해방되셨지요.
〈그러나 이런 문제가 있지 않습니까〉 하고 지금 또 질문하시는 생각을 가지신 분 계시죠. 그게 바로 자기가 만든(창조한) 그 생각 속에 빠지는 나쁜 버릇이고 중생의 업습입니다.
지금 방금 일어난 그 생각을 과연 누가 만들었는지를 다시 또 한 번 자각해봅시다.

그렇다면 이제 우리가 누릴 것은 뭡니까.
그냥 이런 이치만 알면 다 끝인가요.
그리고 이런 생각만 계속하고 있으면 그게 잘 사는 인생인가요.
아닙니다. 이제는 체험입니다. 체험!
그래서 체험을 통해 진짜 삶에 대해 이해하고 증득도 하는 것이고요.

그런데 체험 중에 가장 크고 좋은 체험이 뭡니까.

그거야 자기가 양적으론 우주를 품에 삼키는 것이고 질적으로 제 마음에 최고의 행복과 평화를 누리는 거 아니에요. 이게 바로 인간관점으로 말하면 아니 계신 곳이 없는 분과 합일하는 것이고 최고의 내면적인 은총을 입는 것 아니겠어요.

그래서 제 얘기는 자기가 이미 부처(하나님)란 것을 알고 깨우쳤어도 또 보신불, 화신불 수련이 필요하다는 겁니다. 뭐 이미 스스로 배부르신 분은 안 하셔도 되시지만 그래도 우린 지금 다같이 체험을 하기 위해 이 물질세계 한마당 잔치에 모인 거니까요. 어차피 창조하고 있으니 그 다음은 체험하는 거밖에 더 있나요. 그렇다면 기왕에 어차피 창조와 체험 다 공짜로 하는 건데 왜 일부러 나쁜 것, 힘든 것, 못난 것만 골라서 창조하고 그 악몽 같은 체험을 또 스스로 가지고 누리며 괴롭다고만 하느냐 이 말입니다.

이렇게 보면 인생이 다 코미디 아니겠어요.

자기가 만들거나 받아들인 생각 속에서 그 논리에 따라 이런저런 체험을 얻으려고 스스로 애쓰는 사람들. 자기가 만든 문제에 자기가 갇힌 사람들. 그러니 할 일도 많고 하지 말아야 할 일도 많아지고 인생이 이리도 복잡해진 거죠. 사실은 인생이란 자기 생각 속에서 살다가 그 생각에 따른 체험만 얻고 가는 회로인 셈이지요.

그러니 이 이치를 알아 수백만 수천만의 회로방정식에서 놓여나면 즉, 일체에서 놓여나면 그대로 곧 끊어진 자리와 그것을 비추는 의식만이 남는데, 그 의식 위에 일상의식이 꽃을 피우는 것임을 알면 바로 보통 인간의 삶의 방식을 초월한 사람이 되는 것입니다. 즉 이렇게 되면 더 이상 할일이 없어진 대자유인이 되는 것이지요. 그리고 그 다음에 남는 것이란 그냥 삶을 기쁘게 누리는 〈체험놀이〉만이 남아요.

결국 우리는 지금 우리 각자의 능력을 가지고 다양하게 창조와 체험을 해보며 노는 것입니다. 이것이 지금 우리가 영위하는 삶의 궁극적인 본질입니다. 그래서 삶이 한바탕의 놀이란 것이고요.

# 왜 우리는 권태로운가

작년 말쯤 제가 아는 사람들 중에 아주 재색을 겸비한 촉망받던 한 처녀가 자살을 했습니다. 유서의 내용은 〈뻔한 인생이 너무나 지겹고 권태롭다〉는 것이었습니다.

하지만 그 부모가 받은 상처나 아픔은 얼마나 컸을까요.

우리도 물론 그녀처럼 삶을 지루하고 권태로운 것이라 여길 때가 많습니다.

사실 삶 속에 있는 모든 요소들이 다 그렇지요.

이제는 매일 못난 모습, 안 좋은 모습을 하도 봐서 식상한 남편이나 마누라가 그렇고, 직장의 사장님이나 상사들이 그러하며, 영적인 상승은 다 잊은 채 자기의 즐거움만 찾아 헤매는 그 수준의 뻔한 친구들이나 무한 경쟁위주의 메마른 사회구조 또한 그러합니다.

일요일에 교회를 가면 목사님이 우리는 모두 다 큰 죄인이고 잘못 믿고 있으니 빨리 회개하라고 다그치는 말씀이 또한 그러하며, 사찰에 가보면 시장에서 생선 파느라 혹은 각종 화물을 나르느라 삶에 지친 아줌마, 아저씨들을 모아놓고 화두참선을 배워 화두를 들고 용맹 정진을 하라고 현실에도 안 맞는 말씀을 하시는 스님들이 또한 그러합니다.

　정치가들의 싸움이 그러하며 매일같이 터져 나오는 사회의 각종 대형비리사건이나 폭력사건들 또한 그러합니다. 사람들은 부동산투자다 주식투자다 하며 일확천금 돈 벌기에 혈안이 되어 있고, 가만히 회사나 다니는 사람들은 도대체 제대로 정상적으로 사는 것인지 알 수가 없습니다. 누구든 나를 만나면 어떻게든 나를 이용이나 하려 들고 이용가치가 없으면 무시하기 일쑤입니다. 이런 사회구조 속에서 대체 우리는 어디에 가서 어떻게 존재해야 참으로 삶의 의미를 찾을 수 있는 것이며 편안히 쉴 수가 있는 것일까요.

　그러나 진실로 이런 모든 문제를 해결하는 방법은 이 사회를 바꾸는 데 있지 않습니다.
　그러면야 무척 좋겠지만 그것은 실제로는 불가능합니다.
　그러므로 그것을 해결하는 것은 우선적으로 세상을 바라보는 나를 바꾸는 데 해답이 있습니다. 이것은 세상을 내가 어떻게 바라보느냐 하는 문제이기도 합니다. 여기서 지면 사람들의 착각이 모여 만든 마음세계에 같이 빠져드니 중생이요 죽는 것이며, 여기서 이기면 내가 구원받고 깨달아 영생하는 것입니다. 즉, 우주의 이치란 내가 바라보는 세상에 내가 가서 속하고 살게 된다는 것입니다.

　이 말은 그래서 구원과 깨달음이란 우리가 이 삶 속에서 과연 무엇을 볼 것이냐 하는 문제로 귀결된다는 말입니다.

그렇다면 우리는 지금이 삶에서 과연 무엇을 바라보아야 한다는 것일까요.

가만히 눈을 돌려 살펴보면 우리의 삶은 너무나도 경이로우며 우리의 존재는 위대한 우주적 사랑의 결실이라고 아니할 수가 없습니다. 지금 나도 모르는 사이에 내 심장이 뛰어 내 몸 구석구석에 피를 돌려주고 위장은 내가 시키지도 않았는데 아까 먹은 밥을 소화시켜 주며 백혈구들은 내 몸에 침투한 세균들을 제각각 최선을 다해서 열심히 잡아주고 있습니다.

이처럼 우리의 몸은 우리가 사는 게 아니라 알지 못할 섭리와 보이지 않는 손에 의해 살려지고 있으며 우리가 다만 제자리에서 가만히 일하는 동안 세상은 나를 살리기 위해 엄청나게 바쁘게 돌아가고 있습니다. 태양은 들판에 햇빛을 내리쬐어 곡식을 익게 하고 있고, 무역업자는 열심히 수입 수출을 하고, 운전수는 화물을 열심히 나르고, 유통업자는 또 각종 상품을 날라 내가 간단히 사먹을 수 있도록 최선을 다하고 있습니다. 내 점심 준비를 하는 요리사는 또 주방에서 땀을 흘리며 열심히 요리를 하고 있지요.

아침에 뒷산은 그래도 맑고 신선한 아침공기를 내게 베풀어 줍니다.
어린 아가들은 나를 보며 방긋 웃습니다. 여름밤의 풀벌레소리들은 어렸을 때의 고향 생각을 나게 하며 하늘은 오늘도 파랗게 빛나고 하얀 구름은 꿈같이 두둥실 흐르고 있습니다. 내가 무엇을 보고 무엇을 느끼느냐에 따라 이처럼 삶은 나에게 다양하게 비쳐지는 것입니다.

권태나 지루함은 누구에게나 항상 있는 것이 아니며 그것은 우리가 삶 속에서 깨어 있지 못해 일상이 다 똑같고 큰 변화가 없다고 여길 때 내 속에서 만들어져 나타나는 것입니다.

그러므로 우리는 〈자기가 권태를 창조한다〉는 진실을 바로 보아야 합니다.
제가 우리가 스스로 권태를 창조하는 메커니즘에 대해 한번 설명해 볼까요.
그것은 우리가 바로 지금 나의 〈현재에 대해〉 밝게 깨어 있지를 못하기 때문입니다.
깨어 있지 못한 상태에서 우리는 자기가 만들어내고 자기 마음속에 가지고 있는 여러 가지 고정관념과 굳어진 상념들, 그리고 욕구불만 속에서 그 색안경을 통해 세상과 자기 가족과 이웃 사람들을 바라봅니다.

그러므로 그렇게 마음의 색안경을 쓴 상태에서는 세상은 그 안경의 색처럼 어둡고 갑갑하게 보이는 것입니다. 이처럼 삶은 자기가 보는 대로 느끼고 듣는 대로 생각하며 살아가는 것입니다. 그렇다면 우리가 과연 우리의 이 경이로운 삶 속에서 실제로 보고 들어야 할 것은 과연 무엇이겠습니까.

제가 하고 싶은 말은 이것입니다.
〈과거의 나로부터 깨어나세요!〉
그리고 눈을 들어 이 놀라운 우주를 한번 찬찬히 응시해 보십시오.

깨어난 사람은 매 순간 깨어 있기에 조금 전의 과거에도 전혀 얽매이지 않는 사람입니다.

그래서 그에겐 직전의 과거가 늘 죽습니다.

과거가 계속해서 죽고 또 죽고 사라지기에, 그는 늘 현재에 충만하게 머무르며 오직 현재만을 삽니다. 그것은 마치 백만 년 동안 어둠과 침묵 속에 있다가 이 빛나는 세상에 처음 나타나 삼라만상을 응시하는 사람의 경이로운 눈길 같은 것입니다. 그의 눈길은 항상 그러합니다.

그러니 그의 새로운 눈길에 항상 갓 태어나는 이 세상은 그 얼마나 눈부시게 아름다울까요.

그때 그런 순간에는 더러움조차도 아름다움이며 경이로움입니다. 모든 것이 찬란하게 빛나는 아침 햇살 같은 그 마음에 무슨 용서 못 할 죄가 그렇게 크겠으며 무슨 선악의 시비가 자리할까요. 거기에 무슨 괴로움과 안타까움이 둥지를 틀 수 있을까요. 삶이 이처럼 놀랍고 경이로운데 왜 아이들처럼 가슴 뛰며 세상 속으로 달음박질쳐 나가서 뛰놀 수가 없겠습니까.

모든 우리의 마음속의 고통과 섭섭함, 외로움 등은 다 이처럼 자기가 스스로 욕구하는 것이 해결되지 않았다는 자기 감정과 생각이 지지고 볶고 열을 내는 회로 속에서 자기가 구워낸 빵 같은 것입니다. 그 괴롭고 쓴 맛은 자기가 창조한 것인데도 우리는 그것을 또 씹고 씹고 하며 고통을 되새김질 하는 것입니다. 그런 사람이 어떻게 자기의 삶이 괴롭고 권태롭지 않을 수가 있을까요. 자기가 오로지 그것만을 바라다보고 있는데 어떻게 다른 것이 보일 수가 있나요.

   현대에는 우울증 환자가 너무나 많습니다만, 사실 그런 분들은 자기의 욕망이 좌절되거나 희망이 잘 현실화되지 않을 때 그런 병에 걸리기 쉽습니다.
   저는 이제 그런 분들에게 명상을 권하고 싶습니다. 명상은 자기를 돌아보게 합니다. 명상은 고요히 자기를 성찰하고 자기가 가진 혼란스러움이나 잘못된 생각 등의 가짐으로부터 자기를 해방시켜 줍니다.
   명상은 집단의 군중심리를 이용한 세뇌와 자기 마취 속에서 벗어나게 해주며 참된 자기를 똑바로 응시하게 해줍니다.

   명상은 그래서 모든 것은 내가 만들고 내가 체험한다는 절대 진리에 대한 〈깨어남〉이며, 내가 만든 과거 속 나로부터 나를 벗어나게 해주는 참다운 해탈의 방법입니다.

# 진정한 자유

제가 명상이나 깨달음을 위해 노력하는 수행자분들에게 참 답답한 게 있습니다.

그게 뭔가 하면 대다수의 분들이 줄곧 남의 생각과 개념의 노예가 되어 있으면서도 그것을 모른다는 것입니다. 그분들이 구원이나 깨달음에 대해 쓰는 말들이나 애독하시는 글들을 보면 다 그 핵심요지는 결국 〈진리, 그건 이런 거라더라〉는 취지로서 결국은 다 남의 생각을 옮긴 것들입니다.

깨달음이란 이런 거다, 깨달은 사람은 이래야 한다 등 우리가 책에서 보거나 다른 훌륭한 분들로부터 들은 얘기의 내용 자체가 나쁘다는 게 아닙니다. 제가 말씀드리고 싶은 것은 우리가 스스로 깨달음을 누리는 진리의 주체이면서도 다 하나같이 남들이 말하고 쓴 〈이렇다 카더라〉 하는 얘기에만 얽매이고 있고 갇혀 있는 게 저는 참 이해가 안 갑니다.

깨달은 사람은 화를 안 낸다 하더라.
깨달은 사람은 남의 책이나 글을 비판하지 않는다 하더라.

깨달음은 늘 평화와 행복 속에 있어야 한다더라.

깨달은 사람은 항상 자기를 남에게 양보하는 상태라 하더라.

돈도 남이 빌려달라면 다 빌려주고 떼어먹어도 아무 말을 안 한다 하더라.

그러나 위와 같은 깨달음에 대한 생각들이나 깨달은 자의 상태에 대한 관념과 생각들은 우리가 지금 즉시 다 내다버려야 할 말들입니다.

왜냐. 그런 개념 정의와 말들이 다 하나같이 본성에 대한 한정(限定)이며 그렇지 않은 우리의 언행에 대한 반작용에 불과한 또 하나의 구속이자 제한(Limitation)이기 때문입니다.

대체 진리란 게 무엇입니까.

성경말씀처럼 그것은 지금 우리를 모든 것으로부터 자유롭게 해주는 것입니다. 그래서 우리는 진리를 알고 진리가 되면 생사나 마음의 고통이나 스트레스나 무지나 미혹이나 편견으로부터 완전하게 자유롭게 되는 것입니다. 그냥 그대로 살아 있는 순수한 지혜가 되는 것입니다. 왜 자유스러움이 지혜가 되는가. 그것은 자연적 상태로 존재하는 것들은 그대로 존재의 최고 지혜상태에 있기 때문입니다.

그런데 우리는 아직도 깨달음이란 이런 거다 혹은 저런 상태다, 깨달은 자란 이런 상태에 있다 혹은 저런 경지를 유지해야 한다는 개념 속의 한정과 정의에 푹 빠져 있다 이 말입니다. 제가 보기엔 정말 무서울 정도로 오염이 되어 있어요. 그러니 자기가 아는 자유, 자기가 가짐을 가지고 살아온 그 수준에서의 있는 그대로의 자유란 한계 안에만 갇혀 있을 뿐, 진짜 있는 그대로의 진리가 뭐고 참 자유가 무엇인지를 전혀 깨닫지 못하는 것입니다.

우리 한번 진심으로 털어놓고 얘기해봅시다.

그런 나의 내면적인 판단속의 깨달음이란 정의에 대한 한정과 〈이래야 한다〉는 구속이 정말로 우리를 자유스럽게 만들어주는 것입니까. 화내야 할 때 화내지 않고 비판해야 할 때 비판하지 못하고 그저 가만히 고요히 행복 속에 잠겨있는 게 부처입니까. 그게 저능아지 어떻게 지혜로운 부처입니까.

정신박약아 시설에 가니 주변상황이 어떻든 간에 무조건 가만히 웃고 있는 그런 아이들이 많더군요.

사람이 가진 오욕칠정이 다 진리입니다.

진리란 제대로 쓰고 누리라고 원래부터 있는 것이지 없던 것을 사람이 만들어 가진 게 아닙니다. 사람이 그것을 잘못 쓰는 게 문제지 그 자체가 잘못된 게 아니다 이 말입니다. 부엌칼을 사람 해치는데 썼다고 무조건 칼이란 다 나쁜 거라 싸잡아 말할 수 있습니까.

화내야 할 때 화내지 못하면 저능아고 비판해야 할 때 똑바로 비판하지 못하면 올바른 진리를 가르칠 수가 없습니다.

깨달음이 무엇입니까?
우리 자신을 자각하는 게 깨달음입니다.

깨달은 자가 누구입니까?
모든 것으로부터 자유스러운 사람입니다.

그런데 우리는 아직도 깨달음이란 이래야 한다는 남들의 체험이나 정의에 얽매여 있습니다. 진리가 무엇입니까. 우리 체험 속에 이렇고 저렇고 그런 상태입니까. 그렇다면 우리가 만든 게 진리입니까. 이쪽이 나쁘다하니 그렇다면 저쪽으로 가서 〈그게 아니다〉 하며 치우쳐 있는 게 진리입니까.

누차 말씀드렸듯이 진리는 바로 우리란 주체 즉, 우리의 〈나〉입니다.
그것이 모든 것을 누릴 수 있고 모든 것을 다 가지고 있으며, 모든 것을 존재하게 하며 그래서 모든 것이 인식의 차원 속에 나오고 들어가게 하는 문이며 모든 것을 의미 짓고 규정하는 관점입니다.

그런데 대다수 우리는 아직도 스스로 진리임에도 자기가 가진 것을 자유스럽게 쓰지 못하고 이렇다더라 저렇다더라에 매여 오히려 그런 죽은 지식으로 남을 평가하고 저울질하며 비판하면서 스스로 자신 즉, 살아 있는 부처를 옭아매고 그 어떤 관념과 생각 안에 계속하여 가두고 있습니다.
너무나 한심하지 않습니까.
무엇이 두려워 그렇게 자기가 배워 가진 것으로부터 벗어나질 못합니까.

자연스럽게 화날 때 화내세요.
그러나 그 화낸 감정은 솔직하더라도 그 감정의 후폭풍(누구를 계속 상대개체로서 미워함)에만 빠지지 마세요. 화날 때 화 안 내려 하고 고통스러울 때 그 고통을 억누르려 하니 어떻게 그렇게 자기모순되는 가장 최악의 자학을 할 수가 있습니까. 그게 바로 속병이 되는 겁니다. 오히려 화낼 때 화는 내더라도 그 화를 내는 나를 끝까지 지켜보세요. 그러면 그 화는 금방 사라집니다. 그리고 다음번엔 똑같은 상황에서 보다 더 자신의 내면에 대해 깨어 있게 됩니다.

부처가 다 똑같이 하나도 안 틀리는 판에 박힌 성격을 가졌습니까. 그렇게 부자연스럽고 붕어빵처럼 다 똑같은 거라면 전 부처되기 싫습니다. 내가 가장 나답고 그러면서도 내 방식으로 우주를 장엄할 때 그게 바로 살아 있는 부처인 것입니다. 남의 가르침이나 남의 언행을 존중은 하지만 그것에 맹목적으로 올인(All-in)하지 않는 것이 깨어 있음입니다.

이젠 나를 과거의 나로부터 해방시키세요.
그리고 살아 있는 하나의 실체로서 성부 성자 성령의 힘이(법보화신의 부처님이) 오묘하게 조화되어 나타난 새로운 나 자신을 바라보세요.
전체가 개체로서 나타난 이상 그 개체의 오욕칠정을 부인하지 마세요.
다만 그것이 개체관점일 뿐 전체관점 측면에서는 허상임을 알고 있으면 됩니다. 이것이 자연스럽고 자유스러운 사람입니다. 자기가 가진 것을 다 누리며 그것에 빠지거나 매이지 않으니까요.

이제는 우리가 진리에 대해 배워 가진 가짐들을 좀 버려봅시다.
그리고 우리 있는 그대로를 풍요롭게 살아봅시다. 넘치는 생동감으로 울고 웃고 화내고 풀고 뛰고 싸우고 합시다. 그리곤 깔깔대며 웃어봅시다.

절대로 모든 것을 다 가진 〈나〉, 바로 내 자신을 뭐가 다 사라진 자리라느니, 일체가 다 끊어져서 공하다느니 하면서 살아 있는 사람을 바위처럼 만드는 논리가 진리라는 등 진리를 어떻다고 단 하나의 상태로 한정하거나 어떤 체험만을 깨달음이라고 박제화하지 맙시다. 지금 그 체험을 누리고 있는 존재가 바로 누구입니까. 그 깨달음의 상태조차도 만들고 있는 장본인이 바로 누구입니까. 바로 나 자신 아닙니까.

우리가 이렇게 변할 때, 바로 그럴 때 진정 우리는 아주 깊게 삶이란 존재의 참맛과 행복을 누릴 것입니다.

여태까지 우리가 알고 있는 그런 체험속의 일상적인 행복은 우리가 진짜 누릴 수 있는 〈존재 그 자체의 기쁨〉에서 본다면 아주 미미한 것이며 극히 일시적인 것으로서, 상상으로 만들어진 인공조미료 같은 가장되고 꾸며진 행복에 불과합니다. 그건 진짜 행복이 아닙니다. 울고 싶으면 실컷 울 때 사람은 행복한 거고, 화내고 싶을 때 화산처럼 화내보는 게 바로 존재의 진정한 참 행복입니다. 그 바닥까지 그래보면 그 다음엔 〈존재한다〉는 이 놀라운 사실에 대해 오직 경탄이 터져 나올 따름입니다.

매일 오직 한 가지 담백한 것만 골라먹는 사람보단 가끔 맵고 짜고 얼큰한 것도 먹어보는 사람이 맛의 세계를 더 잘 이해하는 겁니다. 그러니 진짜로 자기답게 살아보세요.

자기의 타고난 영역과 능력을 넓혀가며, 이 삶이란 경이로움 속에서 번쩍 눈을 뜨고 최선을 다해보세요. 열심히, 열렬히 살아보세요. 그러면 우리가 상상으로 만들고 느끼던 〈깨달음의 상태란 이럴 거야〉 하는 그런 상상 속의 행복보다도 더 큰, 진짜 리얼하고도 새로운 맛의 행복이 나에게 나타날 것입니다. 남이 이래라 하니까 거기에만 얽매인 사람 되지 마세요.

"깨달은 사람은 이래야 하는데 넌 왜 안 그런 거야?"

제발 그렇게 생각하지 마세요.

그런 게 자유인가요.

사실은 우리가 누리는 그 어떤 행복이나 불행도 다 우리가 창조한 것입니다. 창조엔 한계가 없으니까요. 그런데 우리는 과거에 자기가 체험한 것 중 가장 좋은 느낌과 편안함이 바로 깨달음의 상태라고 착각들을 하고 있습니다. 그러니 과거에 사로잡혀 현재에 깨어나지 못한 죄(무명, 원죄)가 있는 겁니다.

존재 속에 잠재해 있는 무한한 능력을 스스로 관념과 생각 속에 가두고 그 기준으로 남을 평가하며 그 기준으로 자기의 진짜 삶도 가로막지요. 살아 움직이는 감정과 느낌, 이 놀라운 존재의 움직임을 한 가지 척도로 재고 잘라서 무엇을 만들려고 하십니까.

심장이 터질 것 같은 기쁨을 창조해 보세요.

화산이 폭발할 것 같은 분노를 표출해 보세요.

자연은 이미 그렇잖아요. 그렇게 따뜻한 햇살을 주면서도 무서운 폭풍도 가져옵니다. 그러나 다만 그럴 뿐이에요. 우리도 진정 무엇에 매이지 말고 진짜 자유로이 자신을 살아봅시다.

그리하여 우리가 눈을 감을 때 〈이제 인간으로는 더 살아볼 필요가 없어! 이제 충분히 만족해!〉라고 스스로에게 확고하게 말할 수 있도록 말입니다.

# 불행할 때 오히려 감사해야 하는 이유

사람들은 누구나 불행을 피하고 행복을 얻기 위하여 살아갑니다. 그러나 여러분, 가만히 한번 생각해 봅시다.

과연 불행이 없이 행복만이 홀로 존재할 수 있을까요.

슬픔이 없이 기쁨만이 있는 세상이 과연 있을 수 있을까요.

어둠이 없으면 빛도 인식되지 않으며 짧은 게 없으면 긴 것도 따로 느껴질 수가 없습니다. 이것이 인간 인식구조의 기본원칙입니다.

미꾸라지를 지방에서 잡아 서울로 이송할 때는 그 수조에 메기를 한 마리 넣어둔다고 합니다. 왜 그러냐 하면 그놈에게 잡혀 먹히지 않으려고 다들 스트레스를 가지고 긴장하며 살아 움직이기에 서울에 와서도 윤기가 자르르하고 팔팔하다는 것입니다. 만약 안 그러면 미꾸라지들이 다 긴장이 없이 풀어져서 둥둥 떠 있다가 수조 벽에 부딪히거나 서로 부딪쳐서 서울에 오면 반수 이상이 죽거나 상해버린다는군요.

이것은 인간에게도 똑같이 적용되는 원칙이 아닌가 합니다.

여러분 한번 보세요. 북한 같은 살기 어려운 나라에서 목숨을 걸고 탈출하는 사람이 줄을 잇는데 스웨덴 같은 살기 좋은 나라에선 사는 것이 권태롭다고 자살자가 줄을 잇습니다. 참으로 아이러니하죠. 북한사람들이 스웨덴 사람들을 보면 기가 막힐 노릇입니다.

우리가 우리의 삶을 가만히 살펴보면 우리는 생각 속에서는 그저 오늘보다 나은 내일의 행복만을 추구하기에 더 많은 돈과 명예와 사랑과 안정을 찾아다니지만 그러나 진실은 그게 아니다 이 말입니다. 진정 불행과 스트레스가 없이는 우리는 행복의 기쁨도 모르게 됩니다. 불행을 극복하고 넘어서는 기쁨, 돈이나 권력을 가져서 자기가 불행으로부터 좀 더 멀리 떨어져 있게 되었다는 안도감을 얻기 위하여 혹은 그 안도감이 오히려 우리에게 무언가를 성취했다는 만족감을 주어 삶에 안정감과 기쁨을 가져다주는 것이 대다수 사람들 삶의 본질이 아닐까 합니다.

이렇게 보면 우리의 삶이란 게 참 우습지요.
실로 우리는 죽음, 병, 고통, 상처, 배신, 명예실추, 몰락, 사고 등의 불행이란 메기에게 쫓겨 다니며 생생하게 삶의 긴장을 즐기는 미꾸라지 같은 처지가 아닙니까. 가만히 살펴보면, 우리는 어느덧 자기도 모르는 새에 이런 피하고 쫓아다니는 게임 속에 들어와 갇혀 있습니다. "이 길이 내가 행복해지는 바로 그 길이야!"라고 속으로 수없이 자기최면을 걸면서 말입니다.

이것은 아무리 돈이 많은 재벌이나 권력이 큰 사람이라도 다 마찬가지입니다. 그러나 바로 이것이 영원히 행복이란 신기루를 찾아 헤매는 중생의 삶입니다. 그래서 우리 수행자들은 이런 방식으로 얼떨결에 묻어 사는 삶을 우리의 의식세계 안에서 이젠 끝내야 한다고 저는 봅니다. 내 삶 속에 숨어 있는 비의(秘意)에 눈을 뜸으로써 말이지요. 그 비의란 바로 행복과 불행은 서로 분리할 수없는 우리 인식기준의 하나이며, 불행이란 행복과 똑같이 신(神)이 우리에게 주신 선물의 하나임을 알아차림으로써 가능합니다.

물론 불행을 맞이하여 그렇게 담담하기란 힘듭니다.
그러나 언제까지나 이쪽은 피하고 저쪽은 쫓아다니며 살 것입니까. 불행을 환영하고 기뻐하란 얘기가 아닙니다. 저는 단지 불행도 우리가 맛봐야 하는 〈날씨〉 같은 것에 불과하다는 것을 일찍 터득해야 한다는 것을 말하고자 하는 것입니다. 흐린 날이라고 피할 수는 없지 않습니까. 흐린 날, 비오는 날이 있어야 맑은 날의 기쁨도 있습니다. 흐린 날이라도 개의치 않는 감정을 가지고 살듯이 불행도 〈이것 없이는 행복도 느낄 수 없는 거야〉 하고 의연하게 날씨처럼 맞아들이자는 것입니다.

일단 몇 번의 연습을 통해서 이 고개만 넘으면 그 다음엔 아주 신묘한 체험이 우릴 기다리고 있습니다. 그것은 우리가 비로소 불행을 회피하려고 하거나 혹은 그것에 대해 슬프고 분노하거나 두려워하는 감정을 가짐 없이 현실을 있는 그대로 받아들이게 된다는 것이고 그럼으로써 우린 살아 있고 인식하는 생명현상 그 자체, 즉 〈존재〉한다는 것 그 자체에 대해 진정 깨어나게 되면서 존재의 신비로움에 대해 놀라움 속에서 깊이 감사하게 되는 차원으로 안내된다는 것입니다.

가만히 한번 생각해보세요.

우리가 이 물질 세상에 이렇게 몸을 가지고 탄생하지 못했다면 우리는 행복도 불행도 알지 못하는 차원에 있었을 것입니다. 그보다는 비록 불행이 사이에 끼워져 있을지라도 행복이란 샌드위치 맛을 보는 게 더 낫지 않겠습니까. 우리가 불행할 때에도 그것을 느끼는 존재함 그 자체에 대하여 감사해야 하는 이유가 여기에 있습니다. 우리가 일단 이런 진실에 대해 눈을 뜨면 우리는 성경에서 말하는 〈범사에 감사하라, 늘 기뻐하고 감사하라〉가 저절로 이루어지는 차원으로 들어가게 됩니다.

범사에 감사하고 늘 기뻐하며 감사한다는 차원이 우리 안에서 열리면 그것이 곧 우리에게 성령이 임하신 것입니다. 그것은 내면적으로 흔들리지 않는 깊고도 빛나는 평화를 가져다 주기 때문입니다. 우리가 진실로 맑게 닦이면 매순간이 눈부시게 새롭고 늘 존재함의 놀라움에 존재한다는 것 자체가 신이 나고 경탄스럽습니다. 슬픈 것도 체험이고 아픈 것도 체험이며 죽는 것조차도 그러합니다. 죽는 순간에도 두 손 모아 합장하며 "그동안 놀라운 체험속의 삶을 살게 해주셔서 감사했습니다. 이젠 죽음의 체험도 주시는군요." 바로 이런 마음자세가 되는 것입니다.

그런 마음의 흐름에서 보면 존재는 실로 점점 더 감사할 것 천지가 됩니다. 이 삶이란 놀라운 체험의 기회를 거저 선물로 주신 것만 해도 감사하고, 밥을 먹으니 밥맛을 느낄 수 있음에 감사하고, 또 이렇게 숨을 쉴 수 있음에도 감사하게 됩니다.

한데 우리는 어떤가요. 그 감사함을 드리기는커녕 남보다 어렵게 살게 한다거나 빨리 죽게 한다고 원망하거나 아프게 한다고 원망하고 있지 않습니까. 육신의 생명을 그냥 빌려준 이 우주에게 감사해야지 그 기간이 남보다 왜 짧으냐고 화내거나 힘들게 한다고 원망해서야 되겠습니까. 그거야 공짜로 빌려준 존재의 뜻 아니겠습니까. 조건 없이 받았으니 조건 없이 감사하며 기쁘게 돌려드려야 하지 않겠습니까.

마음이 이 경지까지 나가면 나는 어떤 삶을 살아야 한다는 내 관념이 무너지며 과거의 내가 내 안에서 죽습니다. 일단 내 속에서 이런 일이 일어나기만 하면 일상이 그대로 다 놀라운 비경이 되며 매일 매일이 다 기쁨이 충만한 잔치가 됩니다. 불행의 체험이 다가오더라도 원망하거나 두려워하지 아니합니다. 이것이 성경 에베소서에서 말하는 〈전신갑주〉의 참뜻입니다. 역경이 다가올 때 머리로 진리고 의(義)고 믿음이고 이런 걸 따지면 이미 늦습니다. 한 번에 온몸으로 그것을 망설임 없이 편하게 받아들여야 하는 것입니다. 그리고 이왕 피할 수 없고 없앨 수 없는 불행이라면 그것을 감사함으로 평화로이 궂은 날씨처럼 받아들이는 것보다 그 불행을 더 훌륭하게 극복할 방법은 따로 없는 듯합니다.

오늘도 우리는 삶의 모든 순간을 감사 속에서 기쁘고 즐겁게 살아야 하며, 설사 그것이 불행이라 할지라도 담대함 속에서 평화로이 받아들이는 마음자세로 살아가야 하겠습니다. 이렇게 본다면 실로 진리는 우리를 자유롭게 해줄 뿐만이 아니라 감사하고 기쁘고 행복하게까지 해줍니다.

우리가 이 세상에 태어나 개체로서 살아오는 데 필요한 모든 정보나 생각, 느낌, 감정들은 다 기억되는 것들입니다. 그러나 사랑이라든지 감동이라든지 하는 것은 절대로 그것 그 자체로서 온전하게 기억될 수가 없습니다.

# 7

## 초감각적 인식의 세계

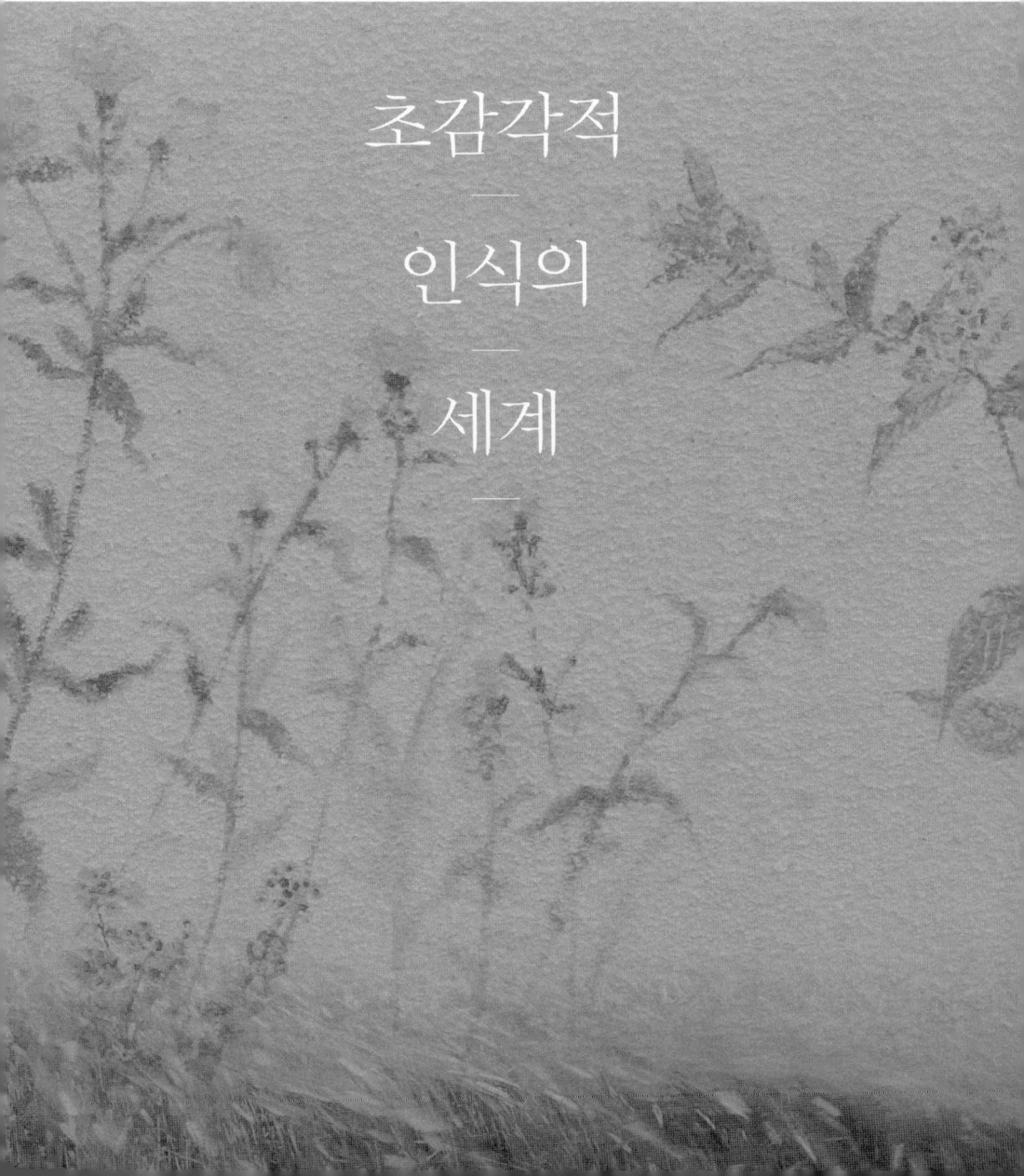

# 초감각적 인식이 열리기 위하여

　대다수 많은 스승들이 여러 가지 의미 있는 설법과 가르침으로 많은 사람들을 이끌어주고 있습니다. 그러나 이런 말이나 사고로 의미가 전달되고 있는 것들은 사실은 아직 수행의 차원에서는 매우 낮은 차원에 속하는 것입니다. 물론 그렇다고 해서 그 중요성이 부정되는 것은 아니지요. 그러나 그것은 마치 건물의 뼈대와 같을 뿐입니다. 우리가 아름답고 풍요로운 삶을 살려면 머리로 지식으로 아는 것에 그치지 말고 우리의 삶에 보다 더 깊은 차원에 깨어난 새로운 초감각적 인식의 세계가 열려야 합니다.

　우리가 우리 안에서 초감각적 인식력을 증대시키기 위하여 참으로 중요한 것은 수행자 자신이 스스로 자기 안에서 본래부터 내재하는 그 어떤 신성한 힘을 발견하여 그것을 키워나가고 마침내는 그것이 이끄는 대로 과거 자기의 모든 것을 버리고 그 영역 안으로 들어가야 한다는 것입니다. 모든 인간에게는 자기 안에 누구나 일상적인 사고를 하는 존재 외에 그것을 넘어서서 초감각적 세계를 바라다보고 느낄 수 있는 〈고차적인 신성〉 또는 〈고차적 의식〉이 들어있습니다.

이 고차적인 의식이 나오는 자리는 자기 스스로 일깨워야 합니다. 그것은 자기 스스로가 아닌 그 어느 누구도 해줄 수가 없습니다. 왜냐하면 그것은 이 몸 안에 들어와 있는 하나님, 부처님의 힘이자 영(靈)인 동시에 자기 존재의 근원이기 때문입니다. 그것은 자아의 재발견이며 영원으로 가는 첫걸음입니다.

대부분의 사람은 일상적인 삶에 쫓겨 그저 〈일상적인 인간〉으로만 바쁘게 삽니다. 그러나 마음이 정화된 소수의 사람들은 자기의 정신을 스스로 객관적으로 바라다보는 내면의 힘과 깊이를 가지고 있습니다. 이런 사람들만이 자기 안의 그 〈고차적인 존재〉의 힘을 발견하고 그 힘에 자기를 조심스럽게 맡겨 나아갑니다. 그리하여 마침내 어느 순간 그들은 매일같이 태어나고 다시 죽어가는 〈일상적인 인간〉에 대한 확실한 내면적 승리를 거두고 완전히 새로운 존재인 〈고차적인 의식체〉로서 내면에서 다시 태어납니다.

이렇게 태어난 〈고차적 의식〉은 우리 안에서 외적인 세상의 일을 확실하게 이끌고 주도하는 〈내적인 지배자〉가 됩니다. 그리하여 그것은 우리의 모든 번민과 고통을 지혜롭게 해결하고 세상사에서 오는 모든 스트레스나 영적 독소들이 우리의 내면에까지 침투해 들어오지 못하도록 확고하게 막아주는 영적인 갑옷과도 같은 역할을 합니다. 그것은 의식이지만 과거 우리가 가졌던 의식과는 전혀 다르게 완전히 우리를 새롭게 합니다.

이 〈고차적 의식〉이 된 존재는 과거에 비하면 스스로 일상에서 멀어집니다.

　그러나 그렇다고 해서 그가 일상을 무시한다는 것은 아닙니다. 다만 그의 일상이 과거처럼 그의 주의를 심하게 빼앗아가지 않으므로 그의 일상은 그 옆에 과거처럼 그대로 대기하고 있지만 소란했던 과거와는 달리 마치 벙어리처럼 침묵하고 있을 뿐입니다. 일상은 이제 그가 불러야 기쁘게 대답합니다. 그가 눈길을 주어야 비로소 그 앞에 와서 다소곳하게 착한 하인처럼 대기합니다.

　그의 주위는 이제는 깊은 평화와 행복의 빛 속에서 조용해집니다. 그러면서도 일상은 마치 영화 속의 침묵 슬로우비디오처럼 조용히 흘러가는 속에 그렇게 낱낱이 다 체크가 됩니다. 수행자는 이와 같은 변화 속에서 자기가 근본적으로 변한 것을 체험합니다.
　물질 위주에서 정신 위주로.
　그리고 외적인 감각 위주에서 내적인 새로운 감각 위주로의 삶이 그에게 열립니다.
　그는 이제 사물들의 기능이나 겉모습이 아닌 본질을 보기 시작합니다. 그는 사람들에게서도 그들의 겉 얼굴표정이나 생각이나 경력 따위를 보는 게 아니라 그들의 가슴을 느끼고 그들의 영적 동작들을 읽기 시작합니다.

　그는 새로운 〈사고 아닌 사고(思考)〉의 세계를 갖기 시작합니다. 그러나 그것은 자기가 그 사고를 한다기보다는 저절로 누군가가 보여주고 열어주는 듯한 사고의 세계입니다. 그것은 비밀스러운 초월세계의 문이 열리는 듯한 느낌으로 수행자에게 다가옵니다. 그리고 세상의 모든 현상 뒤에 숨겨진 본질들이 그 안에서 새롭게 다시 제 모습을 드러내고 그에게 말을 걸어옴을 느끼기 시작합니다.

그 다음에는 내적인 언어(말없는 말)의 세계가 그에게 열립니다.
그것은 전혀 새로운 느낌으로서 언어를 대신하는 세계입니다.
그것은 너무나 정밀하고 안온한 가운데 말없이 다양한 대화와 교류가 가능한 세계입니다.
그리고 이것은 수행자에게 말할 수 없는 깊은 기쁨을 가져다줍니다.
그는 드디어 삼라만상에서 살아 있는 신의 손길을 느끼기 시작합니다. 그는 드디어 살아 있는 신과 부처의 동작들을 보기 시작합니다. 그의 외적인 세계로 내적인 그의 존재의 기쁨과 충만함의 빛이 쏟아지기 시작하게 됩니다.

그는 낮이나 밤이나 꿈속에서나 잠속에서나 결코 그 빛을 잃고 어둠에 갇히지 않습니다. 이렇게 된 사람은 이제 자기 속에 영원히 존재하는 것, 즉 탄생과 죽음을 통해 한계 지워져 있지 아니한 의식과 그 이전의 영역을 자기 자신 속에서 발견하고 그것을 더 명료하게 소생시키기 시작합니다. 그것을 직접 체험한자는 다시는 그와 같은 영원한 불멸의 존재에 대해 의심하지 않게 됩니다. 그것은 그에게는 태양보다도 더 확실한 내면의 존재가 됩니다. 이제 그에겐 물질계의 태양이 더 이상 필요치 않습니다. 그는 스스로 영원한 빛을 내는 불멸의 생명이 되었음을 알게 됩니다.

이렇게 되면 그는 초감각적 인식이 열리기 위한 기본적인 준비가 되었다고 할 수가 있습니다. 그러나 이렇게 되기 위해서는 가장 중요한 전제조건이 있습니다. 그것은 수행자 자신이 겸손해야 한다는 사실입니다. 〈내가 무엇을 이루었다〉라는 생각이나 환상을 갖는 순간 그러한 차원은 그에게서 순식간에 사라져 갑니다. 그에겐 그 이후에 아무것도 없는 공허함과 어둠이 밀려옵니다.

어떻게 되었다는 허상의 〈자기〉를 갖는다는 것.
내가 가진 성과물로서의 나를 내세운다는 것은 그래서 수행자에겐 금물입니다.

내가 비워져야 지속적으로 신과 부처의 빛이 들어옵니다. 내가 무한히 커지려면 내가 무한히 열리고 비워져야 합니다. 그런데도 세상 사람들은 조금만 무얼 알아도 〈내가 깨달았다〉고 합니다. 그렇게 나를 내세우기 좋아하니 곧 막혀버립니다. 더 발전이 되질 않는 것입니다. 그들의 깨달음은 밖에서는 인정받을지 모르나 자신의 내면은 공허함을 스스로 압니다.

가장 큰 것은 무한한 근원적 존재 그 하나뿐입니다.
그러기에 그 가장 큰 것과 하나 되려는 자는 개체의 나, 전체가 아닌 나를 버려야 하는 것입니다. 그것도 끝없이 버리고 또 버려야 합니다. 그때 거기에 초감각적 인식의 세계가 열립니다. 그대가 하나님(부처)에게 속한 자가 되었기에 그 차원에서 보고 듣고 느낄 수 있는 것들이 이 육신을 가진 채로도 점차 느껴지기 시작하는 것입니다. 그리고 바로 이 사실이 우리 속에 진리가 존재하고 있음을 증명해주는 명백한 증거입니다.

# 참 나는 기억되지 않는다

이 세상에는 기억되어 저장될 수 있는 것과 기억될 수 없는 것이 있습니다.
우리가 이 세상에 태어나 개체로서 살아오는 데 필요한 모든 정보나 생각, 느낌, 감정들은 다 기억되는 것들입니다. 그러나 사랑이라든지 감동이라든지 하는 것은 절대로 그것 그 자체로서 온전하게 기억될 수가 없습니다.

하나님이나 부처님 즉, 〈참 나〉도 마찬가지입니다.
그것은 절대로 기억될 수 있는 것이 아닙니다.
왜냐하면 그것은 바로 우리의 존재 그 자체이고 근원적 존재이기 때문입니다.
그것이 바로 모든 것을 기억하며 창조하고 체험하는 주체입니다. 그래서 그것은 다만 지금 여기에 〈현존〉할 수 있을 뿐 기억되거나 유지되지는 않는 것입니다.

그런데도 사람들은 깨달음을 자기 속에 기억 저장하려고 듭니다. 혹은 어떤 상태나 체험을 궁극의 상태라고 정의하고는 하루 24시간 그 상태가 〈유지〉되어야 한다고도 말합니다. 이 얼마나 답답하고도 한심한 말입니까. 이런 말을 하는 사람은 진정 깨달음이 뭔지를 모르는 사람입니다.

빛과 소리가 그 자체 그대로 기억 되나요.
아닙니다. 그것은 그들이 바로 그대의 존재자신의 직접적인 활동이기 때문입니다. 그것은 선험적(先驗的)인 것입니다. 오직 우리가 살아오면서 우리가 우리의 마음속에 가지고 의식 활동의 대상으로 삼은 것들만이 기억의 대상이 됩니다.

그렇다면 여기서 명백해지는 것이 있습니다.
그것은 바로 지금 우리가 깨달음을 향해 어떻게 접근하고 있는 가 입니다.
당신은 혹시 그 어떤 상태나 체험을 기억하거나 24시간 그것을 유지하려고 드는 것은 아닌가요. 그런 수행은 절대 그대를 깨달음에 데려다 줄 수 없습니다. 그것은 그대를 항상 죽은 깨달음의 껍질만을 보게 해줄 뿐입니다. 그것은 깨달음이 지나간 흔적만을 보게 해줄 것입니다.

깨달음은 기억되지 않는 그 어떤 실존적인 의식 활동이 기억에 의하지 않은 방법으로 자기 자신을 자각하여 아는 것을 말합니다.
참 자아는 인식하는 그 무엇(주체)이지 인식되는 그 무엇(객체)은 아닙니다.
〈나〉자신을 기억에 의지하지 말고 지금 여기조차 현존하게 하는 나 자신을 진하게 느껴보세요.

그리고 그것이 어디서 나오고 어디로 돌아가는지를 깨어서 살펴봅시다.

이것을 〈실존의 자기관찰〉 혹은 〈자각〉이라고 말합니다.

한 중이 동산(洞山) 큰스님에게 물었습니다.
"어떤 것이 부처(기억될 수 없는 살아 있는 실재)입니까?"
그러자 동산스님이 대답했습니다.
"내가 입은 삼베옷이 무게가 서근(三斤)이야."
(바로 지금 이렇게 기억할 수 있는 것을 기억해서 얘기하는 이놈이지!)
그러나 중은 이 무슨 뚱딴지같은 동문서답이냐고 헷갈립니다.
기억하는 습관에 빠진 중은 기억에 의해 이해할 수 있는 답을 원했으나 그것과 다른 차원의 답이 나오니 알아들을 수가 없는 것입니다.

사랑이 무엇입니까.
성경(고린도전서 13장)에는 "사랑은 오래참고 화내지 아니하며……" 하고 장황하게 나옵니다. 그러나 이것은 죽은 개념이 살아 있는 사랑을 정의하고 한정하려 한 결과로 나온 어쩔 수 없는 대답입니다. 산 활구(活句)로 답해보세요. 그것은 사랑이 담뿍 담긴 눈길로 상대의 가슴에 그 사랑의 에너지를 실재로 뜨겁게 전하는 것입니다. 지금 내가 가장 사랑하는 사람의 따스한 손을 잡아보고 거기서 전해오는 바를 느껴보세요. 그 사람의 눈동자를 들여다보며 그 안에서 그 어떤 힘이 빛을 발하며 있는지를 감지해 보세요.

우리 안에 계신 하나님, 부처님 다시 말해 영원한 나, 진아란 과연 무엇일까요.

그것은 바로 지금 진리를 찾고 있는 몸과 마음을 내어 활동하고 있는 바로 살아 있는 진리인 그대 자신이 아닌가요. 그것을 놔두고 그대는 따로 왜 책이나 그래서 진리를 구하며 왜 자기가 상상해낸 결과물인 빛이니 의식이니 하면서 그 무슨 상태와 느낌을 찾아 헤매고 있단 말인가요. 그런 것들은 다 우리가 만들어 낼 수 있는 대상들일 뿐입니다. 그런 것들은 제아무리 심오하고 얻기 어렵다 해도 결국은 혹은 외줄타기처럼 오랜 연습 끝에 익히고 습득하는 재주일 뿐입니다.

우리 자신은 절대적으로 존재합니다.
지금 이 무변광활한 우주조차도 나라는 의식의 거울이 있기에 인식되고 있습니다.
즉, 신(神)이 진동(보는 행위)함으로써 대상(주체와 객체)을 인식합니다.
즉, 인식될 수 없는 저 너머의 모르는 초월적인 끊어진 자리(진공)가 지금 살아서 움직이고 활동하는 현상이 바로 우리입니다. 그러므로 나란 인식활동자체가 바로 신의 인식활동이요, 움직임입니다. 우리가 다만 〈나〉라는 생각 속에만 빠져 있지 않는다면.

이 사실을 깨우쳐 안다면 과연 우리가 진리를 찾는 데 무엇을 기억하고 저장할 것인가요.
다만 그냥 보고 듣고 즐거워하면서 창조하는 삶을 살면 될 것입니다.
우리는 이미 신과 한 몸이며 전체와 연결되어 있는 영원하고도 위대한 존재입니다.

# 자각(自覺)의 힘

세상의 만물은 다 겉모습인 물질[精], 그것이 가진 물질형상 속의 에너지 기운[氣], 그리고 그 모든 겉모습과 내적인 힘을 있게 하는 근본자리[神]로 이루어져 있습니다. 정·기·신의 삼요소, 바로 이것이 삼라만상의 공통된 본질입니다. 하지만 어떤 사람은 물질형상에만 관심을 다 쏟고 살아가고, 또 어떤 사람은 그것들을 움직이는 에너지 기운을 찾아 그것만을 수행대상으로 삼으며 하나에 치우쳐 살아갑니다. 반면에 또 다른 사람들은 가장 근본인 부처와 신의 자리를 찾아야 한다고 오늘도 뼈를 깎는 수행을 하며 살아가고 있습니다.

하지만 여러분, 과연 어떤 것이 가장 올바른 길일까요.
신(神)이 가장 근본적인 것이니 그것을 찾는 것이 가장 올바른 정도일까요.
저는 그렇게 보지 않습니다. 젊어서 한때 저는 그렇게 생각했었습니다.
하지만 깨어나고 보니 이미 우리의 삶 일체가 진리 속에 있었습니다. 세상이 그대로 진리의 최고 조화로운 상태였습니다. 각자 자기가 있는 곳에서 자기가 생각하고 창조한 대로 자기의 삶을 꾸려가면서 체험하고 있는 이 완벽하고 찬란한 진실 앞에 저는 더 이상 할 말을 잃었습니다. 이미 모든 것이 완성되어 있고 우리는 다만 그 온전한 힘을 불완전하게 쓰고 있을 뿐입니다.

자기가 원수를 만들면 그 원수 때문에 자기가 괴로워집니다.
마찬가지로 자기가 사랑하는 사람을 만들어도 그 사랑 안에 자기가 갇힙니다.
자기가 〈이것만이 진리야!〉 하는 생각에 갇히는 순간 그에겐 그 종교만이 최고의 진리가 되며 다른 것은 다 사이비도요 불쌍하고 구원 못 받을 존재가 됩니다. 이러한 객관적 진실을 끝까지 넘어가지 아니 하고 잘 자각하는 존재가 진리의 창조자인 자신을 자각하는 것이며 아닌 존재는 결과적으로 자기가 만든 생각 세계 속에 빠진 존재가 됩니다.

자각은 이처럼 나의 모든 것을 바꾸는 힘이며 늘 깨어 있기에 나를 항상 밝히는 등불이며 나를 진리 아닌 것으로부터 지키고 구원하는 힘입니다. 일단계로 처음 자각을 시작하는 사람은 〈자각해야 해〉라는 자기 생각을 붙들고 힘쓰고 있는 사람입니다. 하지만 설사 뒷북을 치더라도 늘 자기 자신을 자각하는 버릇을 들여 나가다 보면 처음에는 자기 생각이나 감정에 무수히 빠져 헤매다가 겨우 벗어나고 다시 빠지고를 반복하지만 점점 그 시행착오의 결과를 알아가면서 자기 안에 하나의 피난처를 만들게 됩니다.

그 피난처란 그 어떤 괴롭고 힘든 상황에 오더라도 〈이건 내가 스스로 창조한 거야!>라고 자기 생각을 자각함으로써 그 어려움으로부터 빠져나가는 비상구를 발견하는 것입니다. 이것이 이 단계에 오른 자각입니다. 그리고 자주 이 비상구를 들락거리다 보면 마침내 그 비상구의 저편 쪽으로 나가보게 됩니다. 그때부터 그는 비로소 존재 안에 깃든 말로 할 수 없는 신비롭고 평화스러운 미지의 세계가 조용히 점차적으로 자기 내면에서 열리는 것을 체험합니다. 이것이 삼단계 자각력을 얻은 것입니다.

그 세계는 알고 보니 내가 어렸을 때부터 지금의 나에 이르기까지 나를 감싸고 있는 나의 본래우주요, 존재 기반이었습니다. 나는 수없이 많은 체험과 세파 속에 휘둘리며 여기까지 왔지만 그것은 최초부터 지금까지 한 번도 흔들리거나 어두워진 적이 없는 채 나를 고요한 침묵 속에 감싸고 있는 어떤 무한한 구상체(球像體)같은 공간입니다. 그것은 시공간 이전에서부터 있는 영원한 것이라는 직감이 내 안에서 솟아올라옵니다. 이것이 본래의 내 마음이요, 지금 내가 쓰는 내 마음들이란 그 위에서 상영되는 일시적인 영화의 한 장면들이라는 느낌이 점점 더 확실해집니다.

나의 생각과 환경이란 마음세계 안에 갇혀 있었을 때는 몰랐지만 그 비상구를 통해 나와 보니 내가 가졌던 마음 세계란 하나의 환상세계였으며, 내가 어떻게 영화관 속 같은 어두운 세계 안에 들어가서 그렇게 나 자신을 잃고 오로지 그것만을 들여다보며 그것에만 얽매여 있었을까 하고 자각하며 웃음 짓게 됩니다. 그것은 실로 공포영화 같은 어두움의 세계였습니다. 그것은 내 마음 안에서만 내가 의미를 부여함으로써 현실화된 사실은 가상의 만화영화 같은 허구세계였습니다. 이것을 자각하면 사단계 자각수준입니다.

생각과 마음이 짓는 세계의 이면과 배후엔 항상 밝은 무한의 아무 것도 없는 미지의 공간이 펼쳐져 있습니다. 하지만 알고 보면 그것은 아무것도 없는 게 아니고 모든 가능성이 다 열려있는 열린 가능성 그 자체입니다. 그것은 아무것도 모르는 세계가 결코 아니요 사실은 모든 것이 다 가능한 창조 이전의 준비상태인 것입니다. 우리가 이 비상구의 바깥에 있는 이 마음 바깥의 광활한 세계로 눈을 돌릴 때, 그리고 그 세계에서 아무런 생각이나 의도 없이 나를 열어둘 때, 거기에 비로소 모든 사물이 고요히 자기만의 빛을 발하며 그렇게 신성한 영역에서 빛으로 존재해오고 있었음을 느끼게 됩니다.

이제 그의 종래 마음세계는 아주 없어진 것은 아니지만 그것은 이제 영화관 속보다는 아주 작아져서 이제는 수족관의 큰 어항 정도로 축소됩니다.

그래서 이제 내가 그런 마음 세계 속으로 들어갈 때는 어쩔 수 없지만 그렇지 않을 때는 확실하게 그 마음의 바깥세계 안에서 마음 없이도 그저 고요하고 편안한 빛 안에서 존재할 수 있게 됩니다. 이렇게 되면 오단계 자각력의 수준에 오릅니다.

여기에서도 변함없이 꾸준히 자신을 자각해나가면 이제 그 비상구 밖의 세계가 오히려 내가 속한 세계가 되고 비상구 안의 세계는 저쪽 세계가 되어서 축소돼서 점점 작아져 갑니다. 처음에는 농구공만 해졌다가, 축구공만 해졌다가, 정구공 크기로 되었다가, 탁구공만 해졌다가 마침내는 완전히 소멸해 버리게 됩니다. 그리되면 그는 그때부터는 내면적으로 완전히 밝은 별천지 세계에 사는 존재가 되는데, 그의 눈에는 처음에는 뚜렷이 보이지 않던 물체들이 점점 더 그 실체를 스스로 밝혀 드러내며 다가옵니다. 그때 모든 보이는 것들이 그에게는 다 눈부신 신(神)의 움직임들이 됩니다. 너무나 아름답게 빛나며 의미 있는 생명의 향연이 나타납니다.

이제는 그의 내면에 하나의 큰 태양이 떴습니다.
그것은 낮이나 밤이나 잠을 자건 밥을 먹건 말을 하건 그 무엇을 하든 간에 스스로 밝게 빛나며 모든 것을 비추며 나의 안팎을 하나로 만들어 버립니다. 그리고 그 빛이 그대로 온 세상과 삼라만상을 다 삼켜 버리게 됩니다. 그러면서 자기가 이제는 몸이나 마음이 아닌 그 에너지이자 빛 그 자체의 무한한 초월적 결합체로 변해감을 느끼게 됩니다. 이렇게 되면 항상 제 안에 밝은 내면의 태양이 떠 있는 제 육 단계의 자각이 달성되는 것입니다.

그 이후에는 자기가 이 우주 삼라만상이자 이 모든 것들을 넘어서 있는 형상 없는 무한의 영원한 배경 그 자체란 것을 늘 자각하게 됩니다. 그래서 스스로 자기가 자기에게 〈나는 누구인가〉 하고 물어보면 스스로 〈나는 스스로 존재하는 영원한 생명이다〉라고 명쾌하게 직관적인 답이 나옵니다. 그것은 생각이나 개념이 아니라 직관 속의 통찰에서 얻어지는 것입니다. 이렇게 되면서 그는 그 자신이 바로 영원한 불멸의 존재임을 깨닫게 됩니다. 그 자리는 절대로 죽거나 소멸되지 않는 자리임을 자기 스스로 압니다.

놀라운 것은 이 모든 과정이 단지 꾸준히 그침 없이 자기 자신을 자각만 해나감으로써 자기 내면에서 저절로 일어난다는 것입니다.

그것은 마치 어두운 구름 떼가 밝은 태양빛이 나타남과 동시에 스스로 물러가는 과정과도 같습니다. 그때 그 태양 빛은 바로 우리가 우리 자신을 주시하는 자각의 힘의 강도 바로 그것입니다. 그러나 공부는 여기서 그치는 것이 아닙니다. 그때부터 그는 그의 내면에서 신의 부름을 자각합니다. 그것은 그의 내적인 부름이기도 합니다. 그는 그때부터는 더 이상 자기가 무엇을 의도적으로 행하지 않으며 다만 우주적 삶이 그 안에서 그를 움직이고 이끌게 됩니다.

# 영사기(映射機) 이론

　저는 누구나 다할 수 있고 가장 쉽고 간편한 자각수행법으로서 바로 〈영사기 이론〉이란 수행법을 제창하고 싶습니다. 이것은 스스로 자기 내면(끊어진 자리)에서 자기가 무한한 본성의 빛조차 방사되어 나오는 존재라고 느끼면서 자기 마음을 그렇게 내면의 자연적인 빛이 가득 비추는 밝음 자체로 바꾸어 나가는 것입니다. 그래서 자기의 모든 일상사가 그 밝음의 빛 아래 다 저절로 관조되며 비추어지게 하는 것입니다. 다만 처음에는 방편으로 빛을 찾더라도 나중에는 그 빛을 가진다는 주체조차도 버려야 참된 내면의 빛이 드러납니다.

　영화관에 가보면 영사기에서는 눈부신 빛이 쏟아져 나옵니다.
　하지만 그것은 허공을 날아가 스크린에 가 닿으면서 하나의 영상이 되고 어떤 의미와 동작들로 나타납니다. 대상이 없을 때에는 그것은 그냥 빛으로 존재하고 있을 뿐입니다.
　마찬가지로 저는 당신이 이 우주 삼라만상을 투사하는 영사기 근본자리라고 여기시길 권합니다. 당신은 실로 모든 것을 의미 짓고 존재하게 하는 근원입니다.

만약 당신의 몸이 꿀벌이나 모기만 하다고 가정해봅시다.

그렇다면 지금의 세상 풍경들이 그대로 우리의 눈이나 감각기관에 인식될까요.

아닙니다. 벌에게는 나뭇잎이 집채만 할 것이며 나무는 그가 인식할 수 있는 규모를 넘어설지도 모릅니다. 하물며 산(山)같은 존재는 그에겐 감각으로는 인식할 수 없는 거대한 초월적 존재가 될 것입니다. 마치 우리에게 우주가 그러하듯 말입니다.

이처럼 모든 존재는 자기 몸이 가진 능력에 따라 개체의 마음을 만들고 그 마음이 투사하는 세계 속에서 그게 전부인 줄 알다가 저세상으로 가는 것입니다. 하지만 제 마음을 벗어난 이는 전혀 별개의 세상에서 유유자적하며 존재하게 됩니다. 그곳은 우리의 개체마음이 만든 세상을 넘어선 곳이며 본래부터 있는 영원한 세계이며 그 위에 신성한 힘이 초월적인 능력으로 창조하고 장식한 세계입니다.

그러므로 우리가 자기를 마음속에서 지우고 이 몸을 벗어나 원래부터 거기에 내재하는 초월적인 그 빛을 나투는 허공성의 근원적인 존재, 모든 상념과 이미지를 있게 하는 영사기 같은 허공의 주인공자리(허공도 그것이 허공이라는 인식이 일어나야 허공이 됩니다)가 되면 우리는 자기가 이 모든 것에 의미를 부여하고 창조하는 근원적인 존재임을 자각하게 됩니다. 처음부터 바로 자각이 깨어나고 열리지는 않는다 하더라도 항상 자신을 무한한 내면의 빛 덩어리로서 자각하다 보면 자기 마음의 온갖 상념들도 점차 사라지고 어두움도 물러갑니다.

자각하는 의식은 그대로 바로 신성한 신의식의 눈(眼)이며 그것은 다만 지켜보는 것만으로 모든 무지와 혼란을 물러가게 합니다. 마치 눈부신 태양빛이 나타나면 먹구름이 스스로 물러가듯이 말입니다. 어떤 이들은 모든 수행은 에고(ego)가 행위하는 것이라 에고가 주체가 되어 이리저리 행하는 유위(有爲)의 행위로는 결코 깨달을 수 없다고 말하지만, 이 자각법은 에고가 어떻게 하는 것이 아니라 단지 마음을 물리치고 다만 신의 본래 눈으로서 또렷하게 지켜보는 자기 자각의 수행인 것입니다.

그러므로 자각하는 눈길이 충만하면 거기엔 오직 내면의 빛만이 가득할 수밖엔 없습니다.
내면에 빛이 가득하면 자꾸자꾸 밝아질 수밖에 없습니다.
이는 수시로 어두운 구름이 출몰하는 우리의 마음에 등잔불을 켠 것과도 같으며 늘 험한 파도가 치는 해변가에 밝은 등대를 밝힌 것과도 같습니다. 계속해서 이렇게 수행해 나가면 마침내는 지금 바로 여기 우리가 눈을 떠서 바라보는 이 세상이 그 빛 위에서 그 빛들이 모여 색채를 만들고 형상을 엮어내면서 이루어 내는 하나의 환영세계임을 우리는 깨닫게 됩니다.

이것은 감성적이고 논리 지향적이지 않은 분들이 자기 내면을 향한 직관을 통해 수행하는 데 있어서 큰 도움이 되는 수행법이 될 것입니다. 우리는 모두 세상을 비추는 눈에 보이지 않는 영사기를 우리 내면 안에 하나씩 갖고 있습니다.

# 죽음에 대한 이해

　양자물리학에 따르면 모든 질량은 등가(等價)의 에너지 값을 가집니다.
　그래서 질량을 없앤다고 해서 그 질량이 영원히 사라지는 게 아니라 단지 눈에 보이는 물질에서 보이지 않는 에너지로 전환되었을 뿐이라고 말합니다. 이것이 원자(물질의 최소단위)가 파동(에너지)으로 변했다가 다시 물질(질량)로 변하는 양자물리학적 원리입니다. 다시 말한다면 모든 존재는 다만 모양만 변할 뿐이란 얘기입니다.

　이것을 불교에서는 윤회라고 얘기하며, 기독교에서는 끊임없는 새 생명의 창조라고 말할 수 있습니다. 물질적 몸이란 형상을 가진 우리로서는 우리의 몸이 이 세상에서 사라진다는 죽음이 매우 달갑지 않은 것이라는 선입관과 두려움을 가지고 있습니다. 왜냐하면 그 너머를 모르니까요. 하지만 마치 폐기되거나 기능이 끝난 컴퓨터에서도 고장 나기 전의 소프트웨어나 내용 정보들을 찾아내거나 지워진 것을 복구할 수 있듯이, 우리의 기억이나 마음이란 것도 그렇게 이 몸과 상관없이 양자물리학적으로 존재하며 따라서 복구되거나 이전될 수도 있습니다.

그러므로 우리 몸의 죽음이란 것은 사실은 하나의 존재형태의 변화현상일 뿐입니다.

그것은 마치 얼음이 녹아 물이 되는 것과 같은 현상이며 혹은 물이 증발하여 수증기로 되는 것과도 같습니다. 우리가 이 깊은 이치를 잘 모르니까 우린 죽음에 대해 너무나 두려워합니다. 하지만 불멸의 의식을 체험한 사람에게는 죽음이란 단지 옷을 갈아입는 것과도 같은 일입니다.

그것은 얼음과 같은 고체차원에서 수증기와 같은 기체차원으로 변하는 육체란 감옥에서의 해방이며 영혼에게는 너무나도 자유롭고 편안한 사건이 될 것입니다.

우리는 죽은 사람은 다시는 돌아오지 않는다고 무화(無化)됨에 대한 두려움을 갖고 있지만, 사실은 십 년 전의 우리도 이미 죽은 것이며 극단적으로 말하자면 어제의 우리도 이미 죽었기에 다시는 돌아오지 않습니다. 어제와 같은 내가 지금 여기에 존재한다는 것은 다만 우리의 생각일 뿐이며 사실은 어제와 지금의 나는 이미 세포도 바뀌어가고 있고 생각도 바뀌는 존재이므로 같은 존재가 아닙니다. 어제의 나는 내 안에서 이미 죽었습니다!

나는 계속 존재한다고 생각하지만 그것은 단지 나라는 생각 속에서 나라는 동질성을 유지하려는 기억 활동의 결과물일 따름입니다.

이처럼 본다면 우리는 매일매일 죽고 매일매일 새로이 태어나고 있습니다.

그래서 자신을 충실하게 자각하는 사람에게는 매일매일이 새로운

〈나〉로서 사는 것입니다.

 다만 개념과 생각 속에 빠져서 환상을 보며 사는 존재만이 어제의 내가 오늘의 나이겠거니 합니다. 그런 깨어 있지 못한 사람들만이 자기 생각을 부둥켜안고 그 생각 속의 자기를 삽니다. 그러므로 그들은 오늘지금 여기 현재를 살지 못하며 대부분 자기의 과거를 지금현재까지 끌고 와서 현재를 희생해가며 과거 속에서 살고 있는 것입니다.

 그러므로 그들의 삶은 권태롭고 매일매일이 지루하고 짜증나는 일상이 됩니다.
 과거가 계속되니까요. 하지만 이것은 또 하나의 죽음입니다. 지금 오늘 여기 현재의 이 살아 있는 우주적 대생명의 존재로서 사는 게 아니라 과거의 기억과 개념 속에 있는 내가 오늘 지금의 나를 대신 삶으로서 오늘의 내가 죽고 잠들어있으며 과거의 이미 지나간 내가 대신 지금 이 귀한 현재를 마치 유령처럼 차지하고 사는 것입니다. 그래서 깨치지를 못하면 다 과거란 마음작용들이 만든 귀신들이라 말하는 것이기도 합니다.

 죽음은 〈나〉의 소멸입니다.
 그것이 나의 몸에 대한 것이든 마음에 대한 것이든 다 마찬가지 입니다.
 내가 만약 기억상실증에 걸린다면 그것은 마음속의 내가 몸보다 먼저 죽는 것이요, 내 몸이 병에 걸려 죽는다면 그것은 몸이 마음보다 먼저 죽는 것입니다. 하지만 마음은 이 몸이 죽어도 정신적인 에테르차원(氣차원)에서 그 질량을 에너지로 전환하여 자기형상을 보존하기위해 애쓰며 존재할 것입니다. 마치 꿈속에서 우리가 자신을 보존하듯이.

하지만 이 모든 것들은 궁극적으로는 다 사라져갑니다.

마치 어제의 내가 지금의 나로부터 잊혀져가듯이. 그리고 지금의 나 역시 또 변해가고 잊혀져갈 것입니다. 그래서 모든 것은 항상 존재하지 못하므로 근본적으로는 무아(無我)입니다. 하지만 무아가 있으려면 그 무아란 현상이 있기 위한 절대적 유아(有我)의 배경이 필요한 것은 당연한 이치입니다. 유 없이는 무도 있을 수가 없기 때문입니다. 이 깊은 섭리를 안다면 죽음이란 다만 우리가 개념 지은 생각 속의 착각일 뿐입니다. 죽음은 곧 다른 형태로의 변화이며 새 생명의 탄생이기 때문입니다. 즉, 우리의 일상사가 곧 죽음의 연속이지만 또한 그 반대로 우리의 일상사가 그대로 새 존재의 연속된 탄생이 됨도 알게 됩니다.

다시 말해서, 우리는 큰 파도의 죽음과 탄생 속에서 다시 또 작은 죽음과 탄생의 파도들을 매일같이 맞이하고 또 보내고 있습니다. 우리가 이 몸의 죽음에만 의미를 크게 두다 보니 그것이 우리에게 큰 의미를 갖게 된 것일 뿐 실제로는 우리는 이처럼 수많은 죽음과 탄생을 호흡처럼 끼고 더불어 살았던 것입니다. 이처럼 죽음을 바라다보고 이해한다면 우리는 더 이상 죽음에 대해 두려워하거나 슬퍼할 필요가 없어질 것입니다. 왜냐하면 그것은 바로 곧 우리의 존재의 속성이며 분리할 수 없는 우리의 일부분이기 때문입니다.

우리라는 존재형태는 동전과도 같은데 그 앞면은 탄생이요, 뒷면은 죽음일 따름입니다. 동전이 한 면만 존재하겠다 하는 것은 불가능한 것처럼 생과 사 중에 어느 하나만 갖겠다는 것은 다만 생각 속의 개념에 불과합니다. 그러므로 깨우쳐서 우리의 본래가 죽음도 탄생도 넘어서 그 둘을 다 가지고 있지만 계속되고 있는 동전 그 자체와 같은 존재임을 알면 그게 바로 영생을 얻는 것입니다. 다만 유한한 형상과 작용인 이 몸과 마음이 어디서 나왔는지만 바로 보면 그 전체 동전을 볼 수가 있습니다.

동전을 옆에서 보면 앞면도 뒷면도 모두 떠났지만 동전 그 자체로서 존재할 수 있음을 볼 수 있습니다. 동전 그 자체를 본다면 앞면도 뒷면도 더 이상 중요하지 않습니다.

막히면 돌아가고 길이 끊어지면 위험한 곳은 피해 가면 됩니다.
진짜로 중요한 것은 오르고자 하는 간절한 의지입니다. 길이 아닙니다.

# 8

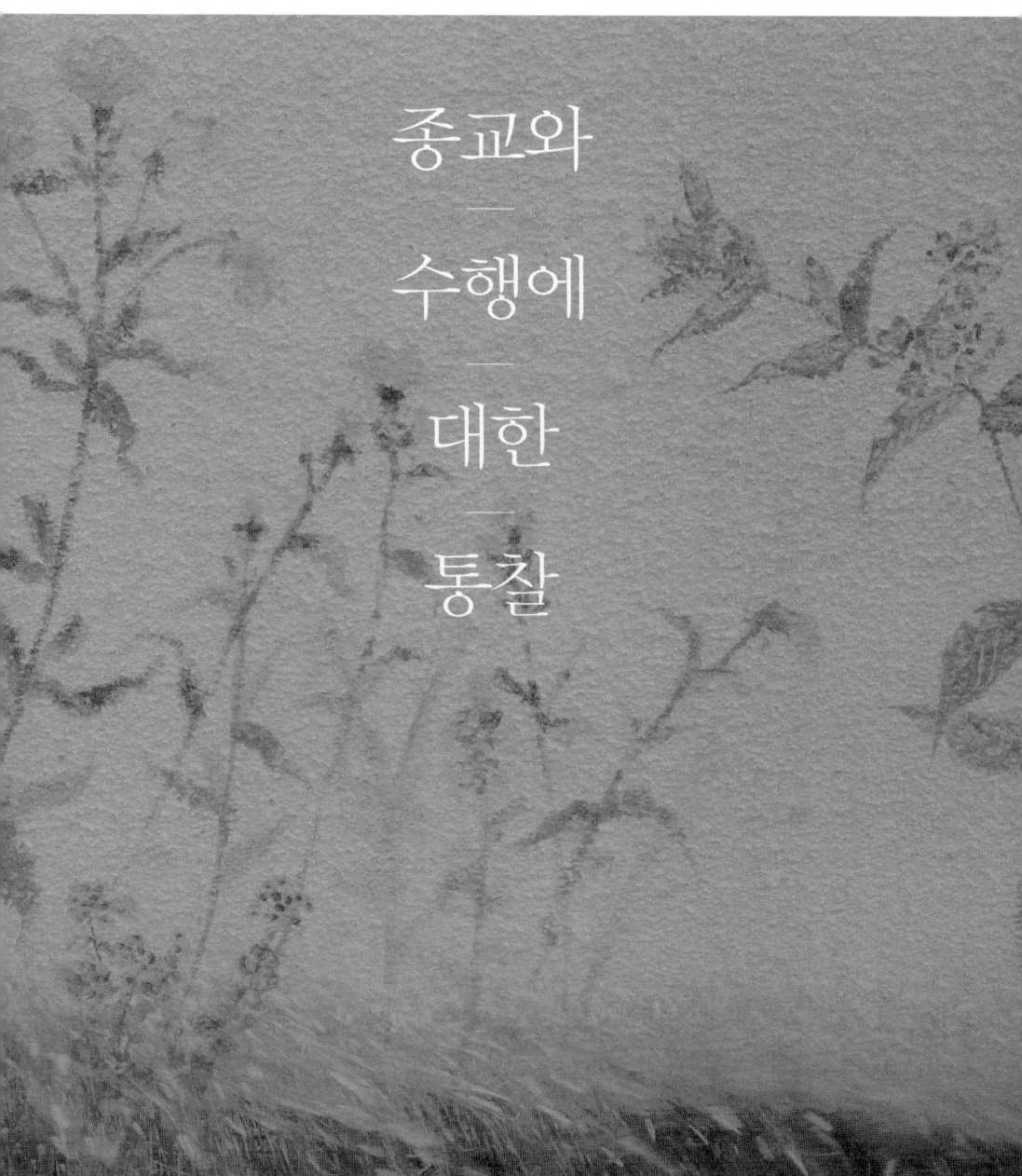

종교와
수행에
대한
통찰

# 등산 이야기

진리탐구라는 것은 등산하는 것에 비유할 수 있습니다.
여기 세상에 제일 큰 진리의 산이 하나 있다고 합시다. 그 산꼭대기에는 이 세상천지와 모든 섭리가 다 보이는 넓고 크고 기막힌 곳이라고 합니다. 하지만 그 산중턱부터는 안개가 잔뜩 끼어서 그 다음은 앞길을 분간하기가 어려운 산길입니다.

그 산을 올라가려 한다면 우리가 직접 한걸음 한걸음 걸어서 올라가야 합니다.
그 누구도 우리를 거기까지 데려다 줄 수도 업고 갈 수도 없습니다. 하지만 그 산꼭대기에 가는 길에는 자연적으로 여러 갈래의 길이 있기 마련입니다.
이 세상에 안 그런 산이 어디 있습니까.
그런데도 이 세상에는 그 산에 올라가려면 어떤 한 길만이 아니면 안 된다고 생각하는 사람들이 많습니다.

하지만 저는 그들의 진정한 생각은 그 길을 통하면서 내는 입산료와 통행료에 있거나, 혹은 어린아이들이 몰려다녀야 마음이 안정되는 집단 속의 군중심리와 같다고 봅니다. 정신적으로 수준이 낮은 생명체들일수록 무리를 지어 떼로 몰려다닙니다. 개미나 새 떼들을 보십시오. 그들은 집단 안에서 개체의 생각이 없습니다. 마찬가지로 우리 집단 속의 마음 약하고 줏대 없는 사람들 역시 그들의 생각양식이 그러합니다. 그들은 홀로 있으면 불안하기에 서로 상대방도 나와 같은 생각을 가지고 있음을 보아야만 안심이 됩니다. 그들은 홀로 있기를 두려워합니다.

우리 사회 속의 특정 종교나 단체들은 그 등산로에 관한 책자까지 만들어 머리 위에 높이 모시고 그 책을 우상시합니다. 어떤 단체는 어느 한 사람만이 그 길을 알며 나머지는 다 모르므로 무조건 그 한 사람을 죽도록 따라야 한다고 말합니다. 또 어떤 사람은 내 길은 네 길과 다르다고 하면서 자기 길은 최고라고 다른 사람의 길을 무시하며 그것과 차별화하는 데서 기쁨을 얻으려 합니다. 하지만 이것은 에고의 다른 모습에 지나지 않습니다. 그 심리를 더 발전시켜서 나아가 심지어는 다른 길을 가는 이를 적극적으로 비난하거나 방해하고 공격하는 사람들조차도 있습니다.

하지만 여러분, 한번 곰곰이 생각해 보세요.
산길이 뭐 그리 중요합니까. 길이 목적입니까. 산길은 길일 뿐 길이 진리는 아닙니다.
네 길과 내 길이 다르다는 것이 무어 그리 중요합니까.
그것을 고집하는 것이 바로 아상(我相)이요, 법상(法相)입니다.
어린아이들이 골목에서 무리지어 놀면서 또래 아이들이 자기들하고 같이 안 놀면 왕따를 시키는 유치한 습성이 있습니다만 이런 사람들이 바로 아직도 정신적으로 어린 까닭에 똑같은 언행을 합니다. 왜 이 세상 수많은 다양한 환경과 생각을 가진 사람들이 무조건 다 똑같은 길을 가야 합니까.

문제는 길이 아니라 산에 올라가는 것입니다.
그리고 산정(山頂)에 도착하는 것입니다.
산이란 무릇 위로 오르고 또 오르면 언젠가는 도착하게 되어 있습니다.
막히면 돌아가고 길이 끊어지면 위험한 곳은 피해 가면 됩니다.
진짜로 중요한 것은 오르고자 하는 간절한 의지입니다. 길이 아닙니다.

그런데 아직 출발도 안 하고 매일같이 지도나 보면서 산 밑에서 수십 년을 사는 사람들도 있습니다. 그들은 단지 생각만 합니다.
"이 길로 가면 어떨 거야, 아니면 저럴지도 몰라, 아니 저 길과 비교하면 이상해……."
하지만 여러분 〈생각〉은 수행에 있어서는 아직 출발하지도 않은 것입니다.
이렇게 말해도 아직도 생각을 못 떼어내는 사람들이 너무나 많습니다.

어떤 수행자분이 이 길도 옳은 거 같은데 저 길도 버릴 순 없다고 하면서 저에게 고민 상담을 해오신 적이 있습니다. 하지만 그런 고민에 들어가기에 앞서 한번 생각해봅시다.

과연 그 고민은 누가 하는 겁니까.

바로 여러분이 아닌 여러분이 가진 기능의 하나인 〈생각〉이 하지 않습니까.

이것을 왜 자각하지 못합니까. 그놈이 바로 자각되어 죽여지고 버려져야 할 대상입니다.

그 생각 안 할 때에도 여러분에게 그 고민이 있습니까.

우리가 이 단체에 속해 있어 타 단체를 비판적으로 본다 해도 그것 역시 생각 속에서만 그러합니다. 우리가 생각을 떠나 있을 때도 네 편 내 편이 있던가요. 거기엔 그저 단 하나 우주생명의 다 같이 들어 있는 생명현상(화신)들만이 이 세상에 충만하게 존재합니다.

거기에 우리가 일으킨 생각이 들어와서 네 편 내 편을 나누고 이게 더 낫다느니 아니라느니 내 길과 네 길은 틀리다느니 잘한다느니 못한다느니 시비하는 것입니다.

산에 올라가는데 어떤 한 길만이 그렇게 중요합니까.

오르고 또 오르려는 의지가 더 중요한 거 아닙니까.

지금도 세상엔 자기가 만든 생각에 속아 이런저런 생각을 하며 그에서 벗어나질 못하고 그 생각이 만들어낸 이차생각에 따른 고민들을 하고 계신 분들이 적지 않습니다.

우리가 만든 시비분별은 우리 생각 속의 논리에 불과합니다.

생각은 지도에 불과하고 설명서에 불과합니다.

자기가 지금 빠져 있는 제 생각을 내려놓고 그 이전의 자기란 과연 뭔가, 어떤 존재인가를 한 번만 제대로 직관해도 이러진 않을 텐데, 산 밑에서만 빙빙 돌며 생각으로만 짓고 부수는 사람들을 데리고 산을 진짜로 올라간다는 것은 진정 쉬운 일이 아닙니다.

등산이란 산에 대해 생각하는 게 아니라 산을 올라가는 겁니다.
진리는 생각 속에 있지 아니합니다.
진리는 논리 속에 있지 아니합니다.
산을 올라가는 것이 중요하지 길이 같으냐 다르냐, 같은 무리를 지어 올라가냐 아니냐 그것은 돈이나 명예에만 관심 있는 그런 부류의 사람들이나 신경 쓰는 것이지 진짜 산사람들은 동반자에는 상관없이 홀로 혹은 아주 적은 두세 명이 말없이 오릅니다.
오히려 그들은 남이 안 올라간 새로운 길을 더 찾아다닙니다.

생각이 많은 사람들은 집단이 만든 생각의 속임수인 집단최면에 넘어갑니다.
그리고 그 집단의 생각과 자기를 동일시함으로써 자기가 잘 가고 있는 양 착각 속에 빠집니다. 그러나 진정한 그의 모습은 아직 산길을 단 한 발자국도 오르지 않은 것입니다.
상상 속에서만 등산을 하고 있는 것입니다.
이런 사람들이 세상의 대다수입니다. 그런 사람들이 희생양들입니다.

생각만 놓으면 내가 이미 없습니다. 일체가 우주생명 하나로 돌아갑니다.

그런데 거기에 무슨 내 길 네 길을 나누고 분류합니까.

무슨 내 편과 네 편을 나누고 분류할 기준이 더 남아 있습니까.

바로 그놈을 죽이고 버려야 하거늘 그놈은 그대로 살려두면서 생각에 스스로 휘둘려 분별 속에서 헤어나질 못합니다. 그러니 제가 참으로 진리가 되질 못하고 집단최면 속에서 상상으로만 〈진리〉를 얻고 가지는 것입니다.

등산은 어느 길로 오르든 중요한 중간지점은 다 같은 데서 만나게 되어 있습니다.

어느 산이나 보세요, 다 그렇습니다.

이제는 네 길 내 길, 우리 편 네 편 그만 나누고 생각 이전 자기 속으로 들어가야 할 때입니다.

그 자리 바로 거기에도 내 길, 네 길 그런 게 있나 한번 보세요.

남들은 이미 꼭대기에 다갔는데 혼자 기슭에서 이 길, 저 길 분별하며 자기 생각과 느낌에서 놀다 보니 아상만 더 높아질 뿐 제가 만든 울타리를 못 벗어나는 사람은 되지 마시길 바랍니다.

그 생각 그 느낌 다 어디서 나오고 어디로 돌아갑니까.

다 생각 이전의 그 자리 아닙니까.

왜 본질을 놔두고 그놈이 만든 생각 속에서 그렇게들 뭉개고 머무르는 것입니까.

이제는 생각 그만하시고 제발 진실한 한 걸음을 내디딥시다.

오르고 또 오르면 그 발자국이 다 길이 됩니다.

그것은 오르고자 하는 의지가 곧 참된 길이란 뜻입니다.

방법은 중요하지 않습니다.
그대의 성실함과 노력, 그리고 지혜가 더 중요합니다.
전체가 되어야 한다면서 왜 내 편 네 편을 나눕니까.
전체가 돼야 한다면서 왜 있는 그대로의 일체를 수용하지 못하고 오히려 배척합니까.
하느님이 언제 누구 편만 들고 다른 편은 무시하거나 적대시합니까.
자기가 저지르는 모순을 스스로 성찰해 보세요.
등산은 오르는 그것 자체가 아름답습니다.
그 산정에 오르면 더욱 보람 있습니다.
그 길 위에서 이제는 제발이지 너 나를 나누지 말고, 이 길 저 길 따지지 말고 그냥 성실하게 오르기나 하세요. 정 상대를 자신의 길로 끌어들이고 싶다면 어느 길로 갔든 꼭대기에 올라선 그대를 보여줌으로써 상대를 감화시키는 방법이 가장 최선입니다.
거듭 말씀드리건대, 내 생각 속에서 내 길을 최고라 여기며 도취되어서 나의 길을 가는 게 아니라, 집단군중 심리와 집요한 세뇌로 만들어진 나의 생각을 벗어나는 것이 비로소 이 우주 안에 홀로 서는 길이요, 내가 진짜 산에 오르는 길입니다.

# 한국의 깨달음과 종교문화

세계에서 한국만큼 사람 사는 데 스트레스가 큰 나라도 많지 않은 듯합니다.

그것은 좁은 땅에 많은 인구가 혼잡하고 다이내믹하게 경쟁하며 살다 보니 그런 거 같습니다. 사람들은 빨리 더 남보다 경제적으로, 혹은 출세해서 안정된 삶을 얻으려고 피나는 경쟁들을 합니다. 그러다 보니 추구할 대상인 자원은 극히 적은데 추구하는 사람이 많으니 당연히 극한 경쟁이 생겨나고 온갖 술수가 판치며 거짓과 부정부패가 만연하게 됩니다. 이런 황폐함을 느낀 심성이 비교적 맑은 사람들은 그래서 종교나 수행단체에 가서 귀의를 합니다.

그런 사회 분위기와 경쟁적 스트레스로부터 해방이 되려고요.

그러나 이젠 남보다 더 열심히 더 말 잘 듣고 잘 믿거나 수행해야 한다는 특수한 한국의 종교문화 혹은 수행문화로부터 스트레스를 받게 됩니다. 선진국에 비하여 볼때 참으로 한국의 종교나 수행문화는 아직도 집단주의와 전체주의에서 벗어나질 못하고 있습니다. 우리는 정신적인 민주화와 개개인의 정신적 독립의 존귀성을 아직도 모릅니다.

우리나라 종교수행 분야에는 홀로 깨어 있는 맑은 정신의 소유자들이 갈 데가 없습니다. 모두가 그저 무리지어 말로만 떠들고 무리지어 자기들이 세뇌 받고 전달받은 그들의 집단적 생각만을 진리라고 주장하며 전파하고 다닙니다. 그래서 그들이 하는 말들은 앵무새들처럼 다 똑같습니다.

정말 전쟁터 같은 세상이 싫어 떠나왔더니 또 다른 새로운 강적이 기다리고 있는 꼴입니다. 그래서 또 많은 사람들이 여기에 걸려듭니다. 사실 오늘날 한국의 종교(특히 기독교)가 쇠퇴해가는 외국과는 정반대로 급속히 발전하고 커지게 된 것은 서열이 거의 자동적으로 매겨지는 유교적 사회문화 속에서 꼼짝없이 사회의 한 부속품으로 신분 지어져 숨 막힌 삶을 살았던 사람들이 그 구속에서 자유스러워지는 평등의 기회를 제공한 사회심리학적 요인과, 살기 힘든 정신적 스트레스의 사회 속에서 그것을 해소시킬 수 있는 비상구 역할을 제공해준 종교의 특이한 사회 기능적 요소에 그 원인이 있지 않나 생각합니다.

저는 우리나라만이 특별하게 하나님의 은총을 더 받아 특정 종교가 지금 눈에 띄게 더 발전하는 것이라고는 보지 않습니다. 그것은 우리나라의 전체적인 민도(民度)의 상승이나 국민의식의 성숙화로 인한 사회 전반의 의식개선 없이는 그저 사회심리학적인 일시적 현상에 불과하다고 봅니다. 오히려 좁은 땅에 많은 사람들이 모여 살면서 서로 비교하며 살아가다 보니 나타날 수밖에 없는 집단스트레스가 위로받기 위해 그렇게 표출되어 나타나는 일종의 사회병리 현상이라고까지도 볼 수가 있습니다. 과연 이 세상의 선진국들은 국민들의 심령이 가난하고 문제가 많아서 우리처럼 특정 종교가 부흥하지 않는 것일까요.

　오늘날 한국의 몇몇 수행단체나 교회들은 이제 몇 십만 신도를 자랑하는 매머드 단체들이 되었습니다. 그러나 이런 대형화 속에서 개개인들은 다시 그들의 심령이 보다 더 존중받고 보다 더 나은 자유를 누리게 될까요. 불행히도 저는 그렇게 보지 않습니다.
　더구나 이런 사회의 거대조직 숭배풍조에 편승하여 종교지도자들이나 수행지도자들조차도 사람들을 정신적으로 조용하게 편히 쉬게 하고 개개인을 깨어나게 하는 개인 존중의 수행이나 묵상보다는 단체의 규모 성장이나 사회적 세력 증대에만 관심을 더 기울여온 문제가 있지 않았나 생각됩니다. 실로 한국의 종교들은 그 규모와 세력이 세계적인 교회나 사찰을 갖는 정도로 컸지만 그와 더불어 신도들의 정신도 그렇게 위대해지고 높아졌는지를 살펴본다면 대단히 회의적이지 않을 수가 없습니다.

　그럼에도 불구하고 기존 종교의 틀 안에서는 우리들의 정신적 민주화와 성숙화는 여전히 무시되고 있습니다. 오직 규모의 증강과 세력의 확대만이 한국종교와 수행단체들의 지상목표가 되어 있습니다. 그렇게 함으로써 그들은 경제적 이익과 보다 더 탄탄한 자기 조직의 성장력을 얻습니다.
　개개인의 구원문제와 깨달음문제는 소외되어 가는데 〈우리〉와 〈너희〉 그리고 〈나의 법〉과 〈너희 법〉만의 대립이 사회심리학적으로 이슈화되기 시작합니다. 저는 지금 우리 사회의 이런 정신종교 및 수행문화의 본질적인 문제점을 객관적인 시각으로 보는 통찰하여 보는 사람들이 너무나 적은데 의아한 생각마저 듭니다. 국민의 의식을 깨어 있는 시각으로 바라다보는 사람들이 너무나도 적습니다.

물론 우리의 이런 스트레스 양산적 사회구조 속에서 피폐한 사람들의 심신을 위해 당연히 종교 산업이 팽창하고 수행산업도 동반성장하는 것은 당연하다고 봅니다. 수요가 공급을 창조하니까요. 그러나 저는 솔직히 말해서 현재의 우리나라의 종교나 수행문화가 조직팽창 지상주의, 분리대립주의, 자기독선적 과시주의, 그리고 이들의 그 소속신도에 대한 과도한 지배와 구속으로 인한 건전한 사회구성원 층의 붕괴잠식 등의 현상이 상당히 비정상으로 나아가고 있으며, 전체적으로 볼 때 마치 대량으로 사육되는 동물농장을 구경하는 기분입니다. 모든 종교단체나 수행단체들의 행동도 너무나도 조급하고 즉흥적이며, 자기 선전에만 급급하지 내실이 없는 현대인들의 삶을 닮아가는 것 같아 안타까움마저 느낍니다.

현대종교는 참으로 문제가 많지만 제가 그 문제를 간단히 요약해본다면 몇 천 년 전에 죽은 개체인간현상인 예수, 석가는 우상시하고 신격화하지만 그 대신 지금 이 순간도 살아계신 진짜 하나님, 부처님 (예수, 석가의 정신을 있게 한 본래 하나님의 자리)은 전혀 찾아볼 생각을 안 하는데 첫 번째 문제가 있습니다.

두 번째로, 믿는다는 것은 〈참으로 그 대상과 하나가 된다〉는 뜻인데 실제 예수 석가의 본질을 알아보고 그것과 하나가 될 생각은 전혀 안 하고 그 대신 그 이름이나 형상 혹은 생각이나 가르침만을 믿는다 하며 그것만으로 구원이나 극락행을 바라니 방향이 너무 잘못되어가고 있습니다.

세 번째로, 모든 종교는 그 가르침을 따르는 사람들을 진리로 〈거듭나게〉 해야 하는 것인데, 무엇이 진리인지 정확히 알지도 가르치지도 못할 뿐더러 거듭나려면 사람들이 회개, 참회를 진심으로 해야 하건만 그것을 하게 하기는커녕 자기합리화나 아상과 법상을 더 강화시키는 골수세뇌분자들만을 양산하기에 여념이 없습니다.

네 번째로, 우리나라의 종교나 수행단체들은 사람이 거듭나는 문제를 너무나 가볍고도 경솔하게 다룹니다. 그러면서 오로지 자기들 세력을 키우는 데만 급급하여 단지 생각 속의 대상을 믿거나 이론과 신화 속의 숭배대상을 만들어놓고, 그 생각 속에서 믿거나 염불을 외우면 천당극락 간다는 허황한 논리로 사람들을 잘못 이끄는 중대한 문제가 있습니다.

종교나 수행단체의 진정한 목적은 사람을 거듭나게 하는 데 있지 현실적인 복 받기나 자기 조직의 세력증대에 있는 것이 아니라고 저는 봅니다.

우리가 냉정하게 살펴보건대, 진리가 참으로 우리가 만든 생각이나 글자 혹은 그림 안에 갇혀 있습니까. 아닙니다.

진리가 그렇게 나약하고 환상적인 것입니까.

진리란 지금 살아 있는 지금 이 순간도 만들어내는 전체의 자리로서 우리가 태어 나오고 죽어 돌아가는 곳이며, 모든 것이 거기에 뿌리를 내리고 생존하는 곳이며, 모든 것이 그 힘에 의해 살려지고 양육되는 곳입니다.
그렇다면 바로 지금 그곳이 어디이겠습니까.

그것은 우리가 의지하고 살아가며 이 모든 우주조차도 벌어지는, 이 우주의 근본바탕인 대허공이자 그 안에서의 위대한 섭리의 에너지활동 바로 그 자체인 〈지금 바로 여기 이 자리〉 자체가 아닙니까. 하지만 우리의 조상들이 생각으로 그것을 글로 묘사하여 개념화하자 나머지 인간들이 그것을 따라하다 보니 이제는 진리가 마치 그런 글이나 생각 속에 있는 것으로 착각들을 하며 그런 책이나 지식들만을 배우고 알면 진리공부는 다하는 것처럼 여겨지고 있습니다.

성경이나 불경 책들을 신주단지처럼 모시고 끼고 다니는 사람들을 볼라치면 저는 살아 있는 진리는 모르는 채 죽은 진리글자를 저렇게 모시고 다닐까 싶어 안타깝기조차 합니다.
여러분, 살아 있는 진리란 게 대체 뭔가요.
그것은 바로 살아 있는 하나님, 부처님이며 달리 말하자면 바로 이 세상 전체의 모든 생명 그 자체가 바로 그것인 셈입니다.

예수, 석가가 어디 성경이나 불경을 네 몸과 같이 모시라고 말씀했던가요.
그분들은 바로 살아 있는 진리인 이 세상 속의 모든 존재들인 너와

나, 바로 우리 자신을 서로 자기 몸과 같이 사랑하고 모시라 했잖습니까.

그런데 자칭 그분들의 제자라면서 왜 그렇게 말을 안 듣고 자기들 식대로 책과 조직 속에 진리를 만들어서 따로 가고 있습니까. 그러니 종교단체에 사람은 그렇게 많이 늘어도 진짜 살아 있는 사람이 없고 참으로 진리를 알고 행하는 사람이 없는 것입니다.

깨달음의 궁극이란 바로 자기 개체마음이 하나도 남김없이 닦아서 그 개체현상 안에 전체의 존재가 그대로 쑥 들어오게 하는 것이며(이것이 예수 석가를 있게 한 본질의 에너지자리와 하나 되는 것이다), 그러면 그 사람은 바로 자기의 개체마음이 이 우주조차 있게 하신 전체의 신(혹은 부처)과 하나 되어서 영원히 신계(천국 혹은 극락, 혹은 하나님의 가슴 안)에서 거듭나 살게 되는 것입니다. 이게 참 해탈이요, 구원입니다. 이것이 참된 천당 가는 길입니다.

그런데 이런 이치를 모르고 그저 조직을 강화하고 그를 위하여 말과 이론으로만 사람들을 이끌고 가려다 보니 그 방향이 점점 더 잘못되어 가고 있는 것입니다. 진리를 전해주어야 할 성직자들이 오히려 참 하나님을 못 보고 못 느낀 채 자기 생각과 지식 속에서 개체인간의 감각에만 매여 사니 자기 감각을 절대기준으로 하여 진리를 재단할 수밖에 없게 되고 이것이 잘못된 망상을 만들고 거기에 또 망상이 보태어져서 이젠 돌이키기 어려운 상황에까지 이르게 되었습니다. 이제 이 중대한 오류를 누가 바로 잡겠습니까.

치매에만 걸려도 그 좋던 신앙이나 경지는 한방에 다 잊혀지고 맙니다.

생각 속에서 만난 진리는 생각 안에만 갇혀 있는 겁니다.

이젠 우리가 살아계신 진리를 그런 죽은 생각과 관념의 감옥에서 해방시켜드릴 때가 되었습니다. 이제야말로 기독교엔 신(新)신약성경이 필요하며, 불교에는 구태의연한 낡은 수행법을 다 벗어던지고 새로운 수행과 우리들을 다 밝은 곳으로 이끄는 신(新)경전이 필요한 때입니다. 내가 하면 다 진리요 남이 하면 다 사이비이겠습니까. 우리들은 참으로 진리 앞에 객관적 자세를 되찾아야 하며 겸손해져야 합니다.

이제 새로이 시도되는 새로운 메시지들은 더 이상 죽은 생각 속의 말과 글이 아닌 살아 있는 움직임, 깨우침으로 우리와 다음 세대들에게 다가와야 할 것입니다. 인류는 과거 우리가 해온 방식으로는 구원되지 못한다는 것이 이미 이천여 년에 걸친 실험으로 확실하게 입증되었습니다. 우리가 사는 이 세상이 이미 그것을 말해줍니다. 세상은 통합과 조화가 아닌 점점 더 대립과 갈등구조 속으로 나아가고 있습니다.

여러분, 하지만 지금도 진리는 엄연히 실재하시며 진짜 살아계신 예수 석가가 우리 안에 이미 와계십니다, 그 살아계신 진리가 우리를 삼라만상과 분리할 수 없이 하나로 합일해 있는 진리란 형식으로 이미 품고 계십니다. 이 자리에 눈뜨고 귀 열려야 참으로 살아 있는 참 생명의 종교를 만나는 것입니다. 이제 신화와 개념 속의 신앙과 논리는 벗어나야 합니다. 우리가 우리 안에 살아계신 이 진리를 이제는 밖으로 꺼내드릴 때가 되었습니다. 우리가 이미 살아계신 그 진리들의 화현이건만 우리는 우리가 만든 생각에 빠지고 휘둘려서 이렇게 못난 껍데기만의 창조를 해왔던 것입니다.

제 개인적인 얘기를 좀 한다면, 저는 솔직히 제 영생을 바라지 않았습니다.

더 내쳐서 말한다면 인류의 구원도 바라지 않았습니다. 제가 보기엔 인류란 사실 이 지구에 기생하면서 지구를 파먹어 들어가서 오염시키며, 인간들 서로 간에도 자기 생각만의 노예가 되어 그것을 주장하며 전쟁으로 서로 파괴시키는 잔학한 생물 이외에 달리 아무것도 아니었습니다. 우린 이 우주에 나타나 이 아름다운 지구를 파괴하면서 도무지 만들어낸 것이라곤 쓰레기와 오염물질밖에 없는 그런 바이러스 같은 못난 생물체였습니다.

그래서 그중의 하나인 나란 인간이 영생해서 도무지 우주와 생명계 전체에게 무슨 도움이 될 것인가 생각해보니 아무 이익 될 바가 없었습니다. 저는 저 자신을 깊이깊이 객관적으로 평가해 보았고 이 아름다운 우주 안에서 참으로 저 자신의 존재가치에 대해 숙고했습니다. 또한 저는 이런 점을 미처 살펴보지도 않은 채 〈무조건 우린 잘 먹고 잘살아야 돼〉란 철학(?) 하에 또 영생을 바라는 이 지독한 욕심덩어리인 인간들에 대해 객관적으로 냉정하게 살펴보았습니다. 그런 결과 저는 인간들이 지금 펼치는 세상의 종교나 수행이란 것은 그 실상은 자기들만이 도취해서 벌이는 주관적 착각 속의 쇼(Show)가 아닌가 하는 깊은 회의를 가졌었습니다.

저는 차라리 이렇게 지저분하고 무의미한 생존을 위한 생존에 집착하는 인간이란 생명현상 자체가 너무 맹목적이고 욕심에 넘치는 것이라 느꼈습니다. 최고의 존재가 되기 위해 깨달음을 원한다는 것도 구원을 바라는 논리와 별반 다를 게 없었습니다. 그것 역시 인간을 중심으로 한 극히 집단이기주의적인 하나의 가설체계였습니다. 그렇게 해서 저는 이 모든 논리와 생각체계 속에서 벗어나기로 마음먹었고, 참으로 진심으로 제 마음속에서 저란 무가치한 존재의 완전한 소멸을 택했습니다.

그러나 놀랍게도 그 이후에 내게 전혀 새로운 마음과 세계가 열리게 된 것입니다. 내가 내 개체라는 존재중심의 가치관 속에서 살기를 포기하고 이 우주전체에 대해 나의 가치를 완전히 포기하자 오히려 내가 사라진 그 마음자리에 본래 우주전체마음의 생명력이 생생하게 드러나며 눈앞에 현현하는 놀라운 깨달음의 기회를 얻었던 것입니다.

그 이후에 그렇게 열리고 변한 눈으로 제가 보니 거의 대다수의 종교나 깨달음의 단체들이 겉으로는 인류의 구원과 깨달음을 내세우지만 사실 속으로는 사람들의 그런 끝없는 탐욕을 이용해서 〈천당사업〉이란 장사를 하고 있는 것을 알았습니다. 그들이 알고 그러든 모르고 그러든 간에.

그들은 사람들에게 자기들이 가보지도 않은 천국에 대해 얘기를 하고 있었고, 자기도 모르면서 진리란 이런 것이라고 설명하고 있는 것이었습니다. 자기가 영생해야만 한다는 바로 자기의 그 집착과 욕심만 놓으면 바로 영원한 생명이 무엇인지 바로 알게 되건만 오히려 그들은 그 욕심을 부추겨서 그들로 하여금 자기개체에서 못 벗어나게 하고 그럼으로써 그들을 정신적인 하인 권속으로 삼아 자기들 집단의 권세를 누리는 게 작금의 현실입니다.

저는 진리란 이렇게 떠들썩하게 집단화하여 무리지어 다니면서 소란을 떨며 추구할 수 있는 것이라기보다는 오히려 살아온 배경이 다 다른 사람들에게 다양한 방법으로 조용히 개개인에게 자기를 돌아보게 하고 자기를 자각하게 함으로써 각성을 주어 깨어나게 하는 개개인의 참된 구원과 깨달음에 초점을 맞추는 새로운 명상의 시대가 도래해야 한다고 생각합니다.

예수, 석가가 언제 집단 속에서 깨달음과 구원을 얻었습니까. 그들도 역시 홀로 자기 안을 탐구함으로써 하나님을 만나고 진리를 발견했던 것 아닙니까.

우리 내면의 진정한 평화와 안식은 언제 옵니까.
미래에 당첨되는 보험금처럼 그들이 어떤 집단이나 단체의 수족이 되어 평생을 다 헌신하고 난 뒤에야 옵니까. 타인이 만들어낸 논리 속에서 내 밖에 있다는 그 어떤 보지도 듣지도 느끼지도 못한 초월적 존재에게 빌고 구걸함으로써만이 겨우 조금씩 얻는 것입니까.
여러분은 우리들이 바로 그 종교와 단체들을 만들었건만 우리가 만든 그 종교나 수행단체 안에 우리가 들어가 갇혀 사는 이 기막힌 현실을 깨닫지 못하십니까.

　대다수의 사람들은 깨어 있지 못하기에 지금의 이러한 구조적 상황도 제대로 못 봅니다.


　사람들은 오늘도 자기가 자각하고 스스로 깨어나야 진리를 만나는 것을 모르고 어떤 종교집단이나 단체에만 소속되어 있으면 그 단체가 자기를 구원해 줄 거라고 믿고 있습니다. 그래서 살기에 각박한 풍토에서는 그 정신이 받는 스트레스만큼 오히려 종교문화 사업은 날이 갈수록 더 번창해 갑니다. 참으로 정신적으로 독립할 수 있는 성숙한 사람이 아니고는 이러한 독존(홀로 존재함)의 자유조차도 두려워서 자유라는 우리의 본래 성품으로부터 도피할 수밖에 없는 정신적 어린아이가 더 많은 이 미성숙의 사회구조는 과연 언제까지 계속되어야 할까요.


　진실한 내면의 자유와 평화는 우리 한 사람 한 사람의 마음속에 있습니다.

　그러므로 우리 개개인이 자신의 문제를 해결하는 구세주여야 합니다. 예수, 석가가 자기 자신에게 그리하였듯이 말입니다. 구세주나 진리 그것은 인간들이 만들어낸 돈이나 권력이나 조직이나 단체나 책이나 경전 속에 있지 않습니다. 그것은 결국 바로 우리 마음 안에 살아 있습니다. 그러므로 우리가 공부하고 들여다보아야 할 것은 밖에 있지 않으며 바로 우리 마음 안에 들어있습니다.


　병든 사람이 건강해지려면 그의 몸의 세포 하나하나가 개선되어야 합니다.

　다른 묘방이 없습니다. 아름다운 사회란 아름다운 사람들로 구성되는 것이지 다른 방도가 있는 게 아닙니다. 저는 전체이신 하나님은 우리의 의식의 합산체이며 우리 몸 각각의 세포가 서로 개별적인 딴 생명과 의식은 갖고 있지만 전체로 모여 〈나〉라는 또 하나의 생명과 의식을 창조하는 것처럼 그렇게 존재하신다고 봅니다. 그래서 우리가 곧 하나님의 의지요, 그분 안에서 한 몸이며, 그분의 분신인 것입니다. 우리가 이미 중요한 직책의 사람을 뽑을 때 그렇게 하고 있지 않습니까. 이미 그렇게 하면서도 우리는 그것이 하나님의 뜻이라고 합니다. 그렇다면 그때의 하나님은 우리 전체 뜻의 집합이란 말씀이 아니겠습니까. 우리가 이미 그렇게 하나님의 뜻을 만들어 가고 있지 않습니까. 이 진실을 누가 부정할 수 있을까요.

　저는 사람들을 구원하겠다고 이렇게 책을 쓰는 게 아닙니다. 저는 부족한 게 너무나도 많은 사람입니다. 그러나 저는 그런 부족한 우리가 모여 각자 자기를 반성하고 열심히 성찰함으로써 자기 개인의 거듭남에 조그만 도움이 될 수도 있다고 생각하기에 이렇게 하고 있을 뿐입니다.
　이것이 제가 하늘로부터 받은 제 소명이며 역할입니다.

　저는 누가 왕으로 군림하는 조직을 창조할 생각도, 스승이 되어 남 앞에 나서려는 생각도, 무슨 큰 단체를 만들어 이 사회에 무슨 역할을 할 생각도 전혀 없습니다. 그것은 정신적인 민주주의가 아닙니다. 저는 다만 우리 하나하나가 다 깨어나는 유사 이래 지구 역사에 없었던 우주적 사건이 일어나길 원합니다. 그런 새 역사를 원합니다. 모든 이가 스스로 내면에서 부름을 받아 다 깨닫고 구원받아, 세상이 있는 그대로 천국으로 화하는 놀라운 사건이 우리들 하나하나에 의해 여기저기에서 일어나길 원합니다.

석가나 예수도 조직을 만들라든가 세력화하라고 하지 않았습니다. 자기말로 책을 만들어 경전이라고 모시라고 하지도 않았습니다. 다 우리가 만든 것입니다. 다 우리가 차원 낮은 짓거리를 하고 있는 것입니다. 깨달아보면 세상이 그대로 살아 있는 경전이며 우리 마음이 그대로 하나님의 성전이며 일터입니다. 달리 무엇이 더 필요합니까.
저는 이 세상이 이런 진실에 빨리 깨어나기를 간절히 바랍니다.
그러려면 우리 각자 각자가 자각하고 깨어나야 합니다. 누가 한방에 구름타고 와서 깨어나게 해주는 것 아닙니다. 우리 마음속에서 볼 때 구름이란 번뇌고통을 말함이니 예수가 구름 타고 오신다는 것은 비유적 표현으로서 번뇌고통 속에서 우리에게 그리스도의 참 정신을 깨우치게 해주신다는 말입니다. 이것을 말 그대로 믿고 있으니 참 답답합니다.

어떤 이는 이미 자기 마음 안에서 구름타고 오신 구세주를 보았습니다. 예수가 〈그의 세대가 지나기 전에, 그가 살아 있을 때에 보리라〉고 말하신 것처럼 말입니다. 하지만 밖에서 물질적으로 그런 일이 일어나길 바라는 사람들에게는 앞으로 수만 년이 지나도 절대 그런 일은 일어나지 않을 것입니다.

사람이 진정한 새 생명을 얻는 일이 무슨 공장에서 신제품을 생산하는 일처럼 집단행위의 산물로 여겨져서는 안 됩니다. 구원은 개개인에게 개별적으로 일어나는 은밀한 사건입니다.

제가 보는 진실된 길이란 〈진리의 길은 단 한 사람만이 걸어갈 수 있는 자기 안의 오솔길〉이란 것입니다. 즉, 진정한 거듭남은 우리 한 사람 한 사람이 내면에서 스스로 깨어나는 길뿐입니다. 그 길은 누가 집단으로 대량으로 해주는 게 아니라 우리 각각이 스스로 자각하고 깨어나는 길밖에 없습니다.

우리의 영원한 주인은 우리 자신이며 우리를 바꿀 수 있는 사람도 궁극적으로는 우리 자신일 뿐입니다. 오로지 하나님의 은총이라구요? 그렇다면 하나님이 왜 그리 은총을 주시는 일에 인색하실까요. 이 모든 것이 알고 보면 개념적인 하나님을 독점하고자 하는 조직과 세력의 논리에 지나지 않습니다.

그대가 집단으로 사육되어도 좋은 동물적인 의식수준이 아니라면 이제 집단의 군중심리 안에서 마취당하지 마시고 스스로 자기 자신에 대해 홀로 깨어 있으십시오. 저는 그대가 교회나 사찰에 다니지 말라는 것이 아닙니다. 어디에 있어도 다 좋습니다. 그런 조직에 의하는 것이 필요한 사람에겐 그런 힘이 정말 도움이 됩니다. 하지만 저는 그대의 내면은 그대만이 알며 그것을 닦고 청소하는 것도 그대가 스스로 하지 않으면 누구도 치워주지 않는다는 절대적인 진실을 말하고 있는 것입니다.

그대는 태어나서 지금까지 세상에 단 하나인 존재이며 이 세상을 그대 앞에 있게 한 유일한 생명체의 존재인데 그것은 우리 하나하나가 각각 원래 하나님 앞에 유일한 〈독생자〉이기 때문입니다. 우리를 구원하시는 성스럽고도 위대한 힘은 물론 하나이시지만 그 힘이 우리 안에서 살아 움직이실 때는 우리 모두가 그분의 아들로서 거듭나는 사건이 일어나지 않으면 안 됩니다. 그리고 그 일이 우리 내면에서 일어날 때 우리는 모두 다 하나님의 〈독생자〉 대접을 받는 것입니다.

# 내가 곧 〈진리〉다

저는 이 책의 제6장 제1절 '삶의 본질은 창조와 체험이다'에서 삶이란 본질적으로 우리들이 창조하고 그것을 스스로 체험하는 것이라고 말씀드린 바 있습니다.

우리 한번 솔직하게 대화를 해봅시다.

자연을 제외하고 이 세상에 만들어져 있는 모든 철학, 정치, 종교, 사회제도 및 문화 등은 다 누가 만들었습니까.

바로 다름 아닌 우리입니다.

그러나 사람들은 그게 우리가 아니라고 착각하고 있습니다.

이상한 일이지요? 하지만 그런 일이 실제로 일어나고 있습니다.

바로 종교와 수행분야에서 그러합니다.

우리가 분명히 하나님이나 부처님이란 존재들을 개념화하여 만들었음에도 불구하고 어떤 사람들은 그 개념 속에 빠져서 개념 속의 하나님이나 부처님이 우리의 길흉화복을 주관하신다고 여기며 두려워합니다.

제가 이렇게 말한다고 신(神)적 존재를 부인하는 사람이라 생각하지 말아주세요.

저는 누구보다도 매일같이 신을 만나는 사람입니다.

제가 드리고 싶은 말씀은 제가 보고 듣고 느끼는 그 신(부처님)은 그런 종교나 개념이나 생각 속에 계시지 아니한다는 것을 말씀드리고 싶은 것입니다.

진짜 신은 바로 우리 속에 우리와 분리할 수 없을 만큼 하나 된 존재로서 지금 살아 계십니다. 저는 바로 이 놀라운 메시지를 전하고 싶은 것입니다.

"어떻게 이렇게 죄 많고 문제 많은 우리 속에 하나님, 부처님이 들어 계신단 말야?" 하고 부인하시는 분도 계실 것입니다. 하지만 앞서 말씀드렸듯이 우리의 생명력 자체가 바로 그분의 임재하심입니다. 그래서 우리라는 존재 자체가 바로 물질세계에 나타난 그분의 화현인 것입니다. 그래서 내가 생각하는 나 속에 그분이 들어 계시는 것이 아니라 내가 생각하기 이전에 나란 존재 자체의 본질이 바로 그분의 일부란 것입니다.

제가 이 책에서 계속 얘기하는 것의 핵심이 바로 이것입니다.

생각 속에서 신과 부처를 구하지 마시고 살아 있는 지금 여기의 〈나〉를 자각해 봅시다.

생각 속의 나는 보잘 것 없고 죄 많으며 문제투성이의 존재이지만 그러나 그 이전의 〈나〉는 너무나 놀라운 은총 속의 존재요, 신비로운 우주생명의 힘이 드러나신 기적과도 같은 존재입니다. 왜 이 놀라운 존재 쪽은 보지 않고 생각과 개념 속에서만 신을 찾고 수행을 하며 원죄와 무명업장을 창조해서 그 안에 우리를 가두며 스스로 구속하고 있습니까.

그러면 여러분은 또 질문을 하실 것입니다.
"당신 말은 알겠어요. 하지만 이 놀라운 세상과 자연은 그럼 누가 만든 거죠? 그 힘을 가르치고 말하기 위해서 우리가 하나님, 부처님이란 개념과 생각이 필요하지 않나요?"라고.

제가 말씀드리고 싶은 것은 바로 이것입니다.
〈그것을 있는 그대로 느끼라. 그것이 신을 만나는 최고의 방법이다〉
여러분, 우리가 제아무리 진리를 생각과 말로 표현하겠다고 애를 써도 우리의 말과 글이란 우리들이 매일 맛보는 음식 맛 하나조차도 제대로 전달할 수 없는 너무나도 한계가 큰 것입니다.

그런 본질적인 한계가 있을 수밖에 없는 개념과 생각을 가지고 감히 하나님과 부처님을 논하고 정의하려 들다니요. 저는 이것이야말로 우리가 만든 가장 큰 신에 대한 불경이요, 신성모독이라고 생각합니다. 유한한 개념으로서의 나란 인간이 영원한 창조주를 제 생각 안에 가두고 함부로 정의하고, 궁극의 진리란 바로 이것이다 저것이다 제멋대로 규정짓는 행위. 우리가 이런 사실을 똑바로 본다면 이보다 더 큰 원죄와 무명업장이 어디에 있겠습니까.

하지만 우리가 생각에서 벗어나서 우리 자신을 있는 그대로 직시

한다면 우리는 우리가 그 얼마나 놀라운 존재이며 그 얼마나 아름다운 존재인가를 직관하게 됩니다. 그 누가 생각 속에서인들 우리 같은 놀라운 존재를 창조할 수 있겠습니까. 저는 그래서 인공종교 속의 신이 아닌 자연종교 속의 살아 있는 참 하나님과 부처님을 우리가 바로 보자는 얘기를 지금 목청 높여 외치고 있는 것입니다.

여러분, 이제는 우리가 만든 집단관념의 세계에서 벗어납시다.
깨어납시다!
우리가 이렇게 할 때, 우리는 비로소 알게 될 것입니다.
있는 그대로의 우리가 바로 오묘한 신과 부처의 섭리가 육화(肉化)되어 나타난 진리 그 자체임을 말입니다.

오늘도 수많은 사람들이 깨달음이나 구원을 절실하게 원합니다. 그러면서도 그들은 자기가 어떻게 부족하며 어떻게 문제가 있다고 매일같이 기도하며 자신을 세뇌하며 서로를 정죄합니다. 그리고 그 상태에서 벗어나야 한다고 하며 많은 사람들이 설교나 설법을 하고 또 많은 글들을 씁니다. 옛날부터 하도 많은 사람들이 그러기에 저도 예전에 눈을 뜨기 전에는 우리가 원래부터 문제가 많은 종족인 줄 알았습니다.

하지만 그것은 정말 우리 사회가 만들어낸 우리 스스로에 대한 집단최면이었습니다.

여러분, 진리란 것은 위에서 말한 것처럼 원래부터 내 안에 있었던 것입니다.

그것이 내 안에 원래는 없는 것이라면 우리가 아무리 도를 닦고 수행을 한들 소용이 없는 것이니 그것은 완전히 나 아닌 타 존재에게 얻어야 하는 하나의 선물처럼 되고 맙니다.

선물을 얻으려면 그것을 주는 존재에게 잘 보이는 수밖에 없습니다. 그리고 이런 철학은 우리를 하루아침에 정신적인 거지신세로 만드는 구걸의 철학입니다.

허나 하나님께서는 우리를 진정 사랑하사 아예 우리를 당신의 분신으로 삼으셨습니다.

우리는 그래서 그의 일부이며 우리 없이는 그분도 우리 안에서는 존재할 수 없습니다.

수많은 각자의 의식을 가진 우리 몸 세포들이 모여 우리 몸을 이루고 또 다른 인격과 의식을 가진 나를 이루듯이 우리는 그렇게 지금 하나님을 구성하고 있습니다. 이것이 하나님의 존재방식이십니다. 그래서 하나님은 이 우주에 아니 계신 곳이 없다는 것입니다.

아니 계신 곳이 없는 분을 왜 힘들게 밖으로 찾아야 합니까?
이미 내 안에 있는데 왜 또 어디로 가야만 합니까?
문제는 밖이 아니라 안에 있습니다.
내가 내 안을 밝히면 진리가 드러나는 것이요, 내가 어두우면 밖으로 아무리 다녀도 소용이 없습니다.

그렇다면 내 안을 어떻게 밝혀야 합니까?
〈어떻게〉가 따로 필요 없습니다.

사실은 알고 보면 모든 수행이란 우리가 진리를 찾는 과정이 아니고 이미 진리임을 아는 과정입니다. 참수행이란 내가 진리를 닦아 얻는 것이 아니고 진리가 내 안에 있음을 깨우쳐 그것을 그냥 드러나게 하는 것입니다. 지금 내가 살고 있는 게 아니라 하나님이 나를 살고 있음을 자각하면 바로 끝납니다. 〈나〉란 생각 속의 존재일 뿐 실제의 〈참 나〉는 바로 하나님의 생명입니다.

사람들은 깨닫거나 구원을 얻으면 지극한 평화와 행복을 누리고 영생을 한다고 합니다.

그래서 사람들은 그것을 얻기 위해 열심히 착한 일을 하고 열심히 수행을 합니다.

하지만 이것은 다 우리 스스로가 〈난 아직 부족해!〉란 최면 속에서 덜 깨어난 탓에 하는 행동들입니다.

진짜 제일 빠르게 최상으로 진리를 얻는 법은 〈내가 이미 진리다〉를 알고 그렇게 행하는 것입니다.

"하지만 우린 아직 실제로는 너무나 많이 부족하잖아요?"

당신은 이렇게 또 반문할지도 모릅니다.

그러나 우리의 부족함은 원래 우리에게 있었던 것이 아닙니다. 그것은 우리가 우리의 조상과 우리에게 전해 내려온 책과 생각들로부터 스스로 배워 가진 것입니다. 그러므로 설사 진짜 당신에게 부족한 것이 있다 해도 그것은 당신이 스스로 자신을 얽매고 정죄한 일시적인 최면의 결과입니다.

이것이 바로 우리의 진실입니다!

지금 마음의 평화를 원하십니까?
그럼 당신이 스스로 지극한 평화를 만들어 누리십시오.
지금 지극한 행복을 원하십니까?
그럼 당신이 스스로 최고의 행복을 창조하여 누리십시오.

정 안 된다면 그때 가서 생각 속의 하나님이나 부처님이라도 만들어 그 개념을 동원하여 빌고 절하고 하여 그렇게 느껴보십시오. 그것 역시 결국에는 다 방편이니까요.

최고의 지혜를 원하십니까?
그러면 여태까지 우리를 둘러싸온 이런 생각들의 피조물들을 이제 그만 뒤지시고 그 이전의 무한하고도 신성한, 진짜 살아 있는 당신의 존재의 본질(이것이 진짜 하나님, 부처님이다) 속으로부터 그분을 믿고, 그 권능에 의지해 당신이 창조하고 싶으신 것을 스스로 꺼내 쓰십시오.

그분이 살아계신 현상인 이 내가 곧 진리입니다.
이것을 알기 위해, 이것을 증득하기 위해, 우리 인류는 그렇게 수많은 고행을 해왔던 것입니다. 그러므로 이제는 우리가 우리에게 스스로 건 〈우린 문제가 많아!〉란 최면에서 이제는 벗어날 때입니다. 이제는 이 집단최면에서 누가 이익을 보고 누가 손해를 보는지를 명백하게 깨달아 직시할 때입니다. 우리는 이제 우리를 마취시켰던 그 첫 생각에서 과감히 깨어나야 합니다.

우린 살펴볼수록 너무나도 고귀하고 신성한 존재입니다.

우린 너무나도 전능하기에 이렇게 온갖 것을, 심지어는 우리가 죄가 많다는 관념까지도 다 만들어 우리의 능력을 이렇게 한껏 발휘하며 있습니다.

하지만 우리가 바로 궁극의 진리입니다.
이미 진리이니 다만 진리답게 살면 되는 것입니다.
그게 안 되는 이유는 우리가 〈난 진리가 아냐!〉라고 여기기 때문입니다.
우리는 인류 역사 속에서 이미 우리가 창조하고 누리는 대로 체험해 왔습니다.
다시 말하거니와 우리는 스스로 부족하다고 생각 속에서 한계를 창조했기에 지금 한창 〈부족함〉을 만들어 내고 그것을 체험하는 중일 뿐입니다.

모든 수행은 이것을 깨닫기 위해 하는 것일 뿐입니다.
모든 기도는 자기가 이미 그것이라는 축복의 선언을 내면에서 듣기 위해 하는 것일 뿐입니다.
모두가 이미 진리입니다.
모두가 이미 천국에 있습니다.
모두가 이미 깨달아 있습니다.

지금 아직도 천국에 들지 못한 사람은 앞으로도 영원히 못 들 것입니다.
왜냐하면 그는 스스로 〈천국이 아닌 것〉을 창조하여 누리고 있기 때문입니다.

지금 여기서 내가 내 안에 천국을 창조하고 누려야 합니다.

천국과 지옥은 내가 만드는 세계입니다.

여러분이 천국에 가 있어도 내 마음이 괴로우면 나는 지옥 속에 있는 것입니다.

이 세상이 아무리 살기 힘해도 내가 깊은 평화와 지복을 누리면 나는 이미 천국에 있는 것입니다.

예수도 말했습니다.

〈나는 길이요, 진리요, 생명이다!〉

석가도 말했습니다.

〈오직 나를 의지하여 스스로 밝히며 정진하라〉

여러분, 도대체 이 〈나〉가 과연 어떤 존재입니까?

이 〈나〉를 놔두고 지금 어디에 가서 대체 어떤 진리를 찾고 있습니까?

# 나의 꿈과 〈거듭나기〉

제가 거듭나기 명상사이트를 만들었다고 하니까 어떤 분들이 "아! 드디어 그 사람도 도판 차렸구나!" 합니다. 그러나 죄송하지만 그건 좀 살짝 틀린 생각이십니다. 왜냐하면 사이트를 만들고 거듭나기 모임을 갖는 저의 일차적인 목적은 〈깨달음〉이 아니고 사람의 〈거듭나기〉이기 때문입니다.

거듭나기와 깨달음은 좀 다릅니다.
〈거듭나기〉란 뭐냐.
사람이 한마디로 좀 진짜로 훌륭해지고 참다워지자는 것입니다. 깨달음을 논하기에 앞서 우선 기본적으로 자유스럽고 훌륭한 인간이 되어보자는 것입니다.
저는 예수 석가가 깨달아서 혹은 하나님의 아들이라서 좋아하는 게 아니고 그들이 참으로 멋있어서 좋아하는 것입니다.
시시하게 돈이나 명예, 권력, 연애, 취미, 예술, 우리 편과 네 편 가르기, 단체 만들어 확장하고 스승으로 군림하기 등 뭐 그런 거에 목숨 걸고 매달리지 않고 그들의 일생을 순수하게 진리에다 확 던져버린 사람들이잖아요.

거듭나기는 멀리는 진리를 추구하는 삶을 목표로 하지만 일차적으로는 사람이 〈바뀌는 것〉을 목표로 합니다. 어린 사람에서 성숙한 사람으로, 나쁜 사람에서 좋은 사람으로, 이기적인 사람에서 배려할 줄 아는 사람으로, 남을 비판하기 좋아하던 사람에서 포용하고 용서할 줄 아는 사람으로, 돈만 알던 사람에서 사람을 아는 사람으로, 진리를 쫓아 사람을 버리고 가던 사람에서 사람 속에 진리가 살아 숨 쉰다는 것을 깨달아 돌아오는 사람으로, 그래서 마침내는 진리를 모르던 사람에서 아는 사람 그리고 진리가 된 사람으로, 불행하던 사람에서 행복하고 평화를 누리는 사람으로 말입니다.

이것이 더 시급한 기초입니다.

이것이 더 정석이요, 올바른 길입니다. 우리나라 사람들은 워낙에 조급증 환자들이 많아서 그런지는 몰라도 인격과 올바른 성품의 기초는 안 다지고 무조건 〈깨달음〉의 종소리부터 울리려고 합니다. 그러나 진리로 가는 길은 그런 조급한 습성이 안 통합니다. 제가 저의 명상 사이트(www.born2.net)를 〈거듭나기 학교〉라고 이름을 지은 것도 세상에 종교와 지식을 전하는 학교는 많아도 먼저 〈사람다운 사람〉, 〈사람 냄새가 나는 사람〉으로 바꾸어주는 학교는 드물기 때문입니다.

지금 우리는 자기 교실도 없고 건물도 없는 아주 우습고 보잘것없는 학교입니다.

그러나 교회가 건물이 아니듯이 학교의 본질 역시 〈정신〉에 있지 건물이나 학생 숫자나 그럴듯한 학위를 가진 교사 수에 있지 않습니다. 제가 그 흔한 〈스승〉놀음을 하지 않겠다는 이유도 바로 여기에 있습니다. 제가 잘나거나 못나서의 문제라기보다는, 학생이 공부하고 자라나서 다시 그 학교의 선생이 되고 교장이 되며 마침내는 다른 누군가에게 자연적으로 잊지 못할 정신적인 〈스승〉이 되는 것이 진정으로 바람직하기 때문입니다. 세상에 스승을 하겠다는 사람은 많아도 자기가 밑거름이 되어 많은 훌륭한 인재와 스승을 길러내겠다는 사람은 적습니다.

그런 면에서 저는 우리 거듭나기 학교 학생여러분 전체가 다 미래의 선생이며 스승이라고 생각합니다. 진정한 스승인 진리는 우리 가슴 안에 들어있으며 언젠가는 썩어 냄새날 개체의 몸이나 형상에 들어있는 것이 아닙니다.

저는 우리 사회에 거듭나기 명상모임을 꽃피우고 싶습니다.
그러나 그 조직은 기존 명상단체들의 그런 한 사람 소유의 재벌조직 방식이 아니라 하나하나가 기존의 교회들처럼 독립적이되 공통의 정신만을 소유한 그런 민주적인 조직으로 발전시키고 싶습니다. 모든 사람이 주인이 되는 그런 조직으로 만들고 싶습니다. 저는 기존의 수행단체들에게서 어느 한 개인이 절대 권력을 가진 조직의 문제점들을 수많이 보아왔기 때문입니다.

또한 〈거듭나기 명상회〉는 우리 각자의 내면 안에 살아계신 하나님, 부처님을 찾는 조직으로서, 조직의 발전보다는 각 개인의 깨어남과 거듭남에 최우선적인 목표를 두는, 조용하지만 똑바르게 나아가는 그런 단체가 되길 희망합니다.

저는 장차 거듭나기 학교를 일학년부터 육학년까지 둘 생각인데 일학년(예비반), 이학년(참회반), 삼학년(법신반, 성자반), 사학년(보신반, 성령반), 오학년(화신반, 성부반), 육학년(보림반, 창조자반)으로 이름 부를까 생각하고 있습니다.

저는 절대로 세상에 있는 모든 종교나 수행법이나 명상단체들을 부인하지 않으며, 그들은 그들 나름대로 다 필요하다고 생각합니다. 기독교가 적성에 맞아 그것이 필요한 사람은 교회로 가면 되고 불교가 적성에 맞는 사람은 절로 가면 됩니다. 또 명상이 맞는 사람은 명상단체로 가면 되고요. 세상에는 무당도 필요한 사람들이 있지 않습니까.

그러므로 서로 상대를 비난하거나 진리가 어디에만 있다고 내세우거나 다툴 필요가 전혀 없습니다. 자기만 잘하면 저절로 남들이 다 거기가 최고라고 인정해줍니다. 결국 사람을 움직이는 것은 머릿속 논리나 그에 의한 주장이 아니고 가슴속의 감동이니까요.

저와 저의 집사람은 서로 종교가 달라서 갈등이 있었을 때 서로 약속을 했었습니다. 누가 서로 상대방을 진심으로 감화시키는지 내기를 하자고요. 그래서 이긴 사람 쪽으로 졌다고 승복한 사람이 따라가기로요. 그러니 지금도 서로 잘하느라고 경쟁합니다. 그러다 보니 이렇게 사는 게 너무나 재미있고 즐거울 수가 없습니다. 참으로 종교나 이론보다는 존재 그 자체가 더 중요함을 우리는 서로 잘 자각하고 있습니다.

서로 자기 종교가 옳다고 다투거나, 혹은 같은 종교 안에서도 이단이네 사이비네 다투는 사람들을 보면 다 자기들이 만든 논리회로 안에 빠져 극히 편협한 생각의 종이 되어 있는 것을 발견할 수가 있습니다. 그들은 뭐가 진정한 승자가 되는 길인지를 아직 모릅니다.

제가 거듭나기 학교를 만든 이유는 세상에 이러한 정신수양 단체가 하나쯤은 있어야 하지 않을까 하는 소망을 가졌기 때문이며, 남들과 똑같은 흔해 빠진 수행단체 하나를 더 만드는 것보다는 그런 단체들의 중간에서 참으로 올바른 길을 가면서도 어디에 치우치지 않아 서로 중용을 지키는 포괄적이며 통일적이고도 열린 성격의 수행모임이 필요하지 않을까 하는 생각 때문입니다.

거기엔 기독교인도 불교인도 명상인도 기공수련인도 다 다닐 수가 있습니다. 어느 입장이든 다 수용하고 다 받아들입니다. 이것이 참된 〈전체입장〉입니다. 저는 〈거듭나기 학교〉가 그런 존재가 되길 바랍니다. 하나님은 아니 계신 곳이 없는데 진리가 어떻게 어디 한 단체에만 속해 있겠습니까. 논리와 생각 속에서 자기들만이 그렇다고 주장하는 것은 또 하나의 아상이자 편견에 불과한 〈자기 생각〉일 뿐입니다.

거듭나기 학교는 깨달음을 좇는 사람들이 몰려다니는 곳이라기보다는 엄마들이 방황하는 아이를 데려오는 학교가 되었으면 합니다. 술주정뱅이 아빠를 성실한 아내가 끌고 오는 곳이 되었으면 합니다. 저는 〈신에 의한 인간의 단체〉가 아닌 〈인간에 의한 신을 추구하는 학교〉가 진정 이 삭막한 사회를 사는 우리에게 더욱 필요한 것이라고 생각하고 있습니다.

왜냐하면 과거 우리가 알던 신은 우리 생각이나 책 속에만 숨어 있는 죽은 신인데 반해서, 진짜 하나님, 부처님은 바로 지금 우리 가슴 안에 위대한 사랑과 지혜로서 살아계신 분이기 때문입니다. 관념적인 이상속의 진리탐구보다는 현실적인 우리 삶 속에서 살아 있는 사랑과 이해와 포용과 행복을 찾아내는 마음의 눈을 여는 것이 진짜로 더 중요한 일입니다. 참으로 우리의 삶을 진짜로 바꾸는 일이 더욱더 필요한 일입니다.

우리 기왕에 한 번 사는 거 진짜로 거듭나서 멋진 영혼이 되어 참말로 멋지게 한번 살아봅시다. 깨달음도 욕심낸다고 되는 게 아닙니다. 나 하나만 어떻게 잘 되려고 하는 마음속엔 진정한 〈거듭나기〉의 싹이 없습니다. 자기 개인의 깨달음이나 구원만을 위해 거액을 투자하고 많은 시간을 쓰는 사람이 불우한 이웃이나 사회봉사를 위해선 전혀 관심도 없는 모르쇠가 된다면 그것이 어찌 전체가 되려는 사람의 마음가짐이겠습니까. 이미 처해 있는 사이클이 개체차원이지 전체차원이 아니잖아요. 그런 전체는 현미경 속 전체일 뿐입니다. 수행자는 무릇 세상을 밝고 아름답게 만들려는 큰 서원이 있어야 합니다.

우리는 자꾸 현재의 자기를 비우고 더 큰 쪽으로 거듭나고 또 거듭나야 합니다.

　그것이 진정 깨달음으로 가는 가장 빠른 지름길이기도 합니다. 그러므로 우리는 내 단체 하나만의 입장에 빠져서 남을 비판하거나 대립하지 말고 전체를 보는 마음을 가져야 합니다. 그러면 〈아! 그럴 수도 있겠다!〉 하면서 모든 게 다 수용이 됩니다. 일체가 〈있는 그대로〉 수용이 되지 않으면 아직도 죽이고 버려야 할 〈내〉가 있는 것입니다.

　세상이 있는 그대로 완전하다는 것을 보는 눈이 우리 안에 있다는 것은 달리 말하면 우리가 전체마음을 가졌다는 것을 말하는 것입니다. 거듭나는 방향은 내가 어떤 것만을 주장하고 추구하는 데 있지 않고 오히려 내가 비워지고 너를 인정하고 모든 것을 받아들일 때 내 안에서 저절로 열리는 또다른 차원의 더 큰 세계인 것입니다. 나를 버림으로써 오히려 내가 너의 입장도 갖게 되니 내가 나를 버림으로써 오히려 더 내가 커지고 전체가 되어가는 것입니다.

　저의 꿈은 이상에서 밝힌 것과 같이 참으로 진지하게 그리고 올바른 방향으로 우리가 정신적으로 거듭나는 문제를 다루고 생각해보고 수행하는 그런 작지만 알찬 학교를 하나 만들고 운영해 보는 것입니다. 그 학교는 건물이 없어도 괜찮고 학생 수가 적어도 괜찮습니다. 이름 모를 산속 길가의 작은 옹달샘으로 남아 있어도 좋습니다. 크고 추해지기보다는 작지만 아름답고 맑기를 저는 소원합니다. 지나가던 행인이라도 거기에 와서 목을 축이고 자기를 비추어 볼 수 있다면 저는 그것만으로도 너무나 행복할 것입니다.